युवा पाठकों के लिए अंतर्राष्ट्रीय बेस्टसेलर का विशेष संस्करण

YOUNG ADULT EDITION

जीवन के अर्थ की तलाश में मनुष्य

विक्टर ई. फ्रैंकल

भूमिका: जॉन बॉयन
'द बॉय इन द स्ट्राइप्ड पजामा' के लेखक

जीवन के अर्थ की तलाश में मनुष्य

युवाओं के लिए विशेष संस्करण

प्रकाशक : वॉव पब्लिशिंग्ज् प्रा. लि. पुणे

मुद्रक : विक्रम प्रिंटर्स प्रा. लि. पुणे

प्रथम आवृत्ती : दिसंबर 2021

अनुवादक : **अभिषेक शुक्ला**

ISBN - 978-93-90607-55-6

Man's Search for Meaning A Young Adult Edition **इस अंग्रेजी पुस्तक का हिंदी अनुवाद**

Jeevan ke Arth ki Talaash me Manushya
by Viktor E. Frankl

समर्पित

मेरी माँ की स्मृति में...

विषय सूची

भूमिका

जब मैं पंद्रह साल का था, तो गर्मियों की छुट्टियाँ शुरू होने से एक दिन पहले मेरे अंग्रेजी के टीचर स्कूल में आए और हमारी कक्षा में आकर उन्होंने हमें करीब चालीस किताबों की एक सूची दिखाई। 'मैं चाहता हूँ कि आप लोग अपनी छुट्टियों के दौरान इनमें से कुछ किताबें पढ़ें,' उन्होंने कहा। 'छुट्टियों के बाद मैं उन किताबों के बारे में आपका कोई टेस्ट नहीं लूँगा। न ही ये पूछूँगा कि आपने क्या पढ़ा और न ही उन किताबों पर आपसे कोई रिपोर्ट लिखने को कहूँगा। लेकिन ये सब साहित्य जगत की शानदार किताबें हैं और मेरे लिए हमेशा से बड़ी महत्वपूर्ण रही हैं। अगर आप इन्हें एक मौका देते हैं, अगर आप इन्हें अपने जीवन में आने देते हैं, तो शायद ये दुनिया को देखने का आपका नज़रिया बदल दें और शायद आपको भी बदल दें।'

उस सूची की अधिकांश किताबें ऐसी थीं, जिनसे मैं पूरी तरह अनजान था। हालाँकि ये मेरे चरित्र-विकास का वह दौर था, जब मैंने साहित्य को गंभीरता से लेना शुरू कर दिया था, लेकिन फिर भी ये सब मेरे लिए काफी नया था। हालाँकि पढ़ने और लिखने के प्रति जुनूनी रवैया रखनेवाला एक किशोर होने के नाते किताबों की इस सूची ने मेरी दिलचस्पी जगा दी थी। इसलिए मैं अगली सुबह अपनी साइकिल पर सवार होकर किताबों की एक स्थानीय दुकान पर पहुँच गया। मुझे ये तय करने में काफी समय लगा कि पढ़ने के इस सफर की शुरुआत मुझे किस किताब से करनी चाहिए। अंततः मैंने इतालवी यहूदी लेखक प्रीमो लेवी की किताब 'इफ दिस इज ए मैन' को चुन लिया।

इस किताब ने मुझ पर गहरा प्रभाव डाला। हो सकता है कि आज ये थोड़ा अजीब लगे, पर 1980 के दशक के मध्य में आयरलैंड में हमें स्कूलों में होलोकॉस्ट के बारे में कुछ नहीं पढ़ाया जाता था। इसलिए इस विषय से मेरा परिचय या तो युद्ध की पृष्ठभूमि पर आधारित उन फिल्मों के चलते हुआ, जो मैंने टीवी पर देखी थीं या फिर द्वितीय विश्व युद्ध पर आधारित उन उपन्यासों के चलते,

जिन्हें मैं कभी-कभार लाइब्रेरी से लेकर पढ़ लेता था और जो विशेष रूप से युवा पाठकों के लिए ही लिखी जाती थीं। यह ऐसा विषय था, जिसने आनेवाले वर्षों में मुझे जितना आकर्षित किया, उतना ही भयभीत भी। हालाँकि मैं उन भयावह मृत्यु-शिविरों की समाप्ति के करीब पच्चीस साल बाद पैदा हुआ था, लेकिन फिर भी ये विषय मेरे जीवन की कहानी का एक मूलभूत हिस्सा बननेवाला था।

जैसा कि पढ़ने के मामले में अक्सर होता है, उन गर्मियों की छुट्टियों में मैं एक के बाद एक कई किताबें पढ़ता चला गया। जल्द ही मैंने अपने टीचर की उस सूची को किनारे करते हुए लेखकों और कहानियों को ही ये तय करने का मौका दिया कि मेरी अगली किताब कौन सी होगी। मैंने जल्द ही प्रीमो लेवी की सारी आत्मकथात्मक लेखनी पढ़ डाली। इसके साथ ही मैंने एनी फ्रैंक और ऐली विजेल को भी पढ़ा, साथ ही कुछ इतिहास की किताबें भी पढ़ लीं। इसके बाद मैंने हिटलर की आत्मकथा पढ़ी, जो सचमुच यादगार अनुभव था। फिर जब गर्मी का मौसम खत्म होने को था और मैं दर्जी को अपनी नई स्कूल यूनिफॉर्म का नाप दे चुका था, तभी विक्टर ई. फ्रैंकल की किताब 'मैन्स् सर्च फॉर मीनिंग' मेरे हाथ लगी। इसका शीर्षक काफी गंभीर किस्म का था, लेकिन ये मुझे अपनी शिक्षा का स्वाभाविक विस्तार लगा क्योंकि मैं इतिहास के सबसे भयावह दौर को समझने की कोशिश कर रहा था, जब मानव जाति ने दिखा दिया कि वह किस हद तक क्रूर हो सकती है।

विक्टर फ्रैंकल की इस किताब ने मुझ पर वैसा ही गहरा प्रभाव डाला, जैसा प्रीमो लेवी, एनी फ्रैंक और ऐली विजेल की किताबों ने। मैंने इस किताब को दो बार पढ़ा है, पहली बार 1986 में और दूसरी बार तीस साल बाद ये भूमिका लिखने से पहले। दोनों ही बार इसने मुझे बेहद प्रभावित किया। यातना-शिविरों के बेहद अमानवीय अनुभव के दौरान कैदी क्या महसूस करते रहे होंगे, इसे लेकर फ्रैंकल के विश्लेषण में एक खास किस्म की स्पष्टता है। आश्चर्य की बात है कि फ्रैंकल के विश्लेषण में कोई कड़वाहट नज़र नहीं आती। बल्कि यह अपनी स्पष्टता की रोशनी में कई मनोभावों को उजागर करता है, जैसे वह सदमा, निराशा और डर जो पीड़ितों को उस समय महसूस हुआ, जब उन्हें उनके घरों से घसीटकर बाहर लाया गया और यातना-शिविर जैसे अनजान व भयावह स्थानों पर लाकर पटक दिया गया। लोहे के तारोंवाली बाड़ों - जिनमें चौबीसों घंटे तेज करंट दौड़ता था - के भीतर कैद रहने की आदत डालते हुए उन पीड़ितों का मन भावनाओं के चक्र से

ज़रूर गुज़रा होगा; वह बुनियादी मानवीय आग्रह, जिसने पीड़ितों को अपनी जान बचाने के लिए बहुत कुछ करने पर मज़बूर किया होगा; पीड़ितों के मन पर पड़ा गहरा प्रभाव, जो इस भयावह अनुभव के बाद जिंदा बच गए होंगे। उन्होंने खुद को एक बिलकुल बदली हुई दुनिया में आज़ाद पाया होगा और खुद को तोड़कर रख देनेवाले इन अनुभवों के साथ सामंजस्य बिठाने में उन्हें एक अरसा लग गया होगा।

फ्रैंकल हमें 'जीवित बचने' जैसे शब्दों को लेकर भी हैरान कर देते हैं। क्या उन यातना-शिविरों से सचमुच कोई जीवित बचकर आया था? मुझे तो यकीन नहीं होता। क्योंकि उनका अनुभव इतना भयावह था, उनकी स्मृतियाँ इतनी डरावनी थीं और यातना-शिविरों में अपनों को खोने का दुःख इतना गहरा था कि उनकी आत्मा पर इसका बोझ इतना भारी पड़ा होगा, जिसे कभी हटाया नहीं जा सकता।

यातना-शिविरों के पीड़ितों द्वारा लिखा गया हर संस्मरण एक-दूसरे से अलग और आश्चर्यजनक है, लेकिन मेरे लिए फ्रैंकल की किताब का सबसे अप्रत्याशित तत्व था, उनका ये मूल विचार कि **हमारे अस्तित्व का हर क्षण - खुश, उदास, उदार या क्रूर - हमें जीवन का अनुभव देता है, जिसे हमें जस का तस स्वीकार कर लेना चाहिए।** इस अवधारणा में एक किस्म का आत्म-संयम है, जिसे समझने में समय लगता है। मुझे लगता है कि इसे पूरी तरह समझने के लिए वह अनुभव करना ज़रूरी है, जो फ्रैंकल ने यातना-शिविरों में रहते हुए अनुभव किया - लेकिन इसने फ्रैंकल को न सिर्फ हर रोज खुद को जीवित रखने का साहस दिया बल्कि अंततः अपने अनुभवों का उपयोग कर उन असाधारण पुरुषों और महिलाओं की सूची में शामिल होने का साहस भी दिया, जो निडर होकर अपने जीवन के सबसे भयावह अनुभवों को दुनिया से साझा करने के लिए तैयार थे और वह भी बिना किसी आत्म-दया या कड़वाहट के। अपने अनुभव साझा करने के पीछे उनकी मूल इच्छा यही थी कि हम उन्हें समझें ताकि दोबारा ऐसी चीज़ों को होने से रोका जा सके।

फ्रैंकल ने यह विवादास्पद विचार देकर अपने समय से आगे की बात की थी कि एक कैदी के पास भी चुनाव करने की स्वतंत्रता होती है और सबसे चरम परिस्थितियों में उम्मीद खो देने का अर्थ है, अंधकार के सामने पूरी तरह आत्मसमर्पण कर देना। विभिन्न प्रकार के व्यक्तियों के बारे में उनका विश्लेषण

भी सचमुच चौंका देनेवाला है, फिर चाहे वह एक गार्ड हो या कैदी। उन्होंने बड़े साहसी ढंग से दोनों को ही बिना कोई भावुकता दिखाए परखा है, जो 1946 में फ्रैंकल का संस्मरण प्रकाशित होने के बाद निश्चित रूप से चौंकानेवाली बात रही होगी बल्कि कुछ लोगों को तो इसे पढ़कर ज़रूर बुरा लगा होगा।

हालाँकि मेरे लिए किताब का सबसे आकर्षक तत्त्व है, पीड़ित के जीवन की गहराई में जाना – मैं कैदी के बजाय पीड़ित शब्द को प्राथमिकता देता हूँ क्योंकि 'कैदी' शब्द ये संकेत देता है कि व्यक्ति को न्यायसंगत ढंग से कैद में डाला गया। जबकि 'पीड़ित' शब्द आज़ाद होने के बाद व्यक्ति के निर्दोष होने का स्पष्ट संकेत देता है। मेरी पीढ़ी व पृष्ठभूमि के किसी भी व्यक्ति के लिए राहत, भ्रम और गुस्से की उन भावनाओं की कल्पना करना भी मुश्किल है, जो इन पीड़ितों के मन पर हावी रही होंगी। बल्कि मुझे तो लगता है कि आज हममें से किसी के लिए भी उनकी कल्पना कर पाना भी असंभव है। उनकी भावनाएँ और उनका व्यक्तित्व निश्चित तौर पर इस हद तक टूटकर बिखर चुका होगा कि इस भयावह अनुभव के बाद जीवन के किसी भी पहलू का आनंद उठाना उनके लिए एक बड़ी चुनौती से कम नहीं रहा होगा। इंसानी व्यवहार का सबसे बदतर रूप देखने के बाद भला लोगों के बीच सुकून से कैसे रहा जा सकता है? यह ऐसी चीज़ थी, जिससे हर पीड़ित को सामंजस्य बिठाना पड़ा होगा और संभवतः उनमें से कुछ लोग ऐसे होंगे, जो ऐसा करने में सफल हो गए होंगे और कुछ लोग ऐसे भी रहे होंगे, जिन्हें ये सामंजस्य बिठाने में खासा संघर्ष करना पड़ा होगा। फ्रैंकल के लिए इन स्थितियों का सामना करने का सिर्फ एक ही तरीका था: इसके बारे में लिखना।

जब विक्टर फ्रैंकल की मृत्यु हुई, तब मैं एक बच्चा था, लेकिन अपने फिक्शन के जरिए होलोकॉस्ट को समझने का प्रयास करनेवाले एक उपन्यासकार के रूप में, मुझे लेखकों के उस अंतिम समूह का हिस्सा बनने का सौभाग्य ज़रूर मिला, जिसकी यातना शिविरों से जीवित बचकर आए लोगों से कई मुलाकातें हुईं। मेरे पेशेवर जीवन का सबसे विनम्र अनुभव था, दुनियाभर के उन सामुदायिक केंद्रों, थिएटरों और विभिन्न मंचों पर खड़े होना, जहाँ दर्शक अपनी सीट से उठकर अपनी स्मृतियों को बयान करते थे। कार्यक्रम के बाद मैं उनसे बातचीत करता, उनकी उपस्थिति में खुद को सम्मानित महसूस करता और साथ ही खुद को थोड़ा अयोग्य भी महसूस करता क्योंकि उस विषय पर मैंने जो फिक्शन लिखा था, वह सिर्फ अपनी कल्पनाओं के जरिए लिखा। जबकि उनकी सच्ची कहानियाँ मेरी

काल्पनिक कहानियों के मुकाबले कहीं ज़्यादा प्रामाणिक और प्रभावशाली थीं। ये एक ऐसा अनुभव है, जिसे मैं जीवनभर संजोकर रखना चाहूँगा। इन बातचीतों में उस समय की स्मृतियों को जीवित रखने में सहायक रहीं क्लासिक किताबों के साथ-साथ विक्टर फ्रैंकल और उनकी किताब 'मैन्स सर्च फॉर मीनिंग' का नाम बार-बार आया और आगे भी आता रहेगा। यही उनकी विरासत है।

ये सवाल बार-बार आता है कि हम आज भी इस विषय पर कुछ न कुछ लिखते क्यों रहते हैं? मेरा मानना है कि ऐसा इसलिए है क्योंकि यूँ तो हर प्रभावशाली फिक्शन, नॉन-फिक्शन और संस्मरण कई प्रकार की चर्चाओं, उत्साह, यहाँ तक कि आलोचनाओं को प्रेरित करता है लेकिन राजनीति या धर्म से परे साहित्य का सुख ये है कि ये अलग-अलग विचारों को अपनाता है; ये तर्क-वितर्क को बढ़ावा देता है और हमें अपने सबसे करीबी दोस्तों व प्रिय लोगों के साथ ज़ोरदार बहस करने की अनुमति देता है। और इससे किसी को कोई हानि नहीं पहुँचती, इसके चलते कोई किसी को उसके घर से घसीटकर कहीं दूर नहीं ले जाता और न ही इसकी वजह से कोई मारा जाता है।

'मैन्स सर्च फॉर मीनिंग' इस किताब से जाहिर है, विक्टर फ्रैंकल निश्चित ही इस बात को बहुत जल्द समझ गए होंगे। तभी तो इस किताब को न सिर्फ पढ़ना चाहिए बल्कि संजोकर रखना चाहिए और इस पर तर्क-वितर्क भी करना चाहिए क्योंकि अंततः यही तो है, जो पीड़ितों की स्मृतियों को जीवित रखती है।

- जॉन बॉयन

जॉन बॉयन अपने वयस्क पाठकों के लिए कई उपन्यास लिख चुके हैं। साथ ही उन्होंने युवा पाठकों के लिए भी पाँच उपन्यास लिखे हैं, जिनमें 'द बॉय इन द स्ट्राइप्ड पजामा' भी शामिल है।

1992 संस्करण की प्रस्तावना

अब तक अंग्रेजी भाषा में इस किताब का प्रकाशन 90 बार हो चुका है और अंग्रेजी संस्करण की अब तक तीन मिलियन प्रतियाँ बिक चुकी हैं। इसके अतिरिक्त 21 अन्य भाषाओं में इसका अनुवाद भी प्रकाशित हो चुका है।

ये इस किताब से जुड़े कुछ नीरस तथ्य हैं और संभवत: इन्हीं तथ्यों के कारण अमेरिकी अखबारों के और विशेषकर अमेरिकी टीवी स्टेशनों के रिपोर्टर अक्सर अपना इंटरव्यू कुछ इस प्रकार शुरू करते हैं, 'डॉ. फ्रैंकल, आपकी किताब एक सच्ची बेस्टसेलर बन गई है – इस सफलता को लेकर आप कैसा महसूस करते हैं?' इस पर मेरी प्रतिक्रिया यही होती है कि मैं किताब के बेस्टसेलर बनने को अपनी सफलता या उपलब्धि के रूप में नहीं बल्कि हमारे दौर की तकलीफों की अभिव्यक्ति के रूप में देखता हूँ: अगर लाखों लोग एक ऐसी किताब खरीदकर पढ़ रहे हैं, जिसका शीर्षक ही जीवन के अर्थ से जुड़े सवाल से निपटने का वादा करता हो, तो निश्चित ही उस सवाल ने उनके मन का चैन छीन रखा है।'

निश्चित रूप से इसके अलावा कुछ और भी है, जिसके चलते यह किताब इतनी प्रभावी साबित हो रही है: इसके दूसरे, सैद्धांतिक भाग ('लोगोथेरेपी') का सारांश पहले, आत्मकथात्मक भाग ('यातना शिविर के अनुभव') से मिलनेवाले सबक से मेल खाता है। वहीं पहला भाग मेरे सिद्धांतों का अस्तित्वगत सत्यापन भी करता है। इस प्रकार दोनों भाग अपनी विश्वसनीयता का परस्पर समर्थन करते हैं।

1945 में जब मैंने ये किताब लिखी थीं, तो मेरे मन में ये सब बातें नहीं थीं। मैंने इसे नौ दिनों में लिखकर पूरा किया था और मेरा दृढ़ निश्चय था कि इसका प्रकाशन लेखक के नाम के बिना ही होना चाहिए। वास्तव में जब इसका मूल जर्मन संस्करण पहली बार प्रकाशित हो रहा था तो कवर पेज पर मेरा नाम नहीं था, लेकिन फिर मैंने अपने दोस्तों की बात मान ली, जो जिद कर रहे थे कि कम से कम टाइटल पेज पर तो मेरा नाम होना ही चाहिए। हालाँकि इसे इस दृढ़ विश्वास के साथ लिखा गया था कि एक गुमनाम रचना के रूप में इसके लेखक

को कोई साहित्यिक ख्याति प्राप्त नहीं होगी। मैं तो बस एक ठोस उदाहरण के जरिए पाठकों को ये बताना चाहता था कि भले ही परिस्थिति कितनी भी बदतर हों, लेकिन जीवन में एक संभावित अर्थ हमेशा मौजूद रहता है। और मुझे लगता था कि अगर इस बात को यातना शिविर की चरम परिस्थितियों में प्रदर्शित किया जाएगा, तो शायद लोग इस पर सचमुच ध्यान देंगे। इसीलिए मेरा मानना था कि मैं जिन परिस्थितियों से गुजरा हूँ, उनके बारे में लिखना मेरी जिम्मेदारी है। मुझे लगा कि शायद इससे उन लोगों को थोड़ी मदद मिलेगी, जो अपने जीवन में निराशा से घिरे हुए हैं।

और इसीलिए ये मेरे लिए अजीब और उल्लेखनीय, दोनों है कि - मैंने जो कुछ दर्जन किताबें लिखी हैं, उनमें से - ये किताब खासी सफल रही, जबकि इसे मैं अपने नाम के बिना ही प्रकाशित करना चाहता था ताकि इसकी प्रतिष्ठा सिर्फ इसकी सामग्री के चलते बढ़े न कि इसके लेखक के नाम के चलते। इसीलिए मैं यूरोप और अमेरिका, दोनों ही स्थानों के अपने छात्रों को बार-बार ये नसीहत देता हूँ कि 'सफलता को अपना लक्ष्य न बनाएँ - आप जितना इसे अपना लक्ष्य बनाएँगे, उतना ही अधिक इसे हासिल करने से चूकेंगे। खुशी की तरह सफलता को भी उसके पीछे भागकर हासिल नहीं किया जा सकता; ये तो बस एक परिणाम के रूप में ही मिलती है और ऐसा तभी होता है, जब या तो इंसान किसी ऐसे ध्येय के लिए पूरी तरह समर्पित हो, जिसे वह खुद से बड़ा मानता हो या फिर जब वह खुद को किसी अन्य इंसान के प्रति समर्पित कर दे। **खुशी या सफलता अपने-आप ही घटते हैं, आप चाहकर भी इन्हें अपने लिए घटने पर विवश नहीं कर सकते।** मैं चाहता हूँ कि आप अपनी अंतरात्मा की आवाज सुनें और वह जो कहे, उसे अपने पूरे ज्ञान व पूरी क्षमता के साथ करें। तब आप देखेंगे कि एक लंबे समय के बाद - जी हाँ, एक लंबे समय के बाद - अंतत: सफलता खुद आपके पीछे आएगी और सिर्फ इसीलिए क्योंकि आपने उसकी परवाह करना बंद कर दिया है।'

पाठक मुझसे पूछ सकते हैं कि ऑस्ट्रिया पर हिटलर का कब्जा होने के बाद, मैंने वहाँ से बचकर भागने की कोशिश क्यों नहीं की? इसका जवाब देने के लिए मैं आपको एक किस्सा सुनाना चाहूँगा। द्वितीय विश्व युद्ध में अमेरिका के शामिल होने से कुछ समय पहले मुझे अपना इमिग्रेशन वीसा लेने के लिए विएना में अमेरिकन काउंसलेट की ओर से बुलावा आया। मेरे बुजुर्ग माता-पिता बड़े खुश थे क्योंकि उन्हें लगा कि अब मुझे जल्द ही ऑस्ट्रिया छोड़ने की अनुमति

मिल जाएगी। पर अचानक एक सवाल ने मुझे घेर लिया: क्या मैं सचमुच अपने बूढ़े माता-पिता को उनके भाग्य के भरोसे यहाँ अकेला छोड़कर जा सकता हूँ, जहाँ उन्हें आज नहीं तो कल यातना-शिविर या फिर किसी तथाकथित विनाश-शिविर में भेज दिया जाएगा। आखिर मेरी जिम्मेदारी क्या है? क्या मुझे अपनी मानसिक-संतान (आविष्कार) 'लोगोथेरेपी' को पालने-पोसने के लिए परदेस चले जाना चाहिए, जहाँ ढेरों नई संभावनाएँ छिपी हुई हैं? या फिर एक असली संतान के रूप में माता-पिता के प्रति अपने कर्तव्यों का निर्वाह करना चाहिए और उनकी रक्षा के लिए जो करना पड़े वह करना चाहिए? मैंने इस बारे में बहुत सोचा, लेकिन किसी ठोस नतीजे पर नहीं पहुँच सका; यह कुछ ऐसी दुविधा थी, जिसमें पड़ने के बाद इंसान सोचता है कि 'काश मुझे ईश्वर की ओर से कोई संकेत मिल जाए कि मुझे क्या करना चाहिए।'

इसी उधेड़-बुन के बीच मेरी नज़र घर की मेज़ पर पड़े संगमरमर के एक टुकड़े पर पड़ी। जब मैंने अपने पिता से उसके बारे में पूछा तो उन्होंने बताया कि राष्ट्रीय समाजवादियों ने विएना का सबसे बड़ा यहूदी पूजाघर जला दिया है और ये संगमरमर का टुकड़ा उसी पूजाघर का है। मेरे पिता इस टुकड़े को अपने साथ घर इसलिए ले आए क्योंकि यह उस पटिए का एक हिस्सा था, जिस पर टेन कमांडमेंट्स (स्वयं ईश्वर द्वारा मूसा को दिए गए दस धर्मादेश) दर्ज थे। संगमरमर के उस टुकड़े पर सोने का पानी चढ़ा हुआ एक हिब्रू अक्षर उकेरा हुआ था; मेरे पिता ने मुझे समझाते हुए कहा कि ये अक्षर टेन कमांडमेंट्स (दस धर्मादेश) में से एक का प्रतिनिधित्व करता हैं। मैंने उत्सुकता से पूछा, 'कौन सा कमांडमेंट?' उन्होंने जवाब में कहा, 'अपने माता-पिता का सम्मान करना ताकि तुम ईश्वर की इस धरती पर लंबी आयु प्राप्त करो।' बस उसी पल मैंने तय कर लिया कि मैं परदेस जाने के बजाय अपने माता-पिता के साथ ही रहूँगा।

– विक्टर ई. फ्रैंकल

विएना, 1992

1

यातना शिविर के अनुभव

ये किताब तथ्यों और घटनाओं का लेखा-जोखा होने का दावा नहीं करती बल्कि ये उन व्यक्तिगत अनुभवों का संग्रह है, जिनसे लाखों कैदी बार-बार गुज़रे। ये यातना शिविरों की अंदरूनी कहानी है, जिसे सुनानेवाला खुद इन शिविरों का कैदी रह चुका है। यह कहानी छोटी-छोटी तकलीफों और यातनाओं की अधिकता पर केंद्रित है, न कि यातना शिविरों की उस व्यापक भयावहता पर, जिसका वर्णन पहले भी कई बार किया जा चुका है (हालाँकि उन वर्णनों पर अक्सर उतना यकीन नहीं किया जाता)। दूसरे शब्दों में कहें, तो ये कहानी इस सवाल का जवाब देने का प्रयास करेगी कि यातना शिविर का दैनिक जीवन एक औसत कैदी के मन पर क्या प्रभाव डालता था।

इस पुस्तक में बताई गई अधिकांश घटनाएँ किसी बड़े या कुख्यात यातना शिविर में नहीं बल्कि उन छोटे-छोटे शिविरों में घटीं, जहाँ असली विनाश हुआ करता था। ये कहानी महान नायकों और शहीदों के कष्टों या उनकी मृत्यु के बारे में नहीं है और न ही ये उन जाने-माने ओहदेदार-कैदियों (केपो) के बारे में है, जो शिविर के अधिकारियों के सरपरस्त थे और जिनके पास विशेष अधिकार हुआ करते थे। ये किताब बहादुरों के कष्टों पर नहीं बल्कि उन अंजान पीड़ितों के बलिदान, यातानाओं और हत्याओं पर केंद्रित है, जिनका कहीं कोई रिकॉर्ड नहीं रखा गया। इन आम कैदियों की आस्तीन पर कोई विशेष चिन्ह भी मौजूद नहीं होता था और ओहदेदार-कैदी इनसे बेहद नफरत करते थे। इन साधारण कैदियों के पास जहाँ खाने को बहुत कम या कुछ भी नहीं होता था, वहीं ओहदेदार-कैदियों (केपो) को कभी भूखा नहीं रहना पड़ता था; बल्कि इन शिविरों में उनमें से अधिकांश अपने अतीत की तुलना में कहीं बेहतर जीवन जी रहे थे।

आम कैदियों के साथ ओहदेदार-कैदी अक्सर सुरक्षाकर्मियों की तुलना में ज़्यादा सख्ती से पेश आते थे। वे आम कैदियों को एसएस गाड्र्स (शुट्ज़्स्टाफेल: हिटलर के अधीन कार्यरत अर्धसैनिक बल) से भी अधिक क्रूरता से पीटते थे। स्वाभाविक है कि इन ओहदेदार-कैदियों (केपो) के रूप में उन्हीं कैदियों का चुनाव किया जाता था, जो ऐसी भयावह क्रूरता करने में सक्षम थे। और अगर वे

अपेक्षित व्यवहार न करते, तो उन्हें तत्काल उनके ओहदे से हटा दिया जाता। जल्द ही वे भी शिविर के वार्डन और एसएस गार्ड्स जैसे हो गए और संभवतः उनका आंकलन भी समान मनोवैज्ञानिक आधार पर होने लगा।

एक बाहरी व्यक्ति के लिए यातना शिविर के भीतर के जीवन के बारे में ऐसी गलत धारणाएँ बना लेना बड़ा आसान है, जिसमें अक्सर भावनाओं का अतिरेक और दया का भाव होता है। बाहरी व्यक्ति को अस्तित्व बचाने की उस कठिन लड़ाई के बारे में बहुत कम पता होता है, जो यातना शिविर के हर कैदी को रोज लड़नी पड़ती थी। इसमें अपना जीवन बचाने के संघर्ष के साथ-साथ हर रोज रोटी के एक टुकड़े के लिए किया जानेवाला वह अथक संघर्ष भी शामिल है, जो हर कैदी अपने लिए या अपने किसी साथी के लिए करता था।

आइए अब एक ऐसे मामले की बात करते हैं, जिसमें कुछ कैदियों को दूसरे शिविर में स्थानांतरित करने की आधिकारिक घोषणा की गई थी; कैदियों का अनुमान था कि इस स्थानांतरण का आखिरी गंतव्य गैस चैंबर होगा, जहाँ उनकी हत्या कर दी जाएगी। इसके लिए ऐसे कैदी चुने जाते थे, जो या तो बीमार थे या इतने कमजोर थे कि कोई काम करने लायक नहीं थे। उन्हें एक बड़े केंद्रीय शिविर में भेजा जाना था, जहाँ गैस चैंबर और श्मशान भी बने हुए थे। इन कैदियों की चयन प्रक्रिया दरअसल सभी कैदियों के बीच आपस में एक खुले संघर्ष का संकेत थी। अब सिर्फ ये मायने रखता था कि उन पीड़ितों की सूची से अपना और अपने साथी का नाम कैसे हटवाया जाए। हालाँकि हर किसी को पता था कि सूची से कोई एक नाम हटवाने का अर्थ था, एक नया कैदी खोजना ताकि उसका नाम उस सूची में आ जाए।

कैदियों को हर बार एक निश्चित संख्या में दूसरे शिविर ले जाया जाता था। यहाँ ये ज़्यादा मायने नहीं रखता था कि किस-किस कैदी को लेकर जाया जाएगा क्योंकि अधिकारियों के लिए उन कैदियों की हैसियत एक नंबर से अधिक नहीं थी। शिविर में उनके प्रवेश करते ही उनकी सारी चीज़ें और दस्तावेज़ छीन लिए जाते थे। (कम से कम ऑश्विज यातना शिविर में तो यही तरीका अपनाया जाता था।) इस स्थिति में हर कैदी के पास यह अवसर होता था कि वह अपना असली नाम या पेशा छिपाकर कोई काल्पनिक नाम या पेशा बताए और कई लोग विभिन्न कारणों से ऐसा करते भी थे। अधिकारी की दिलचस्पी सिर्फ कैदियों के नंबर में थी। ये नंबर अक्सर उनकी चमड़ी पर गोद दिया जाता था। साथ ही इसे उनके पजामे, जैकेट या कोट पर एक निश्चित स्थान पर सिलवा दिया जाता था। अगर

किसी सुरक्षाकर्मी को किसी कैदी पर कोई आरोप मढ़ना होता था, तो वह कभी उसका नाम नहीं पूछता था बल्कि सिर्फ उसके नंबर पर एक नज़र डालता था (और हम इस नज़र से बुरी तरह घबराते थे!)

आइए, वापस कैदियों के उस काफिले पर आते हैं, जिसे दूसरे शिविर ले जाना था। वहाँ किसी के पास नैतिक मुद्दों पर विचार करने का न तो समय होता था और न ही कोई इच्छा। हर इंसान सिर्फ एक विचार से घिरा रहता था; खुद को अपने उस परिवार के लिए जिंदा बचाना, जो इस शिविर से बाहर घर पर उसके लौटने का इंतजार कर रहा है और साथ ही अपने साथियों की जान बचाना। ऐसे में वह बिना किसी हिचकिचाहट के एक अन्य कैदी या एक अन्य 'नंबर' का इंतजाम करता, जो दूसरे शिविर जानेवाले काफिले में उसकी जगह ले सके।

जैसा कि मैंने पहले ही बताया, ओहदेदार-कैदियों (केपो) का चयन एक नकारात्मक प्रक्रिया द्वारा होता था; इस काम के लिए सिर्फ उन्हीं कैदियों का चुनाव किया जाता था, जो सबसे क्रूर चरित्रवाले हों (हालाँकि कुछ अपवाद भी थे)। लेकिन ओहदेदार-कैदियों के चयन, जो एसएस गाड्र्स करते थे - उनके अलावा वहाँ सभी कैदियों के बीच हर समय एक प्रकार की स्व-चयन प्रक्रिया चलती रहती थी। आमतौर पर वहाँ सिर्फ वही कैदी जीवित रह पाते थे, जो सालों तक एक से दूसरे शिविर में जाने के बाद खुद को बचाने के संघर्ष में संदेह करने की क्षमता खो चुके थे; वे कोई भी तरीका अपनाने को तैयार रहते थे, फिर चाहे उसमें कोई ईमानदारी हो या नहीं। यहाँ तक कि वे खुद को बचाने के लिए क्रूर बलप्रयोग, चोरी और साथियों को दगा देने से भी नहीं हिचकते थे। हम सब, जो कई भाग्यशाली अवसरों या चमत्कारों के चलते बचकर बाहर आए हैं, अच्छी तरह जानते हैं कि हमारे बीच के सबसे अच्छे लोग अपनी जान बचाकर बाहर आने में कामयाब नहीं हो सके।

बंदियों का मनोविज्ञान

यातना शिविरों के बारे में कई तथ्यात्मक विवरणों का रिकॉर्ड पहले से ही मौजूद है। पर यहाँ तथ्य सिर्फ तभी तक महत्वपूर्ण है, जब तक वे किसी इंसान के अनुभवों का हिस्सा है। यहाँ इन्हीं अनुभवों को दिखाने का प्रयत्न किया गया है। यह पुस्तक वर्तमान समझ और जानकारियों के अनुसार यातना शिविर में कैदी रह चुके लोगों के अनुभवों को सामने रखने का प्रयत्न करेगी। जो लोग कभी उन शिविरों के भीतर नहीं गए हैं, यह पुस्तक शिविरों को समझने में उनकी मददगार हो सकती है। इससे भी अहम बात यह है कि यह पुस्तक उन कैदियों के अनुभवों

को जानने में सहायक होगी, जो यातना शिविर से बचकर लौट तो आए लेकिन अब उन्हें अपना जीवन बहुत कठिन लगता है। ये पूर्व कैदी अक्सर कहते हैं, 'हमें अपने उन अनुभवों के बारे में बात करना पसंद नहीं है। जो लोग यातना शिविरों में रह चुके हैं, उन्हें किसी स्पष्टीकरण की ज़रूरत नहीं है और बाकी लोग न तो ये समझ सकते कि हम वहाँ कैसा महसूस करते थे और न ही ये समझ सकते हैं कि हम अब कैसा महसूस करते हैं।'

इस विषय को व्यवस्थित ढंग से प्रस्तुत करना काफी मुश्किल काम है। क्योंकि मनोविज्ञान में एक विशेष वैज्ञानिक तटस्थता की ज़रूरत होती है। पर क्या एक ऐसा व्यक्ति, जो अवलोकन करते समय खुद एक कैदी रहा हो, सचमुच तटस्थ हो सकता है? एक बाहरी व्यक्ति को यह तटस्थता स्वत: ही दे दी जाती है, लेकिन वह यातना शिविर के अनुभव से स्वयं इतना दूर होता है कि इस बारे में कोई मूल्यवान अभिव्यक्ति नहीं कर सकता। सिर्फ यातना शिविर के अंदर रह चुका व्यक्ति ही जानता है कि वहाँ क्या होता था। लेकिन उसका आकलन वस्तुनिष्ठ नहीं हो सकता और उसका मूल्यांकन संभवत: असंगत होगा। हम इस संभावना से इनकार नहीं कर सकते कि पक्षपात हो सकता है लेकिन अपनी ओर से यही कोशिश होनी चाहिए कि व्यक्तिगत रूप से पक्षपात न हो। इस तरह की पुस्तक को लिखने की सबसे बड़ी कठिनाई भी यही है।

कई अनुभव इतने व्यक्तिगत और अंतरंग होते हैं कि उन्हें साझा करने के लिए बड़े साहस की ज़रूरत होती है। मेरा इरादा था कि इस किताब में लेखक के रूप में अपना नाम नहीं दूँगा बल्कि सिर्फ यातना शिविर का अपना नंबर दूँगा। लेकिन जब मैंने इसकी पांडुलिपि लिखकर पूरी की, तो मुझे एहसास हुआ कि लेखक के नाम के बिना प्रकाशित होने पर इस किताब की महत्ता आधी हो जाएगी और मुझे अपने विश्वासों को खुले तौर पर सबके सामने रखने का साहस दिखाना चाहिए। इसीलिए मैंने इसका एक भी वाक्य नहीं मिटाया। जबकि वास्तव में मुझे किसी भी तरह की नुमाइश करना बिलकुल पसंद नहीं है।

मैं यह ज़िम्मेदारी पाठकों को ही सौंप देता हूँ कि वे इस पुस्तक की सामग्री को अपने हिसाब से छाँट लें। हो सकता है कि यह कैदियों के जीवन के मनोविज्ञान को समझने में सहयोगी हो सके, जिसकी पहले विश्व युद्ध के बाद जाँच-पड़ताल की गई थी। जिसके कारण ही हम 'बाब्र्ड वायर सिकनेस'[1]

[1] युद्ध बंदियों में पाया जानेवाला एक मानसिक रोग, जिसका वर्णन पहली बार स्विस डॉक्टर एडॉल्फ लुकास विस्चेर ने किया था।

के लक्षणों से परिचित हुए। अगर मैं फ्रांसीसी सामाजिक विज्ञानी गुस्ताव लेबॉन की एक किताब के शीर्षक का रूपांतरण प्रस्तुत करते हुए कहूँ, तो 'जनता की साइकोपैथोलॉजी (मनोविकृति विज्ञान)' के बारे में हमारे ज्ञान को समृद्ध करने के लिए हम द्वितीय विश्व युद्ध के ऋणी हैं। क्योंकि इस युद्ध ने ही हमें 'तंत्रिकाओं का युद्ध' और 'यातना शिविर' दिए। कुल मिलाकर यह कह सकते हैं कि युद्ध के नतीजों व उसके प्रभावों के बारे में हमारे यहाँ बहुत से अध्ययन हुए हैं।

2

प्रीमियम कूपन का उपहार

चूँकि ये कहानी एक साधारण कैदी के रूप में मेरे अनुभवों के बारे में है इसलिए ये उल्लेख करना ज़रूरी हो जाता है कि यातना शिविर में मेरे आखिरी कुछ हफ्तों को छोड़कर बाकी समय मैं वहाँ एक मनोचिकित्सक या फिर सिर्फ एक डॉक्टर के रूप में भी कार्यरत नहीं था - जो कि कतई गर्व करनेवाली बात नहीं है। मेरे कुछ सहकर्मी काफी भाग्यशाली रहे, जो वहाँ प्राथमिक चिकित्सा देनेवालों के रूप में कार्यरत थे और घोर सर्दी के बीच अन्य कैदियों के घावों पर रद्दी कागज के टुकड़ों से बनी पट्टी लगाने का काम करते थे। जबकि मेरी पहचान वहाँ सिर्फ 1,19,104 नंबरवाले कैदी तक ही सीमित थी।

मैंने अधिकांश समय वहाँ रेल्वे लाइन बिछाने के लिए खुदाई का काम किया। एक बार मुझे सड़क के नीचे पानी की मुख्य पाइप लाईन बिछाने के लिए सुरंग खोदने का काम मिला। इस काम के लिए मुझे कोई मदद नहीं दी गई, मुझे इसे अकेले ही पूरा करना था। अंततः इसके लिए मुझे पुरस्कार भी मिला। 1944 की क्रिसमस के ठीक पहले मुझे उपहार स्वरूप तथाकथित 'प्रीमियम कूपन' दिए गए। ये कूपन उस निर्माण कंपनी ने जारी किए थे, जिसने हमें वास्तव में गुलामों के रूप में खरीदा था: यह कंपनी शिविर के अधिकारियों को हर रोज प्रति कैदी एक निश्चित कीमत अदा करती थी। कंपनी को एक ऐसा कूपन देने के लिए 50 फेनिंग खर्च करने होते थे और अक्सर हफ्तों बाद भी एक कूपन के बदले छह सिगरेट मिल जाती थीं, हालाँकि कभी-कभी इनकी वैधता समाप्त भी हो जाती थी। लेकिन इससे भी ज़्यादा महत्वपूर्ण ये है कि छह सिगरेट के बदले बारह कप सूप भी मिल सकता था और भुखमरी की हालत में बारह कप सूप बहुत बड़ी राहत के बराबर था।

सिगरेट पीने का विशेषाधिकार ओहदेदार कैदियों (केपो) के लिए ही आरक्षित था, जिनके पास साप्ताहिक कूपनों का एक निश्चित कोटा होता था; या फिर ये अधिकार संभवत: उन कैदियों को था, जो किसी वेयरहाउस या वर्कशॉप में फोरमैन के रूप में कार्यरत थे। उन्हें खतरनाक मशीनी कार्यों को पूरा करने के बदले कुछ सिगरेट मिल जाती थीं। इसका एकमात्र अपवाद थे वे कैदी, जिनकी जीने की इच्छा खत्म हो चुकी थी और वे अपने आखिरी दिनों का 'आनंद' उठाना चाहते थे। इसीलिए जब भी हम किसी साथी को अपनी खुद की सिगरेट पीते देखते, तो समझ जाते कि उसने इन हालातों में जिंदा रहने की इच्छाशक्ति खो दी है। और एक बार ऐसा होने के बाद दोबारा वह इच्छाशक्ति वापस पाना करीब-करीब असंभव था।

अगर उस अथाह साहित्यिक सामग्री की पड़ताल की जाए, जो कई कैदियों के अवलोकनों और अनुभवों के परिणामस्वरूप इकट्ठा हुई है, तो शिविर के जीवन पर कैदियों की मानसिक प्रतिक्रिया के तीन चरण उभरकर सामने आते हैं। पहला चरण - शिविर में प्रवेश करने के बाद की अवधि; दूसरा चरण - वह अवधि जब कैदी शिविर की दिनचर्या में पूरी तरह रम जाता है; और तीसरा चरण - शिविर से आज़ाद होने के बाद की अवधि।

पहले चरण को दर्शानेवाला लक्षण है सदमा। कुछ परिस्थितियों में ये सदमा शिविर में कैदी के औपचारिक प्रवेश से पहले भी हो सकता है। इसके उदाहरण के तौर पर, मैं आपको शिविर में मेरे प्रवेश से जुड़ी परिस्थितियाँ बताना चाहूँगा।

काफिले की दास्तान

करीब पंद्रह सौ लोग एक ट्रेन पर सवार थे। उनकी ये यात्रा पिछले कुछ दिनों से जारी थी। हर कोच में अस्सी यात्री थे। जगह की भारी कमी के चलते हर किसी को अपने-अपने सामान के ऊपर ही लेटना पड़ रहा था, जो उनकी आखिरी बची-खुची संपत्ति थी। ट्रेन के डिब्बे इस तरह भरे हुए थे कि उनकी खिड़कियों के सिर्फ ऊपरी सिरे से ही बाहर उगते सूरज की हल्की रोशनी अंदर आ पा रही थी। सभी को उम्मीद थी कि ये ट्रेन युद्ध सामग्री का निर्माण करनेवाले किसी कारखाने तक जाएगी और जहाँ उन सभी को काम पर लगाकर जबरन मजदूरी कराई जाएगी। हमें नहीं पता था कि हम अभी भी सिलेसिया में हैं या फिर पोलैंड की सीमा में प्रवेश कर चुके हैं। इंजन की सीटी से एक अजीब किस्म की आवाज निकल रही थी, मानो कोई ऐसा व्यक्ति मदद की गुहार लगा रहा हो, जिसे विनाश की ओर ले जाना पहले से तय हो। तभी ट्रेन अपनी राह बदलकर दूसरी पटरी पर

आ गई। स्पष्ट था कि स्टेशन आने ही वाला है।

अचानक घबराए हुए यात्रियों की चीख-पुकार शुरू हो गई, 'वो देखो, वहाँ ऑश्विज़ का बोर्ड लगा हुआ है!' उस एक पल में जैसे सभी का दिल धक करके रह गया। ऑश्विज - एक ऐसा नाम, जो उस दौर की भयावहता का सबसे बड़ा प्रतीक था: गैस चैम्बर, श्मशान और नरसंहार। ट्रेन धीरे-धीरे, करीब-करीब झिझकते हुए उस दिशा की ओर बढ़ रही थी, मानों वह भी जब तक हो सके, तब तक अपने यात्रियों को 'ऑश्विज' नामक उस नर्क से बचाना चाहती हो।

जैसे-जैसे सुबह का उजाला बढ़ा, सामने एक विशाल शिविर नज़र आने लगा। काँटेदार तारवाली दूर तक फैली बाड़ें... वॉच टॉवर... सर्चलाइटें और उनके साथ दुर्बल कायावाले फटेहाल कैदियों की कतारें...। जो सुबह की हल्की रोशनी में धूसर से नज़र आ रहे थे और शून्य में देखते हुए सीधी जा रही सड़कों पर किसी ऐसे गंतव्य की ओर बढ़ रहे थे, जिससे हम ट्रेन के यात्री अंजान थे। बीच-बीच में सुरक्षाकर्मियों के आदेशों और सीटियों की आवाजें भी सुनाई पड़ रही थीं। हम उनका अर्थ नहीं जानते थे। ये सब देखकर मेरे मन में काल्पनिक गलियारों की तस्वीर कौंधने लगी, जहाँ ढेरों लोग फाँसी के फंदे पर लटके हुए हैं। मैं बुरी तरह घबरा गया। मुझे अपने सामने यातना शिविर की जो दुनिया नज़र आ रही थी, वह भी लगभग मेरी भयावह कल्पना जैसी ही थी और अब मुझे इसी भयावहता का आदी होना था।

आखिरकार हमारी ट्रेन स्टेशन पहुँच गई। माहौल में छाई चुप्पी को सुरक्षाकर्मियों ने तेज आवाज में आदेश देकर तोड़ दिया। तब से वैसे तीखे स्वर हमें हर शिविर में बार-बार सुनने को मिले। वह आवाज ऐसी होती थी, मानो किसी पीड़ित की आखिरी चीख हो और फिर भी दोनों में एक फर्क था। इसका स्वर कर्कश था, मानो किसी ऐसे व्यक्ति के गले से निकला हो, जिसे बार-बार ऐसे चिल्लाना पड़ रहा हो, एक ऐसा व्यक्ति जिसकी बार-बार हत्या की जा रही हो।

यातना शिविरों की ओर

ट्रेन के डिब्बों के दरवाजे खुले हुए थे और कैदियों की एक छोटी टुकड़ी तेजी से उसके अंदर घुसी। उन सबने एक जैसे धारीदार कपड़े पहन रखे थे। सभी के सिर मुंडे हुए थे, लेकिन उनका शरीर ज़रा भी कमजोर नहीं लग रहा था। वे संभवत: किसी यूरोपीय भाषा में बातें कर रहे थे और उनकी बातों में हँसी-मजाक

का पुट भी था, जो इस विपरीत परिस्थिति में बहुत अजीब नज़र आ रहा था। यह काफी-कुछ डूबते को तिनके का सहारा जैसा था। मेरे अंदर के जन्मजात आशावाद (जिसने अक्सर मेरी भावनाओं को हताशाभरी परिस्थितियों में भी नियंत्रण में रखा है) के चलते मेरे अंदर ये विचार उठा: ये सारे कैदी तो तंदुरुस्त दिख रहे हैं, इनमें काफी उत्साह भी नज़र आ रहा है, यहाँ तक कि ये हँस भी रहे हैं। क्या पता, मुझे भी उनके जैसी बेहतर स्थितियों में रहने का मौका मिल जाए।

मनोरोग चिकित्सा में एक विशेष मानसिक अवस्था होती है, जिसे डिल्यूजन ऑफ रिप्रीव (दंड स्थगित होने का भ्रम) कहते हैं। दंडित व्यक्ति को दंड मिलने से ठीक पहले यह भ्रम हो जाता है कि अंतिम क्षणों में उसका दंड स्थगित किया जा सकता है और वह फाँसी से बच सकता है। इसी तरह **हम भी उम्मीद के आखिरी धागे को पकड़े रहते हैं और आखिरी क्षण तक ये मानते हैं कि जो भी होगा, इतना बुरा भी नहीं होगा।**

मांसल चेहरों और स्वस्थ शरीरवाले उन कैदियों को देखकर हमें बड़ी राहत मिली। तब हमें इस बात का अंदाज़ा भी नहीं था कि वे कैदियों के उस अभिजात्य वर्ग का हिस्सा था, जिन्हें विशेष रूप से चुनकर उनका एक समूह गठित किया गया था। कैदियों का ये दस्ता दरअसल पिछले कई सालों से हर रोज स्टेशन आनेवाले अन्य कैदियों को लेने आता था। वे नए आगमन से जुड़ा सारा काम सँभालते थे। स्टेशन पर उतरनेवाले नए कैदी और उनका सामान इसी दस्ते के नियंत्रण में होता था। यहाँ तक नए कैदियों के पास मौजूद दुर्लभ चीज़ों और तस्करी करके लाए गए गहनों को भी ये दस्ता अपने नियंत्रण में ले लेता था। ऑश्विज निश्चित ही युद्ध के आखिरी वर्षों में यूरोप का एक अजीब स्थान रहा होगा, जहाँ सोने, चाँदी, प्लेटिनम और हीरों का अनूठा खजाना न सिर्फ गोदामों में मौजूद रहा होगा बल्कि एसएस गाड्‌र्स के हाथों में भी रहा होगा।

एक के बाद एक सदमा

हम पंद्रह सौ बंदियों को एक ऐसे शेड में ठूँस दिया गया, जिसमें शायद दो सौ से ज़्यादा कैदी नहीं रह सकते थे। हम सब भूखे थे और सर्दी से ठिठुर रहे थे। उस शेड में हमारे लेटने की तो दूर, ठीक से बैठने तक की जगह नहीं थी। हमें वहाँ चार दिन में एक बार ब्रेड का एक पाँच औंस का टुकड़ा खाने को दिया गया। वही हमारा एकमात्र भोजन था। इस विकट स्थिति में भी मैंने उस शेड के इंचार्ज सीनियर कैदियों को एक अन्य कैदी के साथ प्लेटिनम और हीरे से बनी

एक टाईपिन के लिए मोलभाव करते देखा। इसका अधिकांश लाभ श्नैप्स नामक शराब के लिए खर्च होनेवाला था। मुझे ये तो याद नहीं कि 'गे-ईवनिंग' के लिए ज़रूरी श्नैप्स खरीदने के लिए कितने हजार मार्क खर्च करने पड़ते थे। लेकिन मुझे ये ज़रूर पता है कि उस शिविर में लंबे समय से बंद कैदियों के लिए श्नैप्स ज़रूरी थी। और इस नर्क में भला उन्हें इस बात के लिए कौन दोष देता कि वे नशे में धुत्त हो जाना चाहते थे।

वहाँ कैदियों का एक और समूह था, जिसे एसएस गार्ड्स की तरफ से असीमित मात्रा में शराब मिल जाती थी: ये दरअसल वे कैदी थे, जो गैस चैंबर और श्मशान में कार्यरत थे और उन्हें अच्छी तरह पता था कि एक दिन कैदियों का एक नया समूह आकर उनकी जगह ले लेगा और उनसे जबरन कराया जा रहा जल्लाद का ये काम उन्हें छोड़ना पड़ेगा और फिर वे खुद एक पीड़ित बन जाएँगे।

हमारे पंद्रह सौ कैदियों के समूह का करीब-करीब हर व्यक्ति इस भ्रम में था कि उसका दंड स्थगित हो जाएगा और आखिरकार सब ठीक हो जाएगा। हमें एहसास भी नहीं था कि आगे जो दृश्य हमारी आँखों के सामने आनेवाला है, उसके मायने क्या हैं। हमें कहा गया कि हम अपना सामान ट्रेन में ही छोड़ दें और दो पंक्तियाँ बनाकर खड़े हो जाएँ, एक पंक्ति महिलाओं की और दूसरी पंक्ति पुरुषों की ताकि हम एक वरिष्ठ एसएस अफसर के बगल से एक-एक करके गुज़रते जाएँ और वह हमें जाँचता जाए। हैरानी की बात है कि मैंने अपने कोट के अंदर एक छोटा झोला छिपाकर ले जाने की जुर्रत की।

मैं जिस पंक्ति में था, उसका हर व्यक्ति एक-एक करके उस अफसर के बगल से गुज़र रहा था। मुझे एहसास था कि अगर कहीं उसने मेरा वह झोला देख लिया तो ये मेरे लिए बड़ा खतरनाक हो सकता है। वह मुझे पीट-पीटकर अधमरा कर देता; मुझे ये बात अपने पिछले अनुभव के चलते पता थी। इसलिए उसके पास से गुज़रने के पहले ही मैं अचानक बिलकुल सहज हो गया ताकि वह मुझ पर ज़्यादा ध्यान न दे और मेरा झोला उसकी नज़रों से बचा रहे। अब मैं और वह आमने-सामने थे।

वह एक लंबे कद का छरहरा व्यक्ति था और उसने एक बेदाग वर्दी पहन रखी थी। कितना फर्क था हम दोनों में! मैं इतनी लंबी यात्रा के बाद बदहाल था और मेरे कपड़ों की हालत बहुत खराब थी। वह अपनी दाईं कोहनी को बाएँ हाथ का सहारा देकर खड़ा था और उसने एक बेफिक्रीभरी सहजता ओढ़ रखी थी। एक-एक करके वह हर कैदी की जाँच-परख करता, फिर अपना दायाँ हाथ

उठाता और उँगली से दाईं या फिर बाईं ओर इशारा करता। हममें से किसी को भी ये अंदाज़ा तक नहीं था कि उसके इस छोटे से इशारे का अर्थ कितना भयावह है।

अब मेरी बारी थी। किसी ने मेरे कान में फुसफसाया कि कैदियों को दाईं ओर भेजने का अर्थ है कि वे काम करने के लिए उपयुक्त हैं। जबकि उन्हें बाईं ओर भेजने का अर्थ है कि वे कमजोर हैं, किसी काम के नहीं हैं और उन्हें एक विशेष शिविर में भेज दिया जाएगा। मैं बस इंतजार कर रहा था कि आगे क्या होनेवाला है। मेरा झोला बाईं ओर ज़रा झुका हुआ था, लेकिन मैं बिलकुल सीधा चलने की कोशिश कर रहा था। एसएस अफसर ने मेरी ओर देखा, वह ज़रा ठिठका और फिर उसने अपने दोनों हाथ मेरे कंधों पर रख दिए। उस क्षण मैं भरसक कोशिश कर रहा था कि मैं उसे एक सहज और समझदार व्यक्ति लगूँ। उसने मुझे धीरे से दाईं ओर मोड़ दिया और मैं चुपचाप उस ओर चला गया।

उँगली के इशारेवाले इस खेल का महत्त्व हमें शाम को पता चला। यह हमारे अस्तित्व या यूँ कहें कि हमारी अस्तित्वहीनता पर लिया गया पहला फैसला था। हमारे समूह के अधिकांश कैदियों – करीब ९० फीसदी – के लिए इसका अर्थ था मौत। और उन्हें ये सज़ा अगले कुछ घंटों के अंदर दे दी गई। बाईं ओर भेजे गए इन कैदियों को स्टेशन से सीधे श्मशान लाया गया था, जिसकी इमारत के दरवाजे पर कई यूरोपियन भाषाओं में एक शब्द लिखा हुआ था। वहाँ काम करनेवाले एक व्यक्ति ने मुझे बताया कि इस शब्द का अर्थ है 'स्नान।' उन दरवाजों से प्रवेश करते समय हर कैदी को एक साबुन दिया जाता था और फिर.... – इसके बाद क्या होता था, मुझे ये बताने की ज़रूरत नहीं है। इन दरवाजों के भीतर होनेवाली भयावहता के बारे में बहुत लोग काफी कुछ लिख चुके हैं।

3

शिविर में हमारा पहला दिन

हम कुछेक लोग, जो मौत से बच गए थे, उन्हें इसके बारे में शाम को पता चला। मेरे दोस्त और सहकर्मी को जिस इमारत में भेजा गया था, मैंने उसके बारे में कुछ ऐसे कैदियों से पूछताछ की, जो पहले कभी वहाँ जा चुके थे।

'क्या उसे बाईं ओर भेजा गया था?'

'हाँ' मैंने जवाब दिया।

'तो फिर वह वहाँ मिलेगा।'

'कहाँ?'

जवाब में एक कैदी ने कुछ सौ गज दूर बनी एक चिमनी की ओर इशारा किया, जिसमें से पोलैंड के धूसर आसमान की ओर निकलती आग की लपटें धुँए के डरावने बादल में तब्दील हो रही थीं।

'तुम्हारा दोस्त अब वहाँ है और धुँए में तब्दील हो चुका है,' किसी ने मुझसे कहा। लेकिन मुझे उसकी बात तब तक ठीक-ठीक समझ में नहीं आई, जब तक उसने मुझे सीधे शब्दों में नहीं समझाया कि मेरे दोस्त के साथ क्या हुआ होगा।

मैं आपको ये सारी बातें एक क्रम से नहीं बता रहा हूँ। मनोवैज्ञानिक दृष्टिकोण से देखें तो स्टेशन की उस सुबह से लेकर शिविर में हमारी पहली रात के बीच हमें बड़ा लंबा फासला तय करना था और ढेर सारी चीज़ों से दो-चार होना था।

भरी बंदूकोंवाले एसएस गाड्र्स की निगरानी में हमें स्टेशन से सफाई चौकी तक ले जाया गया। इस दौरान हम शिविर को पार करते हुए नुकीलों तारोंवाली उन कांटेदार बाड़ों के पास से गुज़रे, जिनमें बिजली का करंट दौड़ रहा था। हममें से जो लोग पहली चयन प्रक्रिया में सफल रहे थे, उन्हें सफाई चौकी में असली स्नान करने का मौका मिला। यहाँ एक बार फिर दंड स्थगित होने के हमारे भ्रम की पुष्टि हुई। हमें अचानक लगने लगा कि एसएस गाड्र्स दरअसल अच्छे लोग हैं। लेकिन जल्द ही हमें पता चल गया कि उनकी इस अच्छाई का कारण क्या है। वे हमसे सिर्फ इसलिए अच्छा व्यवहार कर रहे थे क्योंकि उन्हें हमारी कलाई पर घड़ी बंधी नज़र आ रही थी। वे सभ्य शब्दों में बात करते हुए हमें इस बात के लिए राजी कर रहे थे कि हम अपनी-अपनी घड़ी उन्हें दे दें। पर क्या ये तय नहीं था कि हमें वैसे भी अपना सारा सामन उनके हाथों में ही सौंपना है और भला उन अपेक्षाकृत अच्छे गाड्र्स को हमारी घड़ियाँ क्यों नहीं लेनी चाहिए? हो सकता है कि इसके बदले किसी दिन वे हमारी कोई मदद कर दें।

हम एक शेड में इंतजार कर रहे थे, जो सफाई कक्ष के आगे बने एक प्रतीक्षालय जैसा दिखाई दे रहा था। इसके बाद एसएस गाड्र्स आए और उन्होंने जमीन पर कुछ कंबल बिछा दिए, जिन पर हमें अपना सारा सामान, घड़ियाँ और जेवर वगैरह फेंकने थे। हममें से कुछ कैदी इतने भोले थे कि वे वहाँ पहले से मौजूद पुराने कैदियों - जो वहाँ पहले से रह रहे थे और इस प्रक्रिया में हमारी मदद

करने के लिए लाए गए थे – से पूछ रहे थे कि क्या वे अपनी शादी की अंगूठी या मेडल या फिर कोई गुडलक पीस साथ रख सकते हैं। अब तक कोई ये स्वीकार नहीं कर पाया था कि हमसे सब कुछ छीन लिया जाएगा।

मैंने एक पुराने कैदी का विश्वास जीतने की कोशिश की। मैं चुपके से उसके करीब आया और अपने कोट के अंदर की जेब में रखे कागज के रोल की ओर इशारा करते हुए बोला, 'देखो, ये एक वैज्ञानिक किताब की पांडुलिपि है। मैं जानता हूँ कि तुम क्या कहोगे कि मुझे इस बात के लिए आभारी होना चाहिए कि मैं अब तक जिंदा हूँ और मुझे इससे ज़्यादा भाग्यशाली होने की उम्मीद नहीं करनी चाहिए। लेकिन मैं खुद को रोक नहीं पा रहा हूँ। मुझे किसी भी कीमत पर इस पांडुलिपि को बचाना है; इसमें मेरे जीवनभर के काम का सार है। तुम समझ रहे हो ना?' जी हाँ, उसे मेरी बात समझ में आ रही थी। उसके चेहरे पर मुस्कान आ गई, जिसमें पहले दया का भाव था और फिर हैरानी, उपहास व अपमान का भाव। और अंत में उसने एक शब्द में मेरी बात का जवाब भी दे दिया: 'बकवास!' ये एक ऐसा शब्द था, जिसका उपयोग कैदियों के बीच काफी आम था। उस पल मुझे सच अपने सबसे असली रूप में नज़र आया और फिर मैंने वह किया, जिससे इन भयावह हालातों पर मेरी मनोवैज्ञानिक प्रतिक्रिया का पहला चरण पूरा हो गया: मैंने शिविर से पहले का अपना पूरा जीवन पीछे छोड़ दिया।

तभी अचानक मेरे साथी कैदियों के बीच हलचल मच गई, जो अब तक वहाँ डर से पीले पड़ चुके अपने चेहरों के साथ असहाय खड़े होकर आपस में बहस कर रहे थे। एक बार फिर हमें तेज आवाज में सुरक्षाकर्मियों के आदेश सुनाई देने लगे। हम सबको धक्का देकर स्नानघर के साथ बने कमरे में भेज दिया गया। वहाँ पहुँचकर हम एक एसएस गार्ड के चारों ओर इकट्ठा हो गए, जो पहले से ही हमारे इंतजार में वहाँ खड़ा हुआ था। इसके बाद उसने कहा, 'तुम लोगों के पास दो मिनट हैं। मैं घड़ी देखूँगा और तुम लोग अपने सारे कपड़े उतारकर सब कुछ वहीं जमीन पर रख दोगे, जहाँ तुम खड़े हो। तुम अपने जूतों, बेल्ट या सस्पेंडर और संभवत: अपना ट्रैस (हर्निया के मरीजों द्वारा पहना जानेवाला एक बेल्ट जैसा उपकरण) के अलावा और कुछ नहीं ले सकते। तुम्हारे दो मिनट शुरू होते हैं – अब!'

कैदियों ने अच्छी-खासी फुर्ती दिखाते हुए फौरन अपने कपड़े उतारने शुरू कर दिए। जैसे-जैसे समय खत्म हो रहा था, उनकी घबराहट बढ़ रही थी, जिसके कारण अंत:वस्त्र, बेल्ट और जूतों के फीते खोलने में उनसे गलतियाँ होने लगीं।

तभी हमने चाबुक की आवाज सुनी; कड़ाके की सर्दी में नग्न शरीरों को चमड़े के चाबुक से पीटा जाने लगा।

इसके बाद हमें दूसरे कमरे में धकेल दिया गया, जहाँ हम सबके सिर के बाल और साथ ही बाकी शरीर के बाल भी मूँड दिए गए। इसके बाद हमें नलकों के पास भेज दिया गया, जहाँ एक बार फिर हमें एक पंक्ति में खड़ा कर दिया गया। अब हमें एक-दूसरे को पहचानना भी मुश्किल हो रहा था लेकिन फिर हमें ये देखकर राहत मिली कि उन नलकों से पानी की फुहार निकल रही थी, न कि जानलेवा गैस।

जब हम स्नान के लिए नलकों से पानी की फुहारें निकलने का इंतजार कर रहे थे, हमें हमारी नग्नता का खयाल आया। अब हमारे पास अपने-अपने नग्न शरीर के अलावा कुछ भी नहीं बचा था - यहाँ तक कि हमारे बाल भी नहीं। हमारे पास अगर कुछ था, तो सिर्फ हमारा नग्न अस्तित्व। अब हमारे पास ऐसा क्या था, जो हमें यातना शिविर से पहले से हमारे जीवन से जोड़ता हो? मेरे पास मेरा चश्मा और बेल्ट बचा था; बाद में ब्रेड के एक टुकड़े के बदले मुझे अपना बेल्ट किसी को देना पड़ा। हालाँकि हममें से ट्रैस (हर्निया के मरीजों द्वारा पहना जानेवाला एक बेल्ट जैसा उपकरण) पहननेवाले कैदियों के साथ अभी और भी कुछ होना बाकी था। शाम को हमारे झोपड़े के प्रभारी एक पुराने कैदी ने हमारा स्वागत एक भाषण देकर किया। जिसमें उसने वादा किया, अगर किसी भी कैदी ने अपने ट्रैस में पैसे या कीमती रत्न वगैरह सिलकर छिपा रखे हैं, तो वह उसे एक बीम - उसने बीम की ओर इशारा किया - पर लटका देगा। उसने बड़े गर्व से बताया कि एक वरिष्ठ कैदी होने के नाते इस शिविर का कानून उसे ऐसा करने का पूरा अधिकार देता है।

जहाँ तक हमारे जूतों की बात है, तो ये मामला उतना सीधा नहीं था। हालाँकि हमें अपने जूते पहनने की अनुमति थी, लेकिन हममें से जिसके भी जूते नए या बढ़िया हालत में थे, उन्हें वे जूते छोड़ने पड़े और उनके बदले में उन्हें ऐसे जूते मिले, जो न तो पैर में फिट आते थे और काफी घिसे हुए भी थे। सबसे ज़्यादा दिक्कत में वे कैदी थे, जिन्होंने वरिष्ठ कैदियों की नेकनीयत भरी सलाह मानते हुए, अपने जैकबूट (घुटनों तक आनेवाले लंबे जूते) के ऊपरी हिस्से को काटकर उसे छोटा कर लिया था और फिर उसके ऊपरी हिस्से पर साबुन घिस लिया था ताकि उसका खुरदरापन पैरों को तकलीफ न दे। एसएस गार्ड्स को बस इसी का इंतजार था। जिस भी कैदी पर यह गंभीर अपराध करने का संदेह था, उसे बगल में बने एक छोटे कमरे में ले जाया गया। इसके कुछ क्षणों बाद हमें चमड़े के चाबुक की

आवाज और प्रताड़ित किए जा रहे उन कैदियों की चीखें सुनाई देने लगी। इस बार चाबुक की ये पिटाई काफी देर तक चली।

इस प्रकार हममें से कुछ लोग, जो अब तक भ्रम पालकर बैठे हुए थे, उनके भ्रम एक-एक करके टूटने लगे। और इसके बाद अप्रत्याशित रूप से हममें से अधिकांश लोग इस गंभीर स्थिति से उबरने के लिए निर्दयी होकर हँसी-मज़ाक का सहारा लेने लगे। हम जानते थे कि हमारे पास हमारे हास्यास्पद नग्न जीवन के अलावा खोने को और कुछ भी नहीं है। जब नलकों में पानी आना शुरू हुआ, हम सब अपना और एक-दूसरे का मज़ाक उड़ाने की मुश्किल कोशिश करने लगे। आखिरकार, नलकों से अब भी पानी निकल रहा था, जानलेवा गैस नहीं!

इस अजीब किस्म के हँसी-मज़ाक के अलावा एक और चीज़ थी, जिसने हमें अपने प्रभाव में ले रखा था: जिज्ञासा। मैं कुछ अजीब परिस्थितियों पर अपनी मौलिक प्रतिक्रिया के रूप में इस किस्म की जिज्ञासा का अनुभव पहले भी कर चुका था। ये तब की बात है, जब पर्वतारोहण के दौरान हुई एक भयानक दुर्घटना में मेरा जीवन खतरे में पड़ गया था। उस महत्वपूर्ण क्षण में मुझे अपने अंदर सिर्फ एक ही सनसनी महसूस हुई: जिज्ञासा। इस बात की जिज्ञासा कि मैं इससे जिंदा बच सकूँगा या फिर मेरा सिर फूट जाएगा और फिर लोगों को चोटों से भरी हुई मेरी लाश मिलेगी।

ऑश्विज़ में भी यह सर्द जिज्ञासा प्रबल थी और इसने किसी तरह हमारे मन को हमारे परिवेश से अलग कर रखा था। यह जिज्ञासा एक किस्म की वस्तुनिष्ठता के साथ आई थी। उस समय हर किसी ने इस मानसिक अवस्था को अपनी सुरक्षा के साधन के रूप में विकसित कर लिया था। हम इस बात को लेकर हर वक्त चिंतित रहते थे कि अब आगे क्या होगा; और उसका परिणाम क्या होगा, उदाहरण के लिए स्नान करके निकलने के बाद हमें नंगे बदन कड़ाके की सर्दी में खुले मैदान में खड़ा कर दिया जाना। अगले कुछ दिनों में हमारी ये जिज्ञासा विकसित होकर हैरानी में बदल गई; हैरानी इस बात की कि इतना सब होने के बाद भी हमें जुकाम तक नहीं हुआ।

हम नए कैदियों के साथ ऑश्विज में ऐसी ही कई अप्रत्याशित चीज़ें होनी बाकी थीं। हमारे बीच के वे कैदी जो चिकित्सा के क्षेत्र में काम कर चुके थे, उन्हें सबसे पहले ये समझ में आया कि 'पाठ्य पुस्तकों में सब झूठ लिखा होता है!' जैसे ऐसी ही किसी किताब में लिखा था कि 'इंसान कम से कम इतने घंटे की नींद लिए बिना नहीं रह सकता।' बिलकुल गलत! इसी तरह मुझे लगता था कि

कुछ चीज़ें ऐसी हैं, जिनके बिना मेरा काम नहीं चल सकता। जैसे 'मैं फलाँ चीज़ के बिना सो नहीं पाता या मैं फलाँ चीज़ के बिना एक पल नहीं रह सकता।'

ऑश्विज में अपनी पहली रात हमने एक के ऊपर एक बने बंक (चारपाई) पर बिताई। हर बंक पर नौ लोग सोते थे, जिसका आकार साढे छह फीट से लेकर आठ फीट तक होता था। हर नौ लोगों को सिर्फ दो कंबल मिलते थे। हाँ, हम चाहें तो करवट पर भी सो सकते थे क्योंकि जगह इतनी कम थी कि हमारे शरीर एक-दूसरे से सटे रहते थे। हालाँकि इसका एक फायदा ये था कि पास-पास सोने के कारण हमें ठंड कम लगती थी। हालाँकि अपने जूते ऊपर बंक पर ले जाने की मनाही थी, लेकिन फिर भी कुछ लोग अपने जूतों को चुपचाप तकिए की तरह इस्तेमाल करते थे, भले ही वे कीचड़ से सने हुए हों। वरना लेटने के बाद सिर को सहारा देने के लिए हमें उसके नीचे अपनी कोहनी लगानी पड़ती थी। इसके बावजूद हमें नींद आ जाती और कुछ घंटों के लिए दर्द और भयावह जिंदगी से राहत मिल जाती।

हम वहाँ कितना कुछ सहन कर लेते थे, ये बताने के लिए मैं ऐसी ही कुछ और आश्चर्यजनक चीज़ों का उल्लेख करना चाहूँगा: हम वहाँ अपने दाँत साफ करने में असमर्थ थे और साथ ही हमारे अंदर विटामिन की गंभीर कमी भी थी। इसके बावजूद हमारे मसूढे पहले से कहीं ज़्यादा स्वस्थ थे। शिविर में हमें करीब छह महीने तक एक ही कमीज पहनकर रहना पड़ता था। जब तक वह इस हद तक फट नहीं जाती थी कि कमीज जैसी लगना बंद न हो जाए, तब तक कैदियों को दूसरी कमीज नहीं मिलती थी। इसके अलावा कई-कई दिनों तक हमें अपनी कमीज धोने का मौका भी नहीं मिलता था क्योंकि कड़ाके की सर्दी के कारण पानी के सारे पाइपों में पानी जमकर बर्फ बन चुका होता था। हमारे हाथों पर तमाम खरोचें और चोटें लगती रहती थीं और मिट्टी में काम करने के कारण हाथ हमेशा गंदे रहते थे, इसके बावजूद न उनमें मवाद हुई और न ही वे और बदतर हुए। (लेकिन ऐसा सिर्फ तभी तक रहता था, जब तक किसी को फ्रॉस्टबाइट यानी शीतदंश नहीं हो जाता था।) इसी तरह एक कैदी, जिसकी नींद ज़रा सी आवाज से खुल जाया करती थी, अब वह एक ऐसे कैदी के बगल में बड़े आराम से सो लेता था, जो रातभर तेज खर्राटे भरता था।

दोस्तोवस्की का एक कथन है, जिसमें उन्होंने साफ शब्दों में कहा था कि **एक मनुष्य के रूप में हम किसी भी चीज़ के आदी हो सकते हैं।** अगर अब हमसे कोई इस कथन की सच्चाई के बारे में पूछता तो हमारा जवाब होता, 'जी हाँ, मनुष्य

किसी भी वस्तु का आदी हो सकता है पर मेहरबानी करके हमसे यह न पूछें कि ऐसा कैसे होता है।' दरअसल हमारी मनोवैज्ञानिक पड़ताल अभी उतनी दूर नहीं पहुँच पाई थी; और न ही हम कैदी अभी उस बिंदु तक पहुँच सके थे। हम अब भी अपनी मनोवैज्ञानिक प्रतिक्रिया के पहले चरण में ही थे।

आत्महत्या का विचार हर किसी के मन में आता रहता था, भले ही कुछ पलों के लिए ही सही। जो दरअसल वहाँ की निराशाजनक स्थितियों, हर पल मंडराते मौत के डर और कई मौकों पर मौत से सामना होने का परिणाम था।

अपने व्यक्तिगत विश्वासों - जिनका उल्लेख मैं बाद में करूँगा - के आधार पर शिविर में आने के पहले दिन ही मैंने खुद से एक वादा किया था कि मैं कभी निराशा होकर कंटीले तारों की उन बाड़ों को छूने नहीं जाऊँगा, जिनमें जानलेवा करंट दौड़ता है। दरअसल वहाँ आत्महत्या करने का सबसे प्रचलित तरीका यही था। मेरे लिए ये निर्णय लेना ज़्यादा मुश्किल भी नहीं था। आत्महत्या करने का कोई मतलब नहीं था क्योंकि तमाम संभावनाओं को ध्यान में रखते हुए देखें, तब भी एक आम कैदी का औसत जीवन वहाँ बहुत छोटा होता था। एक आम कैदी तमाम आश्वासनों के बावजूद कैदियों के उस छोटे से समूह का हिस्सा बनने की ज़्यादा उम्मीद नहीं कर सकता था, जो सारी चयन प्रक्रियाओं में सफल होने के चलते अब तक जीवित बचे हुए थे। कैदियों को सदमेवाले पहले चरण में मौत का डर नहीं था। यहाँ तक कि शिविर में कुछ दिन रहने के बाद गैस चैंबर का डर भी खत्म हो गया - आखिर उसी के चलते तो कैदी आत्महत्या करने से बचे हुए थे।

4

शिविर में बने रहने के उपाय

ऑश्विज से जिंदा बचने के बाद जब मैं उन दोस्तों से मिला, जो यातना शिविर में मेरे साथ थे, उनका कहना था कि मैं उन कैदियों में से नहीं था, जिनके लिए शिविर में भर्ती होने का अनुभव बहुत ही निराशाजनक रहा हो। ऑश्विज में अपनी पहली रात बिताने के बाद अगली सुबह हुई घटना के दौरान मैंने सिर्फ मुस्कुराकर ही अपनी प्रतिक्रिया दी और वह भी बड़ी ईमानदारी से। अपने 'ब्लॉक' से बाहर न जाने के सख्त आदेश के बावजूद हमारा एक सहकर्मी, जो हमसे कुछ सप्ताह पहले ही ऑश्विज आया था, चुपचाप हमारे झोपड़े में आ गया। वह हमें

दिलासा देना चाहता था और कुछ ज़रूरी बातें भी बताना चाहता था। शिविर में रहकर उसका शरीर इतना कमजोर हो गया था कि पहली नज़र में तो हम उसे पहचान ही नहीं सके। उसने अपने मज़ाकिया और बेफिक्र अंदाज में जल्दी-जल्दी हमें कुछ नुस्खे बताए : 'देखो, घबराना मत! यहाँ की चयन प्रक्रियाओं से डरने की कोई ज़रूरत नहीं है! डॉ. एम. (एसएस मेडिकल स्टाफ का प्रमुख) डॉक्टरों के प्रति थोड़ा नर्मदिल रवैया रखता है।' हालाँकि मेरे दोस्त के ये करूणापूर्ण शब्द भ्रामक थे। एक 60 वर्षीय कैदी, जो हमारे झोपड़ों के एक ब्लॉक के डॉक्टर के रूप में कार्यरत था, उसने मुझे बताया कि उसके जवान बेटे को गैस चैंबर में भेजा जा रहा था और जब उसने डॉ. एम. से अपने बेटे को बचाने की विनती की, तो उसने साफ मना कर दिया।

'लेकिन मैं तुमसे विनती करता हूँ,' उस दोस्त ने आगे कहा कि 'अगर हो सके, तो रोज शेव किया करो। यहाँ तक कि ब्लेड या उस्तरा उपलब्ध न होने की स्थिति में अगर तुम्हें काँच के टुकड़े से भी शेव करना पड़े, तो करो... यहाँ तक कि इसके बदले अगर तुम्हें अपना आखिरी रोटी का टुकड़ा भी किसी को देना पड़े तो दे दो। क्योंकि रोज शेव करोगे, तो युवा और स्वस्थ दिखोगे। अगर तुम यहाँ जिंदा रहना चाहते हो, तो सिर्फ एक ही तरीका है: तुम्हें इतना फिट दिखना होगा कि तुम्हें देखकर लगे कि तुम काम करने योग्य हो। याद रखो कि अगर तुम्हारे तलवे पर कोई फोड़ा हो जाता है और कोई एसएस गार्ड तुम्हें उस फोड़े के कारण लंगड़ाकर चलते देख लेता है, तो वह फौरन तुम्हें एक तरफ ले जाएगा और अगले ही दिन तुम्हें गैस चैंबर में भेजकर मार दिया जाएगा। क्या तुम्हें पता है कि यहाँ 'मोस्लेम' (Moslem) शब्द का उपयोग किन अर्थों में किया जाता है? इसका अर्थ है, एक ऐसा व्यक्ति जो बदहाल, कमजोर, बीमार और लुटा-पिटा नज़र आता हो और अधिक कठिन शारीरिक श्रम करना उसके बूते से बाहर हो... उसे कहते हैं 'मोस्लेम।' और हर 'मोस्लेम' को आज नहीं तो कल गैस चैंबर में जाना ही पड़ता है। इसलिए याद रखो: शेव करो, सीधे खड़े हो और चतुराई से चलो; फिर तुम्हें गैस चैंबर से डरने की कोई ज़रूरत नहीं है। भले ही तुम लोगों को इस शिविर में आए अभी २४ घंटे ही हुए हों, पर तुम्हें गैस चैंबर से डरने की कोई ज़रूरत नहीं है। बस तुम्हें छोड़कर...' और उसने मेरी ओर इशारा किया। 'देखो, मेरी बात का बुरा मत मानना लेकिन...' और फिर उसने मेरे बजाय बाकी सबकी ओर देखते हुए आगे कहा, 'तुम सभी में सिर्फ यही एक व्यक्ति है, जिसे अगली चयन प्रक्रिया से डरना चाहिए। बाकी किसी को चिंता करने की ज़रूरत नहीं है।'

और मेरे चेहरे पर मुस्कुराहट आ गई। मुझे यकीन है कि उस दिन वहाँ मेरी जगह कोई और भी होता तो वह भी ठीक ऐसी ही प्रतिक्रिया देता।

लेखक और दार्शनिक गॉटहोल्ड लेसिंग ने एक बार कहा था, 'कुछ चीज़ें ऐसी होती है, जिनका सामना होने पर आपका विवेक खत्म हो जाना चाहिए और अगर ऐसा नहीं होता, तो इसका अर्थ है कि आपके पास विवेक था ही नहीं।' एक **असामान्य घटना पर असामान्य प्रतिक्रिया दरअसल सामान्य बात है।** यहाँ तक कि हम मनोचिकित्सक भी ये मानते हैं कि कोई व्यक्ति असामान्य परिस्थितियों - जैसे पागलखाने में भर्ती किए जाने - पर जितनी ज़्यादा असामान्य प्रतिक्रिया देता है, वह मानसिक रूप से उतना ही अधिक सामान्य होता है। इसी तरह यातना शिविर में भेजे गए एक व्यक्ति की प्रतिक्रिया भी उसकी असामान्य मानसिक अवस्था का प्रतिनिधित्व करती है, लेकिन इसका वस्तुनिष्ठ आकलन करने पर - और जैसा कि बाद में बताया भी जाएगा - पता चलता है कि इस स्थिति में ऐसी प्रतिक्रिया बिलकुल सामान्य बात है। ये प्रतिक्रियाएँ, जैसा कि मैंने आपको बताया, कुछ ही दिनों में बदलने लगीं। अब कैदियों की मनोवैज्ञानिक प्रतिक्रिया का दूसरा चरण शुरू हो गया था - उदासीनता का चरण - जिसमें वे भावनात्मक रूप से मृत हो गए।

बंदियों की मानसिक अवस्था में बदलाव

अब तक जिन प्रतिक्रियाओं का वर्णन किया गया, उनके अलावा नए कैदियों ने कुछ और दर्दनाक भावनाओं का अनुभव भी किया, जिन्हें उन्होंने दबाने की कोशिश की थी। इनमें सबसे पहली थी, अपने परिवार और घर के लिए कभी न खत्म होनेवाली गहरी तड़प। कभी-कभी यह इतनी तीव्र होती कि वे भाव-विभोर हो जाते। अगली थी, घृणा की भावना; घृणा उस पूरी कुरूपता से, जो इस यातना शिविर में उनके चारों ओर बिखरी हुई थी।

अधिकांश कैदियों को पहनने के लिए जो धारीदार वर्दी दी जाती थी, वह इतनी फटी-पुरानी और बदहाल हुआ करती थी कि एक बिजूका (पक्षियों को डराने के लिए खेत में लगाया गया पुतला) भी उससे बेहतर दिखता था। शिविर में बने झोपड़ों के बीच की खाली जगह पर गंदगी का अंबार लगा होता था और कोई उसे जितना साफ करने की कोशिश करता, उसे उतना ही ज़्यादा उस गंदगी के संपर्क में आना पड़ता। एक नए कैदी को उस समूह में डाल देना आम बात थी, जो शौचालयों की सफाई और सीवेज हटाने का काम करता था। वहाँ की ऊबड़-खाबड़ जमीन पर गंदगी ढोते समय अगर कुछ गंदगी छिटककर उस कैदी

के चेहरे पर लग जाती - जो कि अक्सर होता था - तो उसे अपनी घृणा जाहिर करने या चेहरे को फौरन साफ करने की अनुमति भी नहीं थी। ऐसा करने पर तत्काल कोई ओहदेदार-कैदी (केपो) उसे एक चाबुक मारकर सज़ा देता। और इस तरह उसकी सामान्य प्रतिक्रियाओं का भी दमन होने लगता।

पहले-पहल जब कोई नया कैदी किसी अन्य समूह के कैदियों को सजा मिलते देखता, तो अपनी आँखें फेर लेता। उसके लिए ये देख पाना बड़ा मुश्किल होता कि उसके साथी कैदियों को घंटों तक कीचड़ में मार्च कराया जा रहा है और बीच-बीच में उन पर कोड़े बरसाए जा रहे हैं। लेकिन कुछ सप्ताह बाद चीज़ें बदल जातीं। तड़के सुबह, जब अंधेरा पूरी तरह छंटा न होता, वह अपने दस्ते के साथ दरवाजे के सामने मार्च करने के लिए तैयार खड़ा होता। अचानक उसे एक चीख सुनाई देती और वह देखता कि उसके एक साथी कैदी को पीटकर गिरा दिया गया है और जब वह उठने की कोशिश करता है तो उसे एक बार फिर चाबुक मारकर गिरा दिया जाता - और क्यों? दरअसल उसका अपराध ये था कि वह बुखार से तप रहा था और रोगियों के इलाजवाले कमरे में जाकर विनती कर रहा था कि आज वह कोई मुश्किल काम नहीं कर पाएगा।

पर इस बार यह नया कैदी - जो अब तक अपनी मनोवैज्ञानिक प्रतिक्रिया के दूसरे चरण में पहुँच चुका होता - इस दृश्य से अपनी आँखें नहीं फेरता। क्योंकि अब तक उसकी भावनाएँ कुंद पड़ चुकी होती थीं और वह बिना हिले चुपचाप अपने साथी कैदी को पिटते देखता रहता।

एक और उदाहरण: वह नया कैदी रोगियों के इलाजवाले कमरे में जाकर दो दिन तक हल्का और आसान काम कराने की विनती करता है क्योंकि उसे गहरी चोट लगी हुई है या इडीमा के कारण पैरों में सूजन आई हुई है या फिर वह बुखार से तप रहा है। तभी एक बारह साल के बच्चे को वहाँ धकेलते हुए लाया जाता है, जिसे घंटों तक बर्फ में नंगे पैर सावधान की मुद्रा में जबरन खड़ा रखा गया था या फिर जिसके पास पहनने के लिए जूते नहीं थे, फिर भी उसे नंगे पैर बाहर बर्फ में काम करने को मजबूर किया गया। इसके चलते उस बच्चे के पैर के अंगूठों में फ्रॉस्टबाइट यानी शीतदंश हो गया है। ड्यूटी पर मौजूद डॉक्टर उसके अंगूठों के काले पड़ चुके गले हुए हिस्सों को एक-एक करके चिमटी से खींचकर निकाल देता है। इस भयावह दृश्य को देखने के बाद भी हमारे उस नए कैदी को घृणा, डर या दया जैसी भावनाएँ महसूस नहीं होतीं। भयंकर पीड़ा झेल रहे, मर रहे या मर चुके लोगों को देखना, कुछ ही हफ्तों में उसके लिए इतना आम हो जाता कि

फिर उसे इन सबसे कोई फर्क नहीं पड़ता।

मैंने टाइफस रोगियों के झोपड़े में भी कुछ समय बिताया था। इन रोगियों को तेज बुखार की शिकायत रहती थी। उनकी हालत बेहद नाजुक होती और उनमें से अधिकांश मरणासन्न हालत में होते। एक बार उनमें से एक रोगी की मौत हो गई। उसके बाद जो हुआ, उसे देखकर मुझे कोई भावनात्मक झटका नहीं लगा। हर रोगी की मौत के बाद वही होता, लेकिन हर बार मुझे कोई झटका नहीं लगता। दरअसल उस रोगी की मौत के बाद, किसी साथी कैदी ने उसका बचा हुआ गंदला खाना हड़प लिया। किसी दूसरे कैदी ने उसके जूतों पर अधिकार कर लिया। तीसरे कैदी ने आकर उसके कोट पर कब्जा कर लिया। और तो और चौथा कैदी उसकी रस्सियाँ पाकर ही संतुष्ट हो गया।

मैं भावशून्य होकर ये सब देखता रहा। आखिरकार मैंने एक पुरुष नर्स से रोगी की लाश को वहाँ से हटाने के लिए कहा। उसने लाश के पैरों को पकड़ा, उसे तख्ते (जो उस रोगी का पलंग था) से मिट्टी के ऊबड़-खाबड़ फर्श पर नीचे गिराया और फिर अन्य टाइफस रोगियों के तख्तों की दो समानांतर कतारों के बीच से घसीटते हुए दरवाजे की ओर ले गया। दरवाजे पर बनी दो सीढ़ियाँ, जिन पर चढ़कर बाहर खुले में निकला जा सकता था, हमारे लिए एक समस्या थीं क्योंकि निरंतर खाने की कमी के चलते हम शारीरिक रूप से हमेशा कमजोर और थका हुआ महसूस करते थे। यातना शिविर में कुछ महीने बिताने के बाद हमारी हालत ऐसी हो चुकी थी कि दरवाजे की कुंडी को हाथ से पकड़कर खुद को ऊपर की ओर खींचे बिना छह-छह इंच ऊँची वे दो सीढ़ियाँ चढ़ना भी बहुत मुश्किल लगता था।

लाश को घसीटकर बाहर ले जा रहा व्यक्ति उन सीढ़ियों तक पहुँचा। थकानभरी भाव-भंगिमा के साथ वह खुद ऊपर चढ़ा। फिर उसने उस लाश को ऊपर अपनी ओर घसीटना शुरू किया। पहले लाश के पैर, फिर धड़ और फिर - एक कर्कश आवाज के साथ - उसका सिर सीढ़ियों से टकराया। मैं झोपड़े के दूसरे कोने में, फर्श के करीब बनी एक खिड़की के पास बैठा था, जो उस झोपड़े की इकलौती खिड़की थी। कड़ाके की सर्दी पड़ रही थी और मैंने अपने हाथों में गर्म सूप का एक कप पकड़ रखा था। मैं लालच से सूप पीते हुए खिड़की के बाहर देखने लगा। तब तक वह व्यक्ति लाश को घसीटकर बाहर ले जा चुका था। मेरी नज़र खिड़की के बाहर उस लाश पर पड़ी। ऐसा लगा जैसे वह अपनी भावशून्य आँखों से मुझे घूर रही हो। अभी दो घंटे पहले ही मेरी उस व्यक्ति से बात हुई थी

और अब वह एक लाश बन चुका था। मैंने खिड़की से बाहर देखना जारी रखा और अपना सूप पीता रहा।

पेशेवर दृष्टिकोण से देखूँ, तो इस वाक्ये (घटना) पर भावुक न होने से मैं सचमुच हैरान था। वरना मैं अब तक इसे भूल चुका होता। मुझे ये घटना आज भी इसलिए याद है क्योंकि इसका साक्षी बनने के बावजूद मैं इसे लेकर भावुक नहीं हो सका।

उदासीनता, भावनाओं का कुंद होना और ये एहसास कि अब कोई परवाह नहीं - ये सारे लक्षण, कैदी की मनोवैज्ञानिक प्रतिक्रिया के दूसरे चरण पर उभरते थे, जो आखिरकार उसे हर घंटे होनेवाली रोज की पिटाई के प्रति असंवेदनशील बना देते। यह असंवेदनशीलता आवश्यक भी थी क्योंकि ये उसके लिए सुरक्षात्मक खोल की तरह काम करती थी।

5

मार-पिटाई और अपमान का ज़हर

शिविर में जरा से उकसावे पर कैदियों की पिटाई हो जाती थी, कभी-कभी तो बिना किसी कारण के ही उन्हें पीट दिया जाता था। उदाहरण के लिए हम जिस जगह पर काम करते थे, खाने के लिए रोटी भी वहीं दी जाती थी और इसके लिए हमें लाइन में खड़ा किया जाता था। एक बार मेरे पीछे लाइन में लगा एक कैदी शायद अपनी बारी आने का इंतजार करते-करते ऊब गया और ये देखने के लिए एक ओर झुका कि अभी उसके आगे कितने कैदी और हैं। बस इतनी सी बात से एक एसएस गार्ड नाराज हो गया। मुझे नहीं पता था कि मेरे पीछे लाइन में क्या चल रहा है और न ही मुझे इस बात का कोई अंदाजा था कि वहाँ पास में ही कोई एसएस गार्ड भी खड़ा है। तभी अचानक मेरे सिर पर दो तेज चाबुक पड़े। तब जाकर मुझे अपने बगल में वह गार्ड नज़र आया। उस वक्त चाबुक की चोट से हो रहा दर्द मेरे लिए उतना तकलीफदेह नहीं था, जितनी तकलीफदेह इस तर्कहीन अन्याय से होनेवाली मानसिक पीड़ा थी (और ये बात वयस्क कैदियों के साथ-साथ उन कैदियों पर भी लागू होती थी, जो बच्चे थे। उन्हें भी वहाँ ऐसी ही सजा मिला करती थी।)

ताज्जुब की बात थी कि एक चाबुक की मार, जिसका निशान तक नहीं पड़ा, कुछ परिस्थितियों में, निशान छोड़नेवाले चाबुक की मार से भी ज़्यादा तकलीफदेह

लगती थी। एक बार मैं बर्फीले तूफान में रेलवे ट्रैक पर खड़ा था। खतरनाक मौसम के बावजूद हमारे समूह को काम जारी रखना पड़ा। मैं बड़ी मेहनत से बजरी बिछाते हुए ट्रैक को तैयार कर रहा था। क्योंकि उस जानलेवा सर्दी में खुद को गर्म रखने का यही एक तरीका था। मैं काफी थक चुका था इसलिए पलभर सुस्ताने के लिए मैं ज़रा ठहरा और दुर्भाग्यवश वहाँ तैनात गार्ड ठीक उसी वक्त मुड़ा और उसकी नज़र मुझ पर पड़ी। मुझे सुस्ताते देख उसे लगा कि मैं कामचोरी कर रहा हूँ। बस फिर क्या था, मेरे साथ वही हुआ, जो सबके साथ होता था। लेकिन उसकी पिटाई या अपमान से मुझे ज़्यादा कष्ट नहीं हुआ। बल्कि मेरे लिए ये एहसास कहीं ज़्यादा कष्टकारी था कि गार्ड ने अपने सामने खड़े इस फटेहाल और कमजोर कैदी से कुछ कहने की, यहाँ तक कि गाली देने तक की जहमत नहीं उठाई। बल्कि उसने एक पत्थर उठाया और मुझ पर दे मारा। यह कुछ ऐसा व्यवहार था, जो लोग इंसानों से नहीं बल्कि जानवरों से करते हैं।

हमारी पिटाई का सबसे दर्दनाक पहलू था, हमारा अपमानित होना। एक बार हम कैदियों को कुछ लोहे के गर्डर - जो काफी लंबे और भारी थे - को उठाकर बर्फीले ट्रैक पर चलते हुए आगे ले जाना था। इस दौरान अगर कोई एक व्यक्ति भी उस बर्फीले ट्रैक पर फिसल जाता, तो वह अपने साथ-साथ उन लोगों को भी खतरे में डाल देता, जो उसके साथ वह गर्डर लादे होते। मेरे एक साथी कैदी की कूल्हे की हड्डी जन्मजात रूप से खिसकी हुई थी। हालाँकि वह इस बात से खुश था कि इस समस्या के बावजूद वह काम करने में सक्षम है क्योंकि हर अगली चयन प्रक्रिया में शारीरिक रूप से अक्षम कैदियों को तत्काल गैस चैंबर में भेजकर मार दिया जाता था। वह उस बर्फीले ट्रैक पर चला जा रहा था, लेकिन उसके हाथों में जो गर्डर था, वह काफी भारी होने के कारण उसका शरीर एक ओर झुका हुआ था। उसे देखकर ऐसा लग रहा था कि वह बस गिरने ही वाला है और अपने साथ-साथ बाकी लोगों को भी ले डूबेगा। चूँकि उस वक्त मैंने अपने हाथों में कोई गर्डर नहीं उठा रखा था इसलिए मैं बिना कुछ सोचे-समझे मदद के लिए उसकी ओर कूदा। लेकिन अचानक मैं खुद पीठ के बल गिर पड़ा। मुझे खासी चोट लगी और फिर मुझे तत्काल अपनी जगह पर वापस जाने के लिए कह दिया गया। कुछ देर पहले जिस गार्ड ने मुझे पत्थर उठाकर मारा था, उसने यह कहते हुए हमें अपमानित किया कि हम 'सुअरों' के बीच दोस्ती और आपसी सहयोग जैसा कोई भाव नहीं है।

ऐसी ही एक और घटना है। एक बार -16.6 डिग्री सेल्सियस के तापमान में हमें जंगल में ले जाया गया। वहाँ हमें पानी के पाईप बिछाने के लिए जमीन की

ऊपरी सतह पर जमी मिट्टी खोदनी थी, जो उस जानलेवा सर्दी में पत्थर की तरह सख्ती से जमी हुई थी। तब तक शिविर में रहते हुए मैं शारीरिक रूप से काफी कमजोर हो चुका था। हम कैदियों के समूह के साथ गोल-मटोल और लाल गालोंवाला एक फोरमैन भी आया था, जिसे देखकर मुझे सुअर का चेहरा याद आ रहा था। मैंने देखा कि उसने सर्दी से बचने के लिए बड़े ही सुंदर गर्म दस्ताने पहन रखे हैं। वह कुछ देर तक चुपचाप मेरी ओर देखता रहा। मुझे लगा कि बस मुझ पर कोई मुसीबत आने ही वाली है क्योंकि मेरे बगल में मिट्टी का एक ढेर लगा हुआ था, जिसे देखकर यह स्पष्ट था कि मैंने अब तक कितनी खुदाई की है।

तभी उसने कहा, 'ए सुअर! मैं बड़ी देर से देख रहा हूँ कि तू क्या कर रहा है! मैं आकर तुझे सिखाऊँ कि काम कैसे करते हैं? जब मैं तेरे दाँतों से मिट्टी खुदवाऊँगा ना, तब तुझे समझ में आएगा - कुत्ते की मौत मरेगा तू! बस दो दिन लगेंगे और मैं तुझे खत्म कर दूँगा! तूने आज तक अपनी जिंदगी में कोई मेहनतवाला काम नहीं किया। क्या था तू सुअर? एक व्यापारी?'

अब मुझे किसी चीज़ की परवाह नहीं रह गई थी। लेकिन उसकी हत्या की धमकी को गंभीरता से लेना ज़रूरी था, तो मैं सीधा खड़ा हुआ और उसकी आँखों में देखा।

'मैं एक डॉक्टर था - एक एक्सपर्ट!'

'क्या? तू डॉक्टर था? यानी तूने लोगों से इलाज के नाम पर खूब पैसा ठगा होगा!'

'मैं क्लीनिक में गरीबों का इलाज करता था। मैंने अपना ज़्यादातर काम बिना पैसों के किया।'

मेरी ये बात उससे बर्दाशत नहीं हुई। वह मेरे ऊपर झपट पड़ा। उसने मुझे जमीन पर पटक दिया और पागलों की तरह मुझ पर चिल्लाता रहा।

इसके बाद मुझे याद नहीं कि वह क्या चिल्लाता रहा।

इस मामूली वाक्ये का जिक्र मैंने इसलिए किया ताकि आपको दिखा सकूँ कि यातना शिविर में नर्क जैसी जिंदगी जीकर सख्त हो चुके कैदियों में भी कैसे कभी-कभी आक्रोश बढ़ जाता था - यह आक्रोश उस क्रूरता और कष्ट के प्रति नहीं था, जो वहाँ आम बात थी बल्कि उस अपमान के प्रति था, जो इस क्रूरता से जुड़ा हुआ था। मैंने उसकी बात पर आक्रामक प्रतिक्रिया इसलिए दी क्योंकि एक

आदमी, जो मेरे बारे में कुछ नहीं जानता, मेरे मुँह पर खड़े होकर मेरी पूरी जिंदगी को आँक रहा था और मुझे उसकी फालतू बातें सुननी पड़ रही थी। वह आदमी सचमुच 'इतना भद्दा और इतना क्रूर था कि अगर कभी वह मेरे अस्पताल आ जाता, तो बाहरी-रोगी वॉर्ड की नर्स उसे वेटिंग रूम में घुसने तक न देती।' (मैं स्वीकार करता हूँ कि इस घटना के बाद अपने साथी कैदियों के सामने उस व्यक्ति पर ये टिप्पणी करके मुझे एक बचकाने किस्म की राहत महसूस हुई थी।)

ओहदेदार कैदी की मेहरबानी

सौभाग्य से हमारे समूह का एक ओहदेदार-कैदी (केपो) मुझे पसंद करने लगा। क्योंकि मैं उसकी प्रेम कहानियाँ और उसके शादीशुदा जीवन की समस्याएँ सुन लेता था। जब हम काम पर जा रहे होते, तो वह अक्सर रास्ते में अपने जीवन की ये बातें मुझे बताया करता था। मैंने उसके चरित्र का जो मूल्यांकन किया और उसे जो मनोचिकित्सकीय सलाह-मशवरे दिए, उनसे वह खासा प्रभावित था। इसे लेकर वह मेरा आभारी था, जो मेरे लिए बहुत महत्वपूर्ण था। पिछले कई मौकों पर ऐसा हुआ, जब उसने हमारी टुकड़ी - जिसमें आमतौर पर दो सौ अस्सी लोग शामिल होते थे - की पहली पाँच लाइनों में अपने बगल में मेरी जगह आरक्षित करके रखी। मेरे लिए उसका ये एहसान महत्वपूर्ण था।

हमें हर रोज सुबह पौ फटने से पहले बाहर लाइन लगाकर खड़ा होना पड़ता था। वहाँ देर से पहुँचने और फिर मजबूरन पीछे की लाइनों में खड़े होने का डर हर किसी को रहता था। अगर किसी अप्रिय या घृणास्पद काम के लिए लोगों की ज़रूरत पड़ती, तो वरिष्ठ ओहदेदार-कैदी आकर इसके लिए आमतौर पर पीछे की लाइनों में खड़े कैदियों को चुन लेता था। फिर इन कैदियों को वहाँ से दूर उस अप्रिय काम के लिए ले जाया जाता था, जहाँ उन्हें अजनबी गार्ड्स की निगरानी में काम करना होता था। हालाँकि कभी-कभार वरिष्ठ ओहदेदार-कैदी आगे की लाइनों में लगे कैदियों का चुनाव भी कर लेता था ताकि जो कैदी चालाक बनने की कोशिश कर रहे हों, उन्हें सबक मिल सके। ऐसे में कैदियों द्वारा जताया गया कोई भी विरोध उन्हें लातें मारकर दबा दिया जाता था और चुने गए पीड़ितों को खदेड़ते और चाबुक मारते हुए वहाँ ले जाया जाता था।

हालाँकि जब तक वह ओहदेदार कैदी मुझसे अपने दिल की बातें कहना जारी रखता, तब तक मैं ऐसी किसी पिटाई या दुर्व्यवहार से सुरक्षित था। वह हमेशा अपने बगल में मेरी जगह खाली रखता था। पर इसका एक फायदा और

था। बाकी कैदियों की तरह ही मैं भी इडीमा (पैरों और हाथों में सूजन) की समस्या से ग्रस्त था। मेरे पैर इतने सूजे हुए थे और उनकी त्वचा इतनी कसकर खिंची रहती थी कि मैं बड़ी मुश्किल से अपने घुटने मोड़ पाता था। मुझे अपने जूतों के फीते खोलकर रखने पड़ते थे ताकि वे मेरे सूजे हुए पैरों पर फिट आ सकें। अगर मेरे पास मोजे होते, तो इस हालत में मैं उन्हें जूतों के अंदर पहन ही नहीं पाता। इसलिए मेरे अधखुले पैर हमेशा गीले बने रहते और मेरे जूतों में बर्फ भर जाती। इसके चलते मुझे फ्रॉस्टबाइट (शीतदंश) और चिलब्लेन (पाला मार जाना) भी हो गया। अब मेरे लिए एक-एक कदम उठाना भी किसी यातना से कम नहीं था।

बर्फ की चादर से ढकी जमीन पर चलकर काम पर जाने के चलते हमारे जूतों के सिरों पर बर्फ के पिंड चिपक जाते। अक्सर लोग चलते-चलते फिसल जाते, जिससे उनके पीछे चले आ रहे अन्य कैदी भी ठोकर खाकर उनके ऊपर गिर जाते और बाकी कैदियों की टुकड़ी को कुछ देर के लिए रूकना पड़ता। एक बार जब ऐसा हुआ तो हमारे साथ चल रहे एक गार्ड ने फौरन कार्रवाई की और जो लोग फिसलकर गिर गए थे, उन्हें अपनी बंदूक की बट से मारना शुरू कर दिया ताकि वे फौरन उठ खड़े हों और टुकड़ी आगे बढ़ सके। आप टुकड़ी में जितना आगे चल रहे होते, किसी कारण से टुकड़ी के रूकने पर आपको उतनी ही कम परेशानी होती। कैदियों के फिसलकर गिरने से जो कीमती समय बर्बाद होता, उसकी भरपाई के लिए उन्हें उठाकर तेजी से चलाया या दौड़ाया जाता। अगर आप टुकड़ी में आगे की ओर चल रहे हैं, तो ऐसे में आपको सूजे पैरों से दौड़ने की ज़रूरत कम पड़ती। इसीलिए मैं उस श्रीमान ओहदेदार-कैदी का व्यक्तिगत डॉक्टर बनकर और हर टुकड़ी में पहली लाइन में खड़े होने का सौभाग्य पाकर बड़ा खुश था।

अपनी सेवाओं के अतिरिक्त भुगतान के रूप में मैं इस बात को लेकर निश्चिंत रह सकता था कि हमारे कार्यस्थल पर दोपहर के खाने में जब कैदियों को सूप बँटेगा, तो मुझे परोसने से पहले वह ओहदेदार कैदी अपने चमचे को सूप के बर्तन की तली तक डुबोएगा और फिर उसे मेरे बर्तन में उड़ेल देगा, जिससे मुझे अपने सूप में कुछ मटर के दाने भी मिल जाएँगे। यह ओहदेदार कैदी एक पूर्व सेना अधिकारी था। उसमें इतनी हिम्मत थी कि जिस फोरमैन से मेरा झगड़ा हुआ था, उसके कान में फुसफुसाते हुए उसने एक बार ये भी कहा कि मैं सचमुच एक अच्छा मजदूर हूँ। हालाँकि इससे मुझे कोई मदद नहीं मिली, लेकिन फिर भी वह मेरी जान बचाने में कामयाब रहा (शिविर में ऐसे कई मौके आए जब मेरी जान खतरे में पड़ी।) यहाँ तक कि फोरमैन से मेरा झगड़ा होने के बाद अगले ही दिन

उस ओहदेदार-कैदी ने मुझे चुपचाप मजदूरों की दूसरी टुकड़ी में शामिल कर दिया ताकि दोबारा उस फोरमैन से मेरा सामना न हो और बेवजह बात न बढ़े।

शिविर में कुछ फोरमेन ऐसे भी थे, जो हमारे प्रति नर्म रवैया रखते थे। वे अपनी तरफ से पूरी कोशिश करते थे कि कम से कम कार्यस्थल पर हमारी परिस्थितियाँ आसान हो जाएँ। लेकिन वे हमें ये याद दिलाने से भी नहीं चूकते थे कि जितना काम हम कर रहे हैं, उससे कई गुना ज़्यादा काम तो एक आम मजदूर और भी कम समय में पूरा कर लेता है। पर वे हमारे इस तर्क से भी सहमत थे कि एक आम मजदूर को हमारी तरह हर रोज सिर्फ साढ़े दस औंस ब्रेड (अक्सर हमें इससे भी कम ब्रेड मिलती थी) और पौने दो कप पानी की तरह पतले सूप के सहारे नहीं जीना पड़ता; और न ही एक आम मजदूर को हमारे जैसा मानसिक तनाव झेलना पड़ता है, जहाँ हमें हमारे परिवारवालों की कोई खबर तक नहीं है, जिन्हें या तो किसी और यातना शिविर में भेज दिया गया होगा या फिर किसी गैस चैंबर में भेजकर खाक कर दिया गया होगा; और न ही एक आम मजदूर को हमारी तरह हर रोज, हर दिन, हर पल लगातार मौत के खतरे के बीच जीना पड़ता है। मैंने तो एक सहृदय फोरमैन से ये कहने की जुर्रत भी कर दी कि 'जितने समय में मैंने तुमसे सड़क बनाने का काम सीखा है, अगर उतने ही समय में तुम मुझसे दिमाग का ऑपरेशन करना सीख जाओ तो मैं सचमुच तुम्हारा सम्मान करने लगूँगा,' मेरे ये शब्द सुनकर वह मुस्कुरा दिया।

जान की सलामती

उदासीनता - जो दूसरे चरण का मुख्य लक्षण थी - कैदियों के लिए एक ज़रूरी डिफेंस मैकेनिजम (आत्मरक्षा तंत्र) का काम करती थी। शिविर के कैदियों के लिए वास्तविकता जैसे मंद पड़ गई थी और उनके सारे प्रयास व सारी भावनाएँ सिर्फ एक ही चीज़ पर केंद्रित थीं: अपनी जान बचाना और साथ ही अपने किसी साथी की भी। हर रोज शाम को जब कैदियों को उनके कार्यस्थल से हाँकते हुए वापस शिविर की ओर लाया जाता था, तो वे राहत की साँस लेते और रोज की तरह बस यही कहते, 'चलो, एक और दिन निकल गया।'

ऐसे में ये समझना आसान है कि भारी तनावपूर्ण स्थितियों और निरंतर अपनी जान बचाने की ओर केंद्रित रहने के चलते कैदियों का मानसिक जीवन किसी आदिम व्यक्ति जैसा हो गया था। शिविर में मेरे कुछ सहकर्मी - जो खुद मनोविश्लेषण में प्रशिक्षित थे - अक्सर कैदियों के 'रिग्रेशन' का जिक्र किया करते

थे – यानी मानसिक जीवन के आदिम रूप की ओर लौट जाना। अब कैदियों के सपनों में उनकी इच्छाएँ और कामनाएँ बिलकुल स्पष्ट हुआ करती थीं।

6

बंदी जीवन और भरपेट भोजन की कमी

एक कैदी सबसे ज़्यादा किस चीज़ के बारे में सपने देखता था? वे चीज़ें थीं ब्रेड, केक, सिगरेट और गर्म पानी से स्नान। ये साधारण इच्छाएँ भी पूरी न होने के कारण अब वह अपनी इच्छा-पूर्ति सपनों में कर लेता था। इन सपनों के चलते उसे कोई लाभ होता था या नहीं, ये अलग बात है; रात में ये सपने देखने के बाद उसे हर दिन न सिर्फ शिविर की वास्तविक जिंदगी का सामना करना पड़ता था बल्कि भ्रमपूर्ण सपनों और क्रूरतापूर्ण वास्तविक जीवन के बीच के फर्क का सामना भी करना पड़ता था।

मैं कभी नहीं भूल सकता कि कैसे एक रात अपने एक साथी कैदी की कराह सुनकर अचानक मेरी नींद टूट गई। दरअसल वह कोई भयानक सपना देख रहा था। चूँकि मुझे हमेशा से ही उन लोगों से बहुत सहानुभूति रही है, जो डरवाने सपनों या नींद में बड़बड़ाने जैसी समस्याओं से जूझ रहे होते हैं इसलिए मैं उस बेचारे को जगाना चाहता था। लेकिन फिर मैंने अपना इरादा बदल दिया। मुझे एहसास हुआ कि कोई भी सपना, फिर चाहे वह कितना भी डरावना क्यों न हो, यातना शिविर की उस वास्तविकता से ज़्यादा भयावह नहीं हो सकता, जिसका सामना हम सबको हर रोज करना पड़ता है।

शिविर के कैदी जिस कुपोषण से जूझ रहे थे, उसके चलते यह स्वाभाविक ही था कि अब उनका मानसिक जीवन भोजन की इच्छा जैसी प्रमुख आदिम प्रवृत्ति पर केंद्रित हो गया था। अधिकांश कैदी, जब काम कर रहे होते और जब उन पर कोई नज़र नहीं रख रहा होता था, तो वे तत्काल आपस में भोजन की चर्चा करने लगते थे। एक कैदी अपने बगल में काम कर रहे दूसरे कैदी से पूछता कि उसका पसंदीदा पकवान क्या है। फिर वे दोनों एक-दूसरे से अपने-अपने पसंदीदा पकवानों की रेसिपी साझा करते और इसके बाद वे उस दिन का मेनू तय करने लगते, जब वे यहाँ से बाहर दोबारा एक-दूसरे से मिलेंगे – यानी भविष्य का एक ऐसा दिन जब वे यहाँ से आज़ाद होकर अपने-अपने घर पहुँच चुके होंगे। उनकी ये बातें कभी खत्म नहीं होतीं और वे पूरे विस्तार से एक-एक चीज़ का वर्णन

करते। तभी अचानक कोई तीसरा कैदी उन्हें चुप होने की चेतावनी देने के लिए एक पासवर्ड नुमां वाक्य बोलता – 'गार्ड आ रहा है।'

खाने के बारे में चर्चा करने को मैं हमेशा ही ज़रा खतरनाक मानता था। **क्या तमाम पकवानों का विस्तृत और भावपूर्ण वर्णन करके अपने शरीर को उकसाना सही था? खासकर तब, जब शरीर ने बहुत कम भोजन और कम कैलोरी में जिंदा रहने के लिए बड़ी मुश्किल से खुद को अनुकूलित किया हो? हालाँकि पकवानों का ऐसा वर्णन क्षणिक मनोवैज्ञानिक राहत ज़रूर देता था, लेकिन अंततः तो यह सिर्फ एक भ्रम ही था, जिसके अपने कुछ स्पष्ट खतरे भी थे।**

हमारी कैद के आखिरी दौर में भोजन के तौर पर हमें दिन में एक बार थोड़ी सी ब्रेड और एक कप पानी जैसा पतला सूप मिलता था। इसके अतिरिक्त वहाँ तथाकथित 'अतिरिक्त भत्ते' की व्यवस्था भी थी। जिसमें दिन में एक बार एक औंस का तीन चौथाई मार्जरीन या फिर घटिया गुणवत्तावाले सॉसेज का या चीज़ का एक टुकड़ा या फिर थोड़ा सा सिंथेटिक शहद या एक चम्मच पानी जैसा पतला जैम मिलता था। प्रतिदिन के लिए ज़रूरी कैलोरी की मात्रा के हिसाब से देखें तो ये आहार कतई पर्याप्त नहीं था। खासकर तब, जब हमसे पूरा दिन भारी शारीरिक मेहनतवाला काम कराया जाता था और हम लगातार ठंड से ठिठुर रहे होते थे क्योंकि हमें जो कपड़े दिए गए थे, वे कम भी थे और फटेहाल भी। बीमार कैदियों की वहाँ 'विशेष देखरेख' की जाती थी। यहाँ विशेष देखरेख करने का अर्थ है, शिविर छोड़कर काम पर जाने के बजाय अपने झोपड़े में बीमार पड़े रहने की अनुमति मिलना।

जब हमारी चमड़ी के नीचेवाली वसा की अंतिम पर्तें भी गायब हो गईं और हम फटेहाल चिथड़ों में लिपटे जिंदा कंकालों जैसे दिखाई देने लगे, तो हमने देखा कि कैसे हमारे शरीर ने खुद अपना ही भक्षण करना शुरू कर दिया है। शरीर अपने ही प्रोटीन को पचाने लगा, जिससे धीरे-धीरे हमारी मांसपेशियाँ गायब होने लगीं। अब किसी के शरीर में कोई प्रतिरोधक क्षमता नहीं बची थी। आखिरकार हमारे झोपड़े के कैदी एक-एक करके मरने लगे। अब हम सब यह सटीक पूर्वाअनुमान लगाने लगे थे कि अगला नंबर किसका होगा और हमारा अपना नंबर कब आएगा। अपने कई साथी कैदियों को एक-एक कर मरते देखने के चलते हमें इन लक्षणों की अच्छी समझ हो गई थी, जिसके चलते हमारे पूर्वाअनुमान बिलकुल सटीक बैठने लगे थे।

हम आपस में एक-दूसरे से फुसफसाते, 'अब ये ज़्यादा दिन नहीं जिएगा'

या फिर 'अगला नंबर इसका है।' और जब एक-दूसरे के जुँए निकालने का हमारा दैनिक कार्यक्रम शुरू होता तो शाम को हमें खुद अपने नग्न शरीरों को देखने का मौका मिलता और हमें लगता: 'मेरा शरीर तो पहले ही एक लाश में तब्दील हो चुका है। अब मैं बस थोड़े से इंसानी मांस का एक ढेर मात्र हूँ, जिसे बिजली के करंटवाली कंटीले तारों की बाड़ों के अंदर बने मिट्टी के इन झोपड़ों में ठूँस दिया गया है। इंसानी मांस का एक ऐसा ढेर, जिसका एक निश्चित हिस्सा रोज सड़ना शुरू कर देता है क्योंकि अब वह बेजान हो चुका है।

मैंने ऊपर उल्लेख किया कि कैसे भोजन और अपने पसंदीदा पकवानों के बारे में मन में उठ रहे विचारों को अनदेखा करना असंभव था। शिविर में जैसे ही कैदियों को फुर्सत के कुछ पल मिलते, भोजन के विचार उनकी चेतना में जबरन घर कर करने लगते। हालत ये थी कि हममें से सबसे दृढ़ और सशक्त लोग भी उस घड़ी के लिए तरस रहे थे, जब उन्हें पेटभर स्वादिष्ट भोजन मिले। हालाँकि इसके पीछे सिर्फ भोजन की मूल इच्छा भर नहीं थी बल्कि ये विचार भी था कि क्या उन्हें अपनी इस अमानवीय स्थिति से कभी निजात मिलेगी, जिसने उन्हें खाने के अलावा किसी और चीज़ के बारे में सोचने में भी असमर्थ बना दिया है।

जो लोग खुद इस अनुभव से नहीं गुजरे हैं, वे शायद ये कल्पना भी नहीं कर सकते कि एक भूखा आदमी किस किस्म के मानसिक संघर्ष और इच्छाशक्ति के भयंकर टकराव का सामना करता है। ये सचमुच आत्मा को घायल कर देनेवाला अनुभव है। कोई बाहरी व्यक्ति शायद ही कभी समझ पाए कि एक भूखे कैदी को उस वक्त कैसा लगता होगा, जब खुदाई का काम करते हुए वह रसद बंटने के सायरन का इंतजार करता होगा या जब सभी कैदियों को ब्रेड का एक-एक टुकड़ा बाँटा जाता होगा (वह भी सिर्फ तभी तक, जब तक ब्रेड उपलब्ध है); या जब वह बार-बार फोरमैन से ब्रेड मिलने का समय पूछता होगा (अगर फोरमैन गुस्सैल स्वभाव का न हो तो); जब वह ठंड से अकड़ी अपनी गीली उँगलियों से ब्रेड के उस टुकड़े को हल्के से छूता होगा; जब वह उस छोटे से टुकड़े से थोड़ी सी ब्रेड तोड़कर उसे अपने मुँह में डालता होगा; जब वह अपनी बची-खुची इच्छाशक्ति के सहारे उस आधे बचे ब्रेड के टुकड़े को अपने फटेहाल कोट की जेब में सँभालकर रख लेता होगा और खुद से ये वादा करता होगा कि इस टुकड़े को दोपहर तक बचाकर रखना है ताकि इसके भरोसे पूरा दिन निकाला जा सके।

ब्रेड की सीमित रसद - जो कैदियों को दिन में सिर्फ एक बार मिलती थी - के उपयोग के तरीके कितने सही या कितने बेहूदा थे, इस बारे में अंतहीन बहसें

हो सकती हैं। कैदियों के बीच इस मसले पर दो मत हुआ करते थे। पहला मत ये था कि एक कैदी को जितनी भी ब्रेड मिलती है, वह उसे फौरन खा लेनी चाहिए। इसके दो लाभ थे। पहला ये कि इस तरह दिनभर में कम से कम एक बार अपनी जानलेवा भूख कुछ हद तक मिटाई जा सकती थी, भले ही कुछ देर के लिए ही सही। वहीं दूसरा लाभ ये था कि इस तरह ब्रेड की संभावित चोरी या किसी और कारण से उसे खोने से बचा जा सकता था। जबकि दूसरा मत – जो रसद को एक बार में चट करने के बजाय उसे बाद के लिए बचाकर रखने का पक्षधर था – बिलकुल अलग था। आखिरकार मैं दूसरे मतवाले समूह में शामिल हो गया।

शिविर के दैनिक जीवन में हर दिन का सबसे भयावह क्षण होता था, नींद से जागना। पौ फैटने से काफी देर पहले ही, जब बाहर घोर अंधेरा होता था, हमें जगाने के लिए तीन बार तेज सीटी बजाई जाती थी, जिसकी तीखी आवाज किसी चाबुक की तरह बड़ी बेरहमी से हमारे कानों पर पड़ती थी और हमारी नींद टूट जाती थी। उस वक्त भी कैदियों का शरीर थकान से बुरी तरह बोझिल होता और मन में उन टूटे हुए सपनों की तस्वीरें ताज़ा होतीं, जिनका सुकून पलभर पहले ही हमें नींद में मिल रहा था। फिर अपने-अपने गीले जूतों के साथ हमारा संघर्ष शुरू होता, जो इडीमा से सूजे हमारे पैरों में बड़ी मुश्किल से आ पाते थे। इसके अलावा रोज की छोटी-छोटी परेशानियों से जूझना तो था ही, जैसे उन तारों का टूट जाना, जिन्हें फीते न होने के चलते जूतों को बाँधने के लिए उपयोग किया जाता था।

एक दिन इसी समय मुझे एक ऐसे व्यक्ति की रूँधी आवाज सुनाई दी, जिसे मैं एक बहादुर और गरिमापूर्ण व्यक्ति मानता था। वह बच्चों की तरह सुबक रहा था क्योंकि आज उसे बर्फीले मैदान में काम करने के लिए नंगे पैर जाना पड़ रहा था क्योंकि उसके जूते इतनी बुरी तरह सिकुड़ चुके थे कि अब उन्हें पहन पाना असंभव था। उस भयावह पल में भी मैंने अपने लिए थोड़े सुकून का इंतजाम कर लिया। दरअसल मैंने अपने कोट की जेब से ब्रेड का एक बचा हुआ टुकड़ा निकाला और फिर खुशी से उसका स्वाद लेता रहा।

हर वक्त भोजन के बारे में सोचने के अलावा, कुपोषण का एक प्रभाव संभवत: ये भी था कि कैदियों में किसी भी प्रकार का यौन आग्रह आमतौर पर अनुपस्थित था। सदमा लगने के शुरुआती प्रभाव के अलावा, यही एक चीज़ थी, जो उनके यौन आग्रह को नष्ट कर सकती थी। एक मनोवैज्ञानिक होने के नाते इस विषय पर मेरा ध्यान जाना स्वाभाविक ही था कि सिर्फ पुरुषोंवाले अन्य स्थानों – जैसे सेना की बैरक – के विपरीत पुरुष कैदियोंवाले इस शिविर में यौन विकृति

बहुत कम देखने को मिल रही थी। यहाँ तक कि एक आम कैदी अपने सपनों में भी सेक्स से कोई सरोकार रखता नज़र नहीं आता था। जबकि उसकी अन्य कुंठित भावनाओं और उसके परिष्कृत मनोभावों को उसके सपनों में अक्सर अभिव्यक्ति मिल जाती थी।

शिविर में आदिम जीवन जीने और किसी भी कीमत पर खुद को बचाने की कोशिशों के चलते अधिकांश कैदियों में हर उस चीज़ की अवहेलना करने की प्रवृत्ति पैदा हो गई थी, जो उनके इस उद्देश्य की पूर्ति न करती हो। स्पष्ट है कि कैदियों के अंदर भावनात्मकता का पूर्ण अभाव था। मुझे इसका एहसास तब हुआ, जब मुझे ऑश्विज शिविर से हटाकर डचाऊ से संबद्ध एक शिविर में भेज दिया गया।

7

मेरे घर की एक झलक

जो ट्रेन हम दो हज़ार कैदियों को वहाँ लेकर जा रही थी, उसे विएना से होकर गुज़रना था। आधी रात के वक्त जब हमारी ट्रेन विएना के एक स्टेशन पर आकर रुकी, तो मैंने गौर किया कि ये रेलवे ट्रैक उसी गली के करीब से होकर जाता है, जहाँ के एक मकान में मेरा जन्म हुआ था; यह उस घर के पास से गुज़रता था, जहाँ मैंने अपने जीवन का एक लंबा अरसा बिताया था बल्कि यूँ कहूँ कि यातना शिविर में जाने से पहले तक मैं उसी घर में रहता था।

पचास कैदियोंवाली उस बोगी में दो छोटी-छोटी अधखुली खिड़कियाँ थीं। बोगी के फर्श पर सिर्फ कुछ ही लोगों के बैठने की जगह थी। बाकी सारे कैदी घंटों से दोनों खिड़कियों के चारों ओर खड़े हुए थे। मेरे आगे कई कैदी खड़े थे, जिसके चलते मैं खिड़की से बाहर झाँकने में असमर्थ था। इसलिए मैं अपने पंजों पर खड़ा होकर बाहर झाँकने की कोशिश करने लगा। तब मुझे युद्ध से तबाह हो चुके अपने कस्बे की एक भयावह झलक दिखाई दी। उस वक्त हम सब जीवित कम और मृत ज़्यादा महसूस कर रहे थे क्योंकि हमें लग रहा था कि हमारी ट्रेन माउथाउसेन के शिविर की ओर जा रही है और अब हमारे पास जिंदा रहने के लिए सिर्फ एक या दो सप्ताह ही बचे हैं। मुझे अपने मन में जो महसूस हो रहा था, वह कुछ अलग ही किस्म का एहसास था। मुझे ऐसा लग रहा था, जैसे मैं एक ऐसा व्यक्ति हूँ, जो मर चुका है और किसी दूसरी दुनिया से वापस आकर एक भूतिया

शहर को देख रहा है। उस वक्त मैं एक मरे हुए आदमी की आँखों से अपने कस्बे की गलियों, चौराहों और उन घरों को देख रहा था, जो मेरे बचपन के साक्षी रह चुके थे।

घंटों की देरी के बाद आखिरकार हमारी ट्रेन उस स्टेशन से आगे बढ़ी। और फिर मुझे वह गली नज़र आई – मेरी गली! कुछ युवा कैदी, जो बाहरी दुनिया से दूर कई सालों से यातना शिविरों में रह रहे थे, उनके लिए यह यात्रा किसी बेहतरीन कार्यक्रम जैसी थी और वे बड़ी उत्सुकता से बोगी की खिड़कियों से बाहर की ओर निहार रहे थे। मैंने उनसे करीब-करीब भीख माँगते हुए कहा कि 'मुझे थोड़ा आगे आने दो और बस एक क्षण के लिए ठीक से बाहर देखने दो।' मैंने उन्हें समझाने की कोशिश की कि इस वक्त एक नज़र भर के उस खिड़की से बाहर देखना मेरे लिए कितना अहम है। लेकिन उन्होंने मेरी विनती को बड़े ही असभ्य अंदाज में ठुकरा दिया: 'तो तुम सालों तक यहाँ रह चुके हो? फिर तो तुम पहले ही काफी कुछ देख चुके होगे। तो अब और क्या देखना बाकी है!'

शिविर में धार्मिक जीवन

सामान्य तौर पर शिविर में एक प्रकार की 'सांस्कृतिक निष्क्रियता' रहा करती थी, जिसके सिर्फ दो ही अपवाद थे: राजनीति और धर्म। शिविर में हर जगह लगातार राजनीति पर चर्चा होती रहती थीं; ये चर्चा मुख्य रूप से अलग-अलग किस्म की तमाम अफवाहों पर आधारित हुआ करती थी, जिनका खंडन और प्रसार चारों ओर लगातार होता रहता था। सैन्य स्थिति से जुड़ी अफवाहें विरोधाभासी हुआ करती थीं। एक के बाद एक विरोधाभासी अफवाहें उड़ती रहतीं और उनका योगदान यही होता कि वे कैदियों के बीच भी एक युद्ध सा छेड़ देतीं थी। कई बार, युद्ध के खात्मे की उम्मीदें, जिन्हें आशावादी अफवाहें हवा देती रहती थीं, पूरी न होतीं। शिविर में बहुत से कैदी अपनी सारी उम्मीदें खो चुके थे, लेकिन सबसे ज़्यादा खिझाऊ वे कैदी थे, जिनके भ्रमित आशावाद को किसी चीज़ से फर्क नहीं पड़ता था।

शिविर में एक कैदी का धार्मिक झुकाव – चाहे वह जैसा और जितना भी हो – सबसे गंभीर चीज़ हुआ करता था। कैदियों के धार्मिक विश्वास इतने गहरे और प्रबल हो चुके थे कि कई बार वहाँ आए नए कैदी ये सब देखकर हैरान रह जाते। इन चीज़ों में सबसे प्रभावशाली थीं, वे संशोधित प्रार्थनाएँ और सेवाएँ जो अक्सर या तो झोपड़े के किसी कोने में चलती थीं या फिर मवेशियों के बंद ट्रकों के अंधेरे में, जिनमें लादकर हम थके-हारे, भूखे और चिथड़ों जैसे पहनावे में ठंड

में ठिठुरते कैदियों को किसी दूर के कार्यस्थल से वापस शिविर तक लाया जाता था।

सन 1945 की सर्दियों और वसंत के महीनों में वहाँ टाइफस का भारी प्रकोप था, जिसने लगभग हर कैदी को संक्रमित कर दिया था। शारीरिक रूप से कमजोर कैदियों के बीच मृत्यु दर बहुत अधिक था। ये वे कैदी थे, जिनसे तब तक कड़ी मेहनत कराई गई थी, जब तक वे निढाल होकर गिर नहीं गए थे। जिन झोपड़ों में रोगियों को रखा जाता था, उनकी हालत सबसे खराब थी। वहाँ न तो कोई दवाइयाँ थीं और न ही देखरेख करनेवाली कोई नर्स या सहायक। रोग के कुछ लक्षण तो बहुत ही असहनीय थे: जैसे भोजन से नफरत सी हो जाना (जो रोगियों के जीवन के लिए एक अतिरिक्त खतरे जैसा था) और बार-बार बेहोशी आना। बेहोशी का सबसे भयावह अनुभव मेरे एक दोस्त को हुआ था। उसे लगा कि वह मर रहा है इसलिए अपने अंतिम समय में वह ईश्वर से प्रार्थना करना चाहता था। लेकिन धीरे-धीरे छा रही बेहोशी के कारण वह प्रार्थना के लिए शब्द ढूँढ़ पाने में असमर्थ होने लगा। इस तरह की बेहोशी मुझे न आए, इसके लिए मैं - और कई अन्य कैदी भी - रात भर जागने की कोशिश करते थे। मैं घंटों तक अपने मन में तमाम भाषण तैयार करता रहता था। इस तरह आखिरकार मैंने उस पांडुलिपि को दोबारा तैयार करना शुरू कर दिया, जिसे मैंने ऑश्विज के सफाई कक्ष में खो दिया था। साथ ही मैं कागज के छोटे-छोटे टुकड़ों पर कलम घसीटते हुए मुख्य शब्दों को भी नोट करने लगा।

अध्यात्मवादी बैठक

कभी-कभी शिविर में वैज्ञानिक बहस भी शुरू हो जाती थीं। एक बार कुछ ऐसा हुआ, जो मैंने पहले कभी नहीं देखा था, यहाँ तक कि शिविर से पहले के अपने सामान्य जीवन में भी नहीं, जबकि यह कुछ हद तक मेरे लिए पेशेवर रूप से काफी दिलचस्प था। दरअसल कुछ कैदियों ने मिलकर प्रेतात्मा-संवाद (जिसमें मृत लोगों की आत्मा को बुलाकर उनसे बात करने की कोशिश की जाती है) का आयोजन किया। शिविर के चीफ डॉक्टर - जो खुद भी एक कैदी था - ने मुझे इसके लिए आमंत्रित किया। उसे मालूम था कि मैं एक मनोरोग विशेषज्ञ हूँ। यह कार्यक्रम रोगियों के क्वार्टर में स्थित चीफ डॉक्टर के निजी कमरे में हुआ। यह एक छोटा सा कमरा था, जहाँ कुछ लोग घेरा बनाकर बैठ गए। इनमें स्वच्छता दस्ते का वारंट अधिकारी भी शामिल था, जबकि वहाँ उसकी उपस्थिति पूरी तरह अवैध थी।

एक व्यक्ति ने एक प्रकार की प्रार्थना के साथ आत्माओं को बुलाना शुरू किया। शिविर का क्लर्क एक खाली कागज के साथ बैठ गया। हालाँकि उसका ऐसा कोई विशेष इरादा नहीं था कि उसे इस कागज पर कुछ लिखना ही है। लेकिन अगले दस मिनटों के दौरान (जिसके बाद यह सत्र समाप्त कर दिया गया क्योंकि हमारे और प्रेतात्माओं के बीच माध्यम का काम कर रहा व्यक्ति उन्हें आकर्षित कर बुलाने में असफल रहा।) उसकी पेंसिल धीरे-धीरे पूरे कागज पर कुछ लाइनें खींचती रही और आखिरकार कागज पर स्पष्ट 'VAE V' लिख गया। वहाँ ये दावा किया गया कि उस क्लर्क ने जीवन में कभी लैटिन भाषा नहीं सीखी थी और न ही उसने जीवन में कभी 'vae victis' शब्द सुने थे, जिनका शाब्दिक अर्थ है, 'पराजितों के लिए शोक' और भावार्थ है कि 'जो युद्ध में पराजित हुए हैं, वे पूरी तरह विजेताओं की दया पर निर्भर हैं और उन्हें किसी उदारता या नर्मी की अपेक्षा नहीं रखनी चाहिए।' उस क्लर्क के बारे में मेरा मत ये था कि उसने जीवन में कभी न कभी ये शब्द ज़रूर सुने होंगे पर इस पर कभी उसका ध्यान नहीं गया होगा और फिर उस दिन ये शब्द 'आत्मा' (यानी उसके अवचेतन मन) ने व्यक्त कर दिए होंगे। इसके कुछ ही महीनों बाद युद्ध समाप्त हो गया और हम वहाँ से आज़ाद हो गए।

यातना शिविर में मानसिक और शारीरिक रूप से आदिम जीवन जीने के लिए मजबूर होने के बावजूद अपने आध्यात्मिक जीवन में गहनता लाना संभव था। ऐसे संवेदनशील लोग, जिन्हें एक समृद्ध और बौद्धिक जीवन जीने की आदत थी, वे भले ही शिविर में बहुत कष्ट में रहे हों (ऐसे लोग आमतौर पर बड़े नाजुक व्यक्तित्ववाले होते थे) लेकिन फिर भी उनके आंतरिक जीवन को बहुत ज़्यादा क्षति नहीं पहुँची थी। वे अपने भयावह परिवेश को किनारे रखकर आध्यात्मिक स्वतंत्रतावाला समृद्ध आंतरिक जीवन जीने में सक्षम थे। सिर्फ यही एक तरीका है, जिससे इस स्पष्ट विरोधाभास की व्याख्या की जा सकती है कि अपेक्षाकृत नरम रवैयेवाले कुछ कैदी, कड़े रवैयेवाले बलशाली कैदियों की तुलना में अक्सर शिविर के जीवन को बेहतर ढंग से कैसे झेल लेते थे। अपनी बात को और स्पष्ट ढंग से समझाने के लिए मुझे एक बार फिर अपने एक व्यक्तिगत अनुभव का उदाहरण देना होगा। चलिए मैं आपको बताता हूँ कि हर रोज तड़के सुबह जब हम शिविर से अपने कार्यस्थल तक परेड करते हुए जाते थे, तो वास्तव में क्या होता था।

प्रेम में ही मुक्ति है

शिविर के अधिकारी तेज आवाज चिल्लाते हुए आदेश देते थे: 'सावधान!

आगे कदम बढ़ा! लेफ्ट-राइट! लेफ्ट-राइट! लेफ्ट-राइट! दाएँ मुड़!' आज भी ये शब्द मेरे कानों में गूँजते रहते हैं। 'दाएँ मुड़!' का आदेश मिलने पर हम शिविर के गेट की ओर मुड़कर बाहर निकल जाते थे। अचानक शिविर की सर्चलाइट हमारी परेड पर फोकस कर दी जाती थी। जो कैदी सावधानी से परेड न करता, उसे तत्काल एक लात मारी जाती थी। इससे भी बदतर हालत तो उस कैदी की होती थी, जो वहाँ कड़ाके की ठंड से बचने के लिए अनुमति मिलने से पहले ही अपनी टोपी को ज़रा नीचे खींचकर अपने कान ढकने की जुर्रत करता था।

हम अंधेरे में ही शिविर से बाहर जाती सड़क की बराबरी से चलते जाते। रास्ते में पड़े बड़े-बड़े पत्थरों से टकराकर गिरना आम बात थी। हमारे साथ-साथ जो गार्ड्स चलते थे, वे हम पर लगातार चिल्लाते रहते और अपनी बंदूक की बट से ठोकर मारते हुए हमें आगे की ओर धकेलते रहते। जिन कैदियों के पैरों में ज़्यादा दर्द होता, वे अपने बगल में चल रहे साथी कैदी के कंधे का सहारा लेते हुए परेड करते। उस वक्त किसी कैदी के मुँह से मुश्किल से ही कोई शब्द निकल पाता; तेज बर्फीली हवा किसी को भी आपस में बातचीत के लिए उत्सुक न होने देती। एक बार ऐसी ही एक परेड के दौरान मेरे बगल में चल रहे कैदी - जो अपने चिथड़े जैसे कोट की कॉलर को मोड़कर अपना मुँह ढंके हुए था - ने अचानक मुझसे कहा, 'सोचो अगर हमारी पत्नियाँ हमें इस हाल में देखतीं तो उन्हें कैसा लगता? उम्मीद करता हूँ, वे जिस भी शिविर में कैद हैं, वहाँ के हालात यहाँ से बेहतर हों और उन्हें ये पता न लगे कि हमारे साथ यहाँ क्या हो रहा है।'

उसकी ये बात सुनकर मुझे अपनी पत्नी का खयाल आया। इसके बाद उस बर्फीले और पथरीले रास्ते पर लड़खड़ाते, फिसलते और एक-दूसरे को सहारा देते हुए मीलों तक पैदल चलने के दौरान हम दोनों ने एक-दूसरे से और कुछ नहीं कहा, लेकिन हम दोनों ही जानते थे कि हम अपनी-अपनी पत्नी के बारे में सोच रहे थे। कभी-कभी मैं ऊपर आसमान की ओर देखता, जहाँ तारों की रोशनी फीकी पड़ रही थी और काले बादलों के पीछे सुबह की गुलाबी रोशनी छिटकने लगी थी। लेकिन मैं अब भी अपनी पत्नी के बारे में ही सोच रहा था। मेरे मन में उसकी एक स्पष्ट छवि उभर आई थी। मुझे अपनी कल्पनाओं में उसकी आवाज सुनाई दे रही थी, उसकी मुस्कुराहट दिख रही थी और उसका सरल व उत्साहजनक रूप गहनता से महसूस हो रहा था। भले ये सच हो या सिर्फ मेरी कल्पना, लेकिन उस क्षण उसका रूप आसमान में उग रहे सूर्य से भी ज़्यादा चमकीला था।

अचानक एक विचार ने मुझे अचंभित कर दिया: जिंदगी में पहली बार मुझे

सच दिखाई दिया; वह सच जिसे न जाने कितने कवियों ने गीतों में पिरोया, जिसे न जाने कितने विचारकों ने असली ज्ञान कहा – कि एक इंसान के लिए प्यार ही सबसे बड़ा लक्ष्य है। तब मुझे इंसान की रची कविताओं, विचारों और विश्वासों के पीछे छिपे सबसे बड़े रहस्य का अर्थ समझ में आया कि प्यार के ज़रिए और प्यार में इंसान का उद्धार होना। मुझे समझ में आया कि **कैसे एक व्यक्ति जिसके पास दुनिया में खोने के लिए कुछ नहीं बचा है, वह अपने प्रियतम के बारे में सोचकर आनंद का अनुभव कर सकता है, भले सिर्फ एक क्षण के लिए ही सही।** भयंकर तबाही और सूनेपन के बीच जब एक व्यक्ति कुछ सकारात्मक नहीं कर पाता और जब अपने कष्टों को गरिमापूर्ण ढंग से सहना ही उसकी एकमात्र उपलब्धि रह जाती है, उस निराशाजनक स्थिति में भी वह व्यक्ति अपने प्रियतम को याद करके ही पूर्णता महसूस करने लगता है। जिंदगी में पहली बार मैं इन शब्दों के पीछे का अर्थ समझ पाया: 'स्वर्गदूत एक अनंत महिमा (ईश्वर) के सतत चिंतन में खोए हुए हैं।'

मेरे आगे एक कैदी अचानक ठोकर खाकर गिर पड़ा, जिसके चलते उसके पीछे चल रहे कैदी भी उसके ऊपर जा गिरे। ये देखकर एक गार्ड दौड़कर उस तरफ गया और उन सभी कैदियों पर चाबुक बरसाने लगा, जो गिर गए थे। ये सब देखकर कुछ मिनटों के लिए मेरे विचारों का सिलसिला टूट गया। लेकिन जल्द ही मेरा मन कैदी की जिंदगी के दायरे से बाहर निकलकर वापस किसी और दुनिया में पहुँच गया और मैं एक बार फिर अपनी प्रियतम के साथ बातों में मशगूल हो गया: पहले मैंने उससे एक सवाल किया और उसने उस सवाल का जवाब दिया; फिर बदले में उसने भी मुझसे एक सवाल किया और मैंने उसका जवाब दिया।

'रूक जा!' एक तेज आवाज में हमें ये आदेश सुनाई दिया। हम अपने कार्यस्थल पर पहुँच चुके थे। फिर हर कोई उस अंधेरे झोपड़े की ओर दौड़ पड़ा, जहाँ काम करनेवाले औजार रखे थे। कैदी झोपड़े में जाने की जल्दबाज़ी इसलिए दिखा रहे थे ताकि अपने लिए अच्छा औज़ार चुन सकें। आखिरकार हर कैदी अपने हाथ में एक कुदाल या फावड़ा लेकर झोपड़े से बाहर आया।

'जल्दी-जल्दी हाथ चलाओ सुअरों!' एक बार फिर हम हर रोज की तरह खुदाई के काम में लग गए। कुदाल का नुकीला हिस्सा ठंड में जमी हुई पथरीली जमीन से टकराया और वह टूटने लगी। लोहे की कुदाल की चोट पड़ने पर उससे चिंगारियाँ भी निकलीं। कैदी चुपचाप अपना काम करने लगे और उनका दिमाग जैसे सुन्न पड़ गया।

मेरा मन अब भी मेरी पत्नी में अटका हुआ था। तभी मन में विचार आया:

मुझे तो ये भी नहीं पता कि वह जीवित है या नहीं। मैं सिर्फ एक बात जानता था - जो मैं अब तक अच्छी तरह सीख चुका था कि **प्यार अपने प्रियतम के भौतिक अस्तित्व तक सीमित नहीं होता बल्कि वह इससे बहुत आगे तक जाता है।** प्यार के सबसे गहरे अर्थ प्रियतम के आध्यात्मिक अस्तित्व में, उसके आंतरिक अस्तित्व में मिलते हैं। फिर वह सचमुच जीवित है या नहीं, सामने उपस्थित है या नहीं, ये महत्वपूर्ण नहीं रह जाता।

मुझे नहीं पता था कि मेरी पत्नी जीवित है या नहीं। न ही मेरे पास ये पता लगाने का कोई साधन था (एक कैदी के रूप में मेरे पास चिट्ठियाँ भेजने या पाने का कोई इंतजाम नहीं था); लेकिन वह क्षण कुछ ऐसा था कि मेरे लिए ये बात मायने नहीं रखती थी। मुझे उसके बारे में जानने की कोई ज़रूरत महसूस नहीं हो रही थी; उसके प्रति मेरा प्यार, मेरे विचार और मन में बसी उसकी छवि इतनी सशक्त थी कि उन्हें कोई और चीज़ छू भी नहीं सकती थी। अगर मुझे उस वक्त पता होता कि मेरी पत्नी की मौत हो चुकी है, तब भी शायद अपने मन में बसी उसकी छवि के बारे में सोचना और अपनी कल्पनाओं में उससे बातें करना मेरे लिए उतना ही सजीव और संतोषजनक होता। **'अपने दिल पर मेरे नाम की मुहर लगा लो, मेरा प्यार मौत के समान शक्तिशाली है।'**

अतीत की कल्पनाओं में जाने से कैदी के आंतरिक जीवन में एक किस्म की गहनता आ जाती थी, जो उसे अपने अस्तित्व के खालीपन, वीराने और आध्यात्मिक दरिद्रता से राहत देती थी। जब भी उसे मौका मिलता, उसकी कल्पनाएँ अतीत की घटनाओं - जो आमतौर पर महत्वपूर्ण नहीं बल्कि छोटी-छोटी आम घटनाएँ होती थीं - के साथ खेलने लगतीं। अतीत के लिए ललायित उसकी स्मृति उन छोटी-छोटी घटनाओं का महिमामंडन कर देती और इस तरह वे घटनाएँ एक विस्मयकारी चरित्र धारण कर लेतीं। उनका संसार और उनका अस्तित्व बहुत अलग नज़र आता और कैदी की आत्मा बड़ी ललक से उनकी ओर बढ़ जाती: मैं भी अपनी कल्पनाओं में बस से यात्रा करते हुए अपने शहर पहुँचा! वहाँ मैंने अपने घर का ताला खोला, घर की लाइट जलाई और एक फोन कॉल का जवाब

दिया। हमारे विचार अक्सर इसी प्रकार के वर्णनों पर केंद्रित रहते और ये स्मृतियाँ आँखों में आँसू ले आतीं।

8

प्रकृति की निकटता

जैसे-जैसे कैदी का आंतरिक जीवन और अधिक प्रबल होता गया, कला और प्रकृति की सुंदरता का उसका अनुभव भी कुछ ऐसा हो गया, जो उसने पहले कभी महसूस नहीं किया था। उनके प्रभाव में वह कभी-कभी अपनी भयावह परिस्थितियों को भी भूल जाता था। ऑश्विज से बवेरियन शिविर की यात्रा के दौरान अपनी बोगी की छोटी-छोटी खिड़कियों से बाहर देखते हुए, हमारी नज़रें ढलते सूर्य की मद्धम रोशनी में चमकती साल्ज़बर्ग पर्वतश्रृंखला के शिखरों पर पड़ी। उस वक्त अगर किसी ने हमारे चेहरों को देखा होता, तो उसे कभी यकीन नहीं होता कि ये उन्हीं कैदियों के चेहरे हैं, जो अपनी आज़ादी और जीवन की सारी उम्मीदें खो चुके हैं। इसके बावजूद या शायद इसी के कारण हम खिड़कियों के बाहर नज़र आ रही उस प्राकृतिक सुंदरता पर मोहित हो गए थे, जिसकी कमी हमारे कैदी जीवन में बहुत लंबे समय से बनी हुई थी।

इसी तरह शिविर में भी एक कैदी अपने आसपास काम कर रहे साथी कैदी का ध्यान डूबते सूर्य की सुंदरता की ओर आकर्षित करता था, जिसकी रोशनी बवेरियन के जंगलों के ऊँचे-ऊँचे पेड़ों के पीछे से छनकर आ रही होती (ठीक वैसे ही जैसे एल्ब्रेक्ट ड्यूरर की एक मशहूर वॉटर कलर पेंटिंग में दर्शाया गया है।) ये वही जंगल था, जहाँ हमने युद्ध-सामग्री निर्मित करनेवाला एक विशाल गुप्त संयंत्र तैयार किया था। एक दिन शाम को काम की थकान से चूर होने के बाद हम अपना-अपना सूप का कप हाथ में लिए झोपड़े की फर्श पर सुस्ता रहे थे, तभी एक साथी कैदी भागा-भागा अंदर आया और बोला कि हम सभी को तत्काल बाहर मैदान में चलना चाहिए ताकि हम सूर्यास्त का सुंदर दृश्य देख सकें। बाहर आकर हमने देखा कि पश्चिम दिशा में धीरे-धीरे काले बादल उमड़ रहे हैं और आसमान में एक ओर गहरा स्लेटी तो दूसरी ओर सुर्ख लाल रंग छाया हुआ है। लगातार अपना आकार और स्वरूप बदलते बादलों के चलते पूरा आसमान जैसे अचानक सजीव हो उठा था। दूसरी ओर जमीन पर बने उजाड़ स्लेटी रंगवाले हमारे मिट्टी के झोपड़े इस पूरे दृश्य के विपरीत आयाम को दर्शा रहे थे। कुछ देर तक

चुपचाप इस मनोरम दृश्य का सुख लेने के बाद एक कैदी ने कहा, 'दुनिया कितनी सुंदर हो सकती है ना!'

इसी तरह एक बार हम एक खाई में काम कर रहे थे। तड़के सुबह का समय था, आसमान धूसर सा नज़र आ रहा था; सुबह की हल्की रोशनी में जमीन पर फैली बर्फ भी धूसर लग रही थी; मैंने और मेरे साथी कैदियों ने अपना तन भी धूसर चिथड़ों से ही ढक रखा था और उनके चेहरे भी धूसर ही थे। मैं एक बार फिर चुपचाप अपनी कल्पनाओं में अपनी पत्नी से बातें कर रहा था या फिर शायद मैं अपनी तकलीफों और अपनी इस धीमी मौत के पीछे का कारण समझने में उलझा हुआ था। अपने करीब आ रही मौत की निराशा के खिलाफ अंतिम विरोध करते हुए मैंने महसूस किया कि मेरी आत्मा चारों ओर फैले अंधेरे को पार कर रही है। मुझे लगा जैसे वह इस निराशापूर्ण और अर्थहीन संसार के पार जा रही है। अपने बुनियादी उद्देश्य के अस्तित्व से जुड़े अपने सवाल के जवाब के तौर पर मुझे कहीं से एक विजयी 'हाँ' सुनाई दी। उसी क्षण दूर स्थित एक फार्महाउस की लाइट जल गई। यह फार्महाउस कुछ ऐसा नज़र आ रहा था, मानो बवेरिया की उस धूसर सुबह के क्षितिज पर किसी ने एक मोहक चित्र रच दिया हो। 'और उजाला आकर अंधेरे पर हावी हो गया।' मैं घंटों तक उस बर्फीली जमीन को खोदते हुए वहाँ खड़ा रहा। एक गार्ड मुझे अपमानित करते हुए बगल से गुज़र गया और एक बार फिर मैं अपनी प्रियतम के साथ काल्पनिक बातों में लग गया। मेरा ये एहसास और प्रबल हो गया कि वह यहीं कहीं मेरे साथ मौजूद है। मुझे ऐसा लगा जैसे मैं उसे छू सकता हूँ और अपना हाथ बढ़ाकर उसके हाथों में दे सकता हूँ। मेरा ये एहसास बहुत तीव्र था कि वह यही कहीं है। तभी अचानक एक चिड़िया उड़ते हुए ठीक मेरे सामने उस मिट्‌टी के ढेर पर आकर बैठ गई, जिसे मैंने खोदकर निकाला था और फिर वह एकटक मेरी ओर देखती रही।

कला से प्रेम

इससे पहले मैंने कला का उल्लेख भी किया था। पर क्या सचमुच यातना शिविर में कला जैसी कोई चीज़ हो सकती थी? यह इस बात पर निर्भर करता है कि आप किस चीज़ को कला कहते हैं। शिविर में समय-समय पर एक किस्म का रंगारंग कार्यक्रम हुआ करता था। किसी एक झोपड़े को अस्थाई रूप से खाली करके वहाँ लकड़ी की बेंचें रख दी जाती थीं। फिर शाम को शिविर में ऊँची हैसियत रखनेवाले - जैसे ओहदेदार कैदी (केपो) और ऐसे कामगार जिन्हें शिविर से मार्च करते हुए दूर-दराज के कार्यस्थलों पर नहीं जाना पड़ता था - वहाँ

इकट्ठा हो जाते थे। वे यहाँ हँसी-मज़ाक करने और शायद थोड़े आँसू बहाने आते थे ताकि कुछ देर के लिए सब कुछ भूल सकें। यहाँ गीत गाए जाते और कविताएँ व चुटकुले सुनाए जाते, जिनमें से कुछ शिविर के बारे में अंतर्निहित व्यंग्य से भरे होते। इन सबके पीछे का उद्देश्य यही था कि कुछ देर के लिए हम सब कुछ भूल जाएँ और ये तरीका सचमुच कारगर भी था। ये कार्यक्रम इतना प्रभावी था कि कुछ साधारण कैदी थकान से चूर होने के बावजूद ये कार्यक्रम देखते चले जाते थे, भले ही इसके चक्कर में वे अपना भोजन तक पाने से चूक जाएँ।

आधे घंटे के लंच-ब्रेक के दौरान हमें कार्यस्थल पर ही सूप (जिसका भुगतान ठेकेदार करता था और जिस पर वह ज़्यादा खर्च नहीं करता था) बाँटा जाता था। वहाँ हमें एक अधूरे इंजन कक्ष में बैठकर सूप पीने की अनुमति थी। हमें एक चमचाभर पनीला सूप मिलता था, जिसे हम बड़ा स्वाद लेकर पीते थे। एक बार इसी दौरान एक कैदी एक टब पर चढ़कर गाने लगा और हम सब उसके गीतों का आनंद लेने लगे। वह अपना गाना जारी रखे, इसके लिए बीच में उसे एक चमचा सूप और दिया गया - वह भी बर्तन की तली से निकालकर यानी मटर के दानों के साथ!

शिविर में ऐसे फायदे न सिर्फ मनोरंजन करने पर मिलते थे बल्कि तालियाँ बजाने पर भी। उदाहरण के लिए ऐसा ही कुछ करके मैं शिविर के सबसे खूँखार ओहदेदार कैदी (केपो) से सुरक्षित रह सका था (सौभाग्य से मुझे सुरक्षा की ज़रूरत कभी नहीं पड़ी।) उसे वहाँ 'हत्यारा केपो' के नाम से जाना जाता था। दरअसल एक दिन शाम के समय मुझे दोबारा उस कक्ष में आमंत्रित किया गया, जहाँ एक बार प्रेतात्मा-संवाद (जिसमें मृत लोगों की आत्मा को बुलाकर उनसे बात करने की कोशिश की जाती है) का आयोजन किया गया था। इस बार भी वहाँ चीफ डॉक्टर के खास दोस्त इकट्ठे हुए थे। पिछली बार की ही तरह शिविर के स्वच्छता दस्ते का वारंट अधिकारी भी वहाँ अवैध रूप से उपस्थित था। संयोग से उस कक्ष में 'हत्यारे केपो' का आना भी हुआ। उससे कहा गया कि वह अपनी वो कविता सुनाए, जो शिविर में काफी मशहूर (या बदनाम) थी। इसके बाद किसी को दोबारा उससे कुछ कहने की ज़रूरत नहीं पड़ी। उसने तत्काल एक डायरी निकाली और उसमें दर्ज अपनी कला के नमूनों को पढ़ना शुरू कर दिया।

उसकी एक प्रेम-कविता को सुनने के बाद अपनी हँसी रोकने की कोशिश में मैं तब तक अपने होठ काटता रहा, जब तक मुझे दर्द नहीं होने लगा और संभवत: इसीलिए मेरी जान भी बच गई। चूँकि उसकी कविता पर मैंने भी दिल

खोलकर ताली बजाई थी इसलिए अगर मुझे उसके अधीन कार्यरत मजदूरों में भी शामिल कर दिया जाता, तब भी मेरी जान बच जाती। इससे पहले भी एक बार मैं एक दिन के लिए उन मजदूरों के समूह में काम कर चुका था - और सच कहूँ तो 'हत्यारे केपो' के अतिवादी तरीकों को समझने के लिए वह एक दिन ही काफी था। वैसे भी उसका कृपापात्र होना किसी भी कैदी के लिए उपयोगी साबित होता था। इसीलिए उसकी वह कविता सुनने के बाद मैंने खूब ताली बजाई।

यूँ तो शिविर में कोई भी कलात्मक गतिविधि निश्चित रूप से अजीब ही थी। मैं तो कहूँगा कि भले ही कोई भी कलात्मक अभिव्यक्ति रही हो, पर उसकी पृष्ठभूमि में हमेशा शिविर का उजाड़ जीवन ही होता था। दोनों के बीच का फर्क बिलकुल स्पष्ट था। मैं कभी नहीं भूल सकता कि कैसे ऑश्विज में मेरे आने के बाद दूसरे ही दिन मेरी नींद संगीत की आवाज से टूट गई। हमारे झोपड़े का सीनियर वॉर्डन अपने कमरे में - जो झोपड़े के दरवाजे के पास ही स्थित था - किसी चीज़ का जश्न मना रहा था। उस संगीत की धुनें इतनी तीखी आवाजवाली थीं कि किसी को भी झकझोर सकती थीं। तभी अचानक वहाँ सन्नाटा छा गया। रात का वक्त था और उस सन्नाटे में अचानक वॉयलिन की धुन सुनाई देने लगी। यह धुन काफी नई और अलग किस्म की थी और इसमें एक किस्म की उदासी का भाव था। वॉयलिन की उस उदास, दुःखभरी धुन को सुनते-सुनते मेरे मन के किसी कोने में भी दुःख का उबाल आया। दरअसल उस दिन मेरे किसी अपने का 24वाँ जन्मदिन था, जो उस विशाल ऑश्विज शिविर में दूसरे हिस्से में कैद था। वह मुझसे शायद कुछ सौ या कुछ हज़ार गज की दूरी पर रहा होगा, लेकिन उस वक्त मुझे कोई अंदाज़ा नहीं था कि वह भी इसी शिविर में कैद है। वह अपना कोई और नहीं बल्कि मेरी पत्नी थी।

मनोरंजक किस्सागोई

यातना शिविर में कला की बात किसी भी बाहरी व्यक्ति को बहुत अजीब लगेगी, लेकिन उसे ये जानकर और भी आश्चर्य होगा कि वहाँ हँसी-मज़ाक भी होता था; बेशक सिर्फ कुछ क्षणों के लिए। दरअसल वहाँ हँसी-मज़ाक अपनी आत्मा को बचाने के संघर्ष में एक हथियार का काम करता था। सब जानते हैं कि **सिर्फ हास्य ही इंसान के चरित्र की एक ऐसी विशेषता है, जो उदासीनता का मुकाबला कर सकती है और आपको किसी भी परिस्थिति के स्तर से ऊपर उठा सकती है, भले ही सिर्फ कुछ क्षणों के लिए ही सही।** मैंने तो अपने एक साथी को विशेष रूप से हँसी-मज़ाक करने के लिए प्रशिक्षित किया था, जो एक इमारत के निर्माण स्थल

पर मेरे बगल में ही काम करता था। मैंने उसे सुझाव दिया कि हम दोनों को एक दूसरे से ये वादा करना चाहिए कि हम हर रोज कम से कम एक मजेदार किस्सा सोचेंगे, जो किसी ऐसी संभावित घटना के बारे में होगा, जो हमारे शिविर से आज़ाद होने के बाद घटेगी।

मेरा वह साथी पेशे से सर्जन था और एक बड़े हॉस्पिटल में स्टाफ-असिस्टेंट के रूप में काम कर चुका था। एक बार मैंने उसे ये कहकर हँसाने की कोशिश की कि कैसे शिविर से आज़ाद होकर वापस अपने पुराने पेशे में जाने के बाद भी उसके लिए यहाँ की कुछ आदतों से छुटकारा पाना मुश्किल होगा। निर्माण स्थल पर तेजी से काम करने के लिए हमें प्रोत्साहित करने के इरादे से फोरमैन चिल्लाता था, 'एक्शन! एक्शन!' (खासकर तब, जब सुपरवाइजर काम का मुआयना करने वहाँ आता था।) मैंने अपने उस साथी से कहा, 'यहाँ से आज़ाद होने के बाद जब तुम अस्पताल के ऑपरेशन रूम में किसी के पेट का ऑपरेशन कर रहे होगे, तभी अचानक कोई अर्दली जल्दबाजी में वहाँ आएगा और सीनियर सर्जन के आने की घोषणा करते हुए कहेगा, 'एक्शन! एक्शन!'

कभी-कभी कुछ लोग भविष्य के बारे में बड़ी मजेदार कल्पनाएँ करते थे, जैसे ये भविष्यवाणी करना कि यहाँ से आज़ाद होने के बाद जब वे किसी के घर डिनर पर जाएँगे और जब उन्हें सूप परोसा जा रहा होगा, तो वे मेजबान से विनती करेंगे कि वह 'चमचे को बर्तन की तली तक डुबोकर सूप निकाले।'

हँसी-मज़ाक का भाव विकसित करने और चीज़ों को हल्के-फुल्के ढंग से देखने की कोशिश दरअसल एक किस्म की तरकीब है, जो जीने की कला में महारथ हासिल करते हुए मिली थी। हालाँकि यातना शिविर में पीड़ा एक सर्वव्यापी चीज़ थी, फिर भी वहाँ जीने की कला का अभ्यास करना संभव था। अगर इसे एक उपमा देनी हो तो मैं कहूँगा कि इंसान की पीड़ा, किसी गैस जैसा व्यवहार करती है। अगर एक खाली चैंबर में एक निश्चित मात्रा में गैस भर दी जाए, तो वह गैस उसके हर हिस्से में समान रूप से फैलेगी और चैंबर पूरी तरह भर जाएगा, भले ही वह कितना भी बड़ा हो। ठीक इसी तरह पीड़ा से भी इंसान की आत्मा और उसका चेतन मन पूरी तरह भर जाता है, भले ही वह पीड़ा छोटी हो या बड़ी। इसलिए इंसान की पीड़ा 'कितनी' है, यह बिलकुल सापेक्ष होता है।

9

ऑश्विज़ से डखौ कैंप

एक बात ये भी है कि कई बार कुछ तुच्छ चीज़ें भी बड़े आनंद का कारण बन सकती हैं। उदाहरण के लिए वह घटना, जो ऑश्विज से डचाऊ यातना शिविर की हमारी यात्रा के दौरान हुई। हम सभी को डर था कि हमारा काफिला माउथाउसेन शिविर की ओर जा रहा है। जैसे-जैसे हमारी ट्रेन डेन्यूब नदी पर बने एक रेलवे-पुल की ओर बढ़ रही थी, हमारा तनाव और बढ़ता जा रहा था क्योंकि हमारे कुछ अनुभवी सहयात्री कैदियों के अनुसार माउथाउसेन शिविर पहुँचने के लिए इसी पुल से होकर गुज़रना पड़ता था। लेकिन जब हमारी ट्रेन उस पुल से गुज़रने के बजाय डचाऊ शिविर की दिशा में जाने लगी, तो कैदियों की खुशी का ठिकाना नहीं रहा। इसके बाद हमारी बोगी के कैदियों ने जिस अपार उत्साह के साथ थिरकना शुरू किया, उसकी कल्पना भी नहीं की जा सकती।

और फिर, दो दिन और तीन रात लंबी उस यात्रा के बाद शिविर पहुँचकर क्या हुआ? दरअसल ट्रेन में इतने ज़्यादा कैदियों को ठूँस दिया गया था कि बोगी की फर्श पर सारे कैदियों का एक साथ बैठ पाना असंभव था। इसलिए हममें से ज़्यादातर लोगों को अपनी अधिकांश यात्रा खड़े-खड़े करनी पड़ी थी और कुछ कैदियों ने बारी-बारी से फर्श पर बिछी उस पुआल पर बैठकर यात्रा की थी, जो मानव-मूत्र से भीगी हुई थी। शिविर पहुँचने के बाद हमें वहाँ के पुराने कैदियों से जो पहली महत्वपूर्ण खबर सुनने को मिली, वो ये थी कि यह शिविर अपेक्षाकृत छोटे आकार का है (इसकी आबादी ढाई हज़ार थी) और यहाँ कोई गैस चैंबर या श्मशान नहीं है! जिसका अर्थ ये था कि अगर कोई कैदी 'मोस्लेम' बन गया है, तो उसे सीधे गैस चैंबर में नहीं भेजा जा सकता। बल्कि इसके लिए तब तक इंतजार करना पड़ेगा, जब तक कि वापस ऑश्विज जाने के लिए तथाकथित 'रोगियों का काफिला' तैयार नहीं हो जाता। ये जानकर हमें जितना आश्चर्य हुआ उससे कहीं ज़्यादा खुशी हुई। ऑश्विज शिविर में हमारे झोपड़े के सीनियर वॉर्डन की इच्छा पूरी हो गई थी: आखिरकार हम एक ऐसे शिविर में पहुँच गए थे, जहाँ ऑश्विज जैसी कोई 'चिमनी' नहीं थी। अगले कुछ घंटों के दौरान हमें वहाँ जो कुछ भी झेलना पड़ा, उसके बावजूद हम सब आपस में हँसी-मज़ाक करते रहे और ठहाके लगाते रहे।

जब शिविर में हम नए कैदियों की गिनती हुई, तो एक कैदी लापता था।

इसलिए हमें भारी बारिश और शरीर को करीब-करीब चीर देनेवाली ठंडी हवा में तब तक इंतजार करना पड़ा, जब तक कि वह लापता कैदी मिल नहीं गया। आखिरकार वह एक झोपड़े में मिला, जहाँ भारी थकान के कारण उसकी आँख लग गई थी। फिर कैदियों की वह गिनती सज़ा की परेड में बदल गई। थकाकर चूर कर देनेवाली ट्रेन की उस यात्रा के बाद हमें जबरन पूरी रात और अगली सुबह देर तक बाहर कड़ाके की सर्दी में खड़ा रखा गया। पर इसके बावजूद भी हम सब बहुत खुश थे! क्योंकि उस शिविर में कोई चिमनी नहीं थी और ऑश्विज वहाँ से बहुत दूर था।

दूसरे कैदियों से जलन

इसी तरह एक बार हमने वहाँ के कैदियों के एक समूह को अपने कार्यस्थल के पास से गुज़रते देखा। उस वक्त हमें अपनी पीड़ा और स्पष्ट लगने लगी। हम उन कैदियों से ईर्ष्या महसूस करने लगे क्योंकि वे हमारे मुकाबले कहीं अधिक सुव्यवस्थित, सुरक्षित और सुखी जीवन जी रहे थे। हमने दुःखी होते हुए सोचा कि ज़रूर इन्हें स्नान करने का मौका नियमित रूप से मिलता होगा। इसी तरह दांत साफ करनेवाले ब्रश, कपड़े साफ करनेवाले ब्रश, हर कैदी के लिए एक अलग गद्दा और मासिक चिट्ठी की व्यवस्था भी उन्हें निश्चित तौर पर मिलती होगी, जिससे उन्हें ये जानकारी मिलती रहती होगी कि उनके सगे-संबंधी कहाँ हैं या फिर कम से कम ये तो पता चल ही जाता होगा कि वे जिंदा हैं या नहीं। जबकि हम ये सब बहुत पहले ही खो चुके थे।

इसी तरह हमें अपने उन साथी कैदियों से भी बड़ी ईर्ष्या हो रही थी, जिन्हें किसी फैक्ट्री में काम करने का मौका मिल गया था क्योंकि अब वे अधिकांश समय फैक्ट्री की चारदीवारी के अंदर बर्फ, सर्दी व ठंडी हवाओं से सुरक्षित रहते थे। शिविर के हर कैदी की ये दिली तमन्ना थी कि उसे भी ऐसा ही कोई जीवन-रक्षक काम मिल जाए। भाग्य की सापेक्षाता यहीं तक सीमित नहीं थी। यहाँ तक कि शिविर के बाहरवाले दस्तों (जिनमें से एक का सदस्य मैं खुद भी था) की कुछ टुकड़ियाँ ऐसी थीं, जिन्हें बाकियों की तुलना में कहीं ज़्यादा बदतर माना जाता था। जिन कैदियों को हर रोज बारह घंटे तक फील्ड-रेलवे के टबों को खाली करने लिए लंबी खाली ढलान पर गीले कीचड़ में नहीं उतरना पड़ता था, उनसे ईर्ष्या होना स्वाभाविक भी था। अधिकांश दैनिक दुर्घटनाएँ इसी काम में होती थीं, जो कैदियों के लिए अक्सर जानलेवा साबित होती थीं।

अन्य समूहों के तमाम फोरमेन अपने-अपने कैदियों पर चाबुक बरसाने की स्थानीय परंपरा को जारी रखे हुए थे। जिसे देखकर हम सापेक्ष रूप से भाग्यशाली महसूस करते थे कि हमें उन फोरमेन के अधीन काम नहीं करना पड़ रहा है या अगर करना भी पड़ रहा है, तो केवल अस्थाई रूप से।

एक बार एक दुर्भाग्यपूर्ण संयोग के चलते मुझे ऐसे ही एक समूह का हिस्सा बनना पड़ा। उस दिन अगर दो घंटे बाद (इस दौरान फोरमैन ने मुझ पर खासतौर पर कई बार चाबुक बरसाए) हवाई हमले के अलार्म ने बीच में अवरोध नहीं डाला होता, तो मैं भी उसी स्ट्रेचर पर शिविर वापस आता, जिसमें अत्यधिक थकान से मर चुके या मर रहे कैदियों को लाया जाता था। दरअसल हवाई हमले का अलार्म बजने के बाद मजदूरों को फिर से अलग-अलग समूहों में इकट्ठा करने का नियम था, जो मेरे लिए जीवनदायी साबित हुआ। इस अलार्म को सुनना कैदियों के लिए कितना सुखद था, इसकी कोई कल्पना भी नहीं कर सकता; यहाँ तक कि वह बॉक्सर भी नहीं, जो बॉक्सिंग राउंड खत्म होने की घंटी बजने के कारण आखिरी मिनटों में नॉकआउट होने से बच गया हो।

हम छोटी-छोटी दयाओं के लिए भी बड़े आभारी हुआ करते थे। यहाँ तक कि अगर रात को बिस्तर पर जाने से पहले हमें अपने जुएँ निकालने का समय मिल जाता था, तो ये हमारे लिए बड़ी खुशी की बात होती थी, जबकि जुएँ निकालना अपने आपमें कोई आनंददायी चीज़ नहीं थी क्योंकि इसका मतलब था, ठंड से जम रहे अपने उस झोपड़े में कपड़े उतारकर नग्न खड़े होना, जिसकी छत से बर्फ के नुकीले टुकड़े लटकते रहते थे। लेकिन इस गतिविधि के दौरान हम तब बहुत आभारी महसूस करते, जब किसी हवाई हमले का अलार्म न बजता क्योंकि इस दौरान अलार्म बजने का अर्थ था, सारी बत्तियाँ बुझ जाना और अंधेरे में जुएँ नहीं निकाले जा सकते। जब हम ये काम ठीक से न कर पाते, तो हमें आधी रात तक जगाकर रखा जाता।

आनंद की नकारात्मक खुशी

शिविर जीवन के ये तुच्छ सुख एक किस्म की नकारात्मक खुशी देते थे - जिसे दार्शनिक ऑर्थर शोपेनहावर ने 'दुःख से मुक्ति' कहा है - और वह भी सिर्फ सापेक्ष रूप से। वहाँ छोटे-छोटे सच्चे सकारात्मक सुख भी कम ही नसीब होते थे। मुझे याद है, एक दिन मैंने अपने सुखों की एक बैलेंस शीट तैयार की और मुझे पता चला कि पिछले कई हफ्तों में मुझे सिर्फ दो सुखद क्षण नसीब हुए हैं।

पहला सुखद क्षण वो था, जब काम से वापस शिविर लौटने पर मुझे लंबे इंतजार के बाद रसोई में प्रवेश मिला और फिर मुझे एफ. नामक रसोईए की ओर बढ़ रही कैदियों की लाइन में लगा दिया गया। वह एक विशाल कड़ाहे के पीछे खड़ा था और एक-एक करके लाइन में आ रहे कैदियों के कटोरों में सूप डाल रहा था। वह इकलौता ऐसा रसोईया था, जो सूप देते समय कैदी का चेहरा नहीं देखता था; इकलौता रसोईया जो हर कैदी को बराबर मात्रा में सूप देता था और अपने दोस्तों/देशवासियों व अन्य कैदियों के बीच कोई भेदभाव नहीं करता था। वरना बाकी रसोईए आम कैदियों को कड़ाहे के ऊपरी हिस्से का पनीला सूप पकड़ा देते थे और अपने खास लोगों को सूप के साथ-साथ कड़ाहे की तली में पड़े आलू के टुकड़े विशेष रूप से देते थे।

लेकिन भला उन कैदियों की आलोचना करनेवाला मैं कौन होता हूँ, जो अपने लोगों को बाकी कैदियों से ज़्यादा अहमियत देते थे! भला ऐसे किसी व्यक्ति की आलोचना कैसे की जा सकती है, जो इन विपरीत परिस्थितियों और हर क्षण सिर पर मंडराते मौत के खतरे के बीच अपने दोस्तों की तरफदारी कर रहा हो! दरअसल आप किसी ऐसे व्यक्ति की आलोचना तब तक नहीं कर सकते, जब तक आप खुद पूरी ईमानदारी से ये न कह सकें कि समान परिस्थितियों में आप खुद ठीक ऐसा ही नहीं करते।

यातना शिविर से आज़ाद होने के काफी समय बाद एक बार किसी ने मुझे इलस्ट्रेटेड वीकली पत्रिका का एक अंक दिखाया, जिसमें कैदियों की तस्वीरें प्रकाशित की गई थीं। ये अपने-अपने बंक में लेटे कैदियों की भीड़ की तस्वीरें थीं, जो कुंठित नज़रों से आगंतुक को घूर रहे थे। 'कितना भयावह है ये, है ना? घूरते हुए डरावने चेहरे और बाकी सब?'

'क्यों' मैंने पूछा क्योंकि मैं सचमुच समझ नहीं पाया। क्योंकि एक बार फिर वे यातना शिविर का भयावह दृश्य मेरे मन में कौंधने लगा: सुबह का पाँच बजा हुआ था और बाहर अब भी घोर अंधेरा था। मैं एक मिट्टी के झोपड़े में - जहाँ हम 70 कैदियों की देखभाल की जा रही थी - सख्त तख्ते पर लेटा हुआ था। हम बीमार थे और हमें न तो काम पर जाने की ज़रूरत थी और न ही परेड में। हम झोपड़े में अपने-अपने कोने में लेटे रह सकते थे, झपकी ले सकते थे और रोज मिलनेवाली ब्रेड (जो कि स्वाभाविक रूप से मरीजों को कम मात्रा में दी जाती थी।) और सूप (पानी की तरह पतला और कम मात्रा में) का इंतजार कर सकते थे। लेकिन फिर भी हम संतुष्ट थे। सारी समस्याओं और भयंकर बदहाली

के बावजूद खुश थे।

उस जानलेवा सर्दी में हमारे शरीर की गर्माहट बेवजह कम न हो, इसके लिए हम एक-दूसरे से सटे हुए थे। साथ ही इतना आलस महसूस कर रहे थे कि बेवजह अपनी उँगली हिलाने की भी इच्छा नहीं हो रही थी। उसी दौरान हमें बाहर चौक से गार्ड्स की सीटियों और चिल्लाहट की तीखी आवाजें सुनाई दीं, जहाँ रात की पाली के कैदी अभी-अभी वापस आए थे और अपनी हाजिरी लगवाने के लिए इकट्ठा हो रहे थे। तभी हमारे झोपड़े का दरवाजा खुला और बाहर से बर्फीली तूफानी हवा अंदर आने लगी।

थकान से चूर और बर्फ से सना हुआ एक कैदी कुछ देर सुस्ताने के लिए हमारे झोपड़े के अंदर आ गया था। लेकिन सीनियर वॉर्डन ने उसे वापस बाहर भगा दिया। जब कैदियों की हाजिरी और जाँच-पड़ताल चल रही हो, उस समय किसी अजनबी कैदी को अपने झोपड़े में प्रवेश देने की सख्त मनाही थी। मुझे उस बेचारे कैदी के लिए बड़ा अफसोस हुआ। साथ ही इस बात की खुशी भी हुई कि उस समय मैं उसकी जगह पर नहीं था। बल्कि रोगियों के कमरे में बीमार पड़ा था और झपकी लेने के लिए आज़ाद था! दो दिनों के लिए रोगियों के इस कमरे में जगह मिलना मेरे लिए किसी जीवनदान से कम नहीं था। ये भी संभव था कि इन दो दिनों के अलावा मुझे दो और दिन वहाँ रहने का मौका मिल जाए!

ये सब मेरे मन में तब आया, जब मैंने उस पत्रिका में यातना शिविर के कैदियों की तस्वीरें देखीं। मैंने सामनेवाले को इसके बारे में बताया, तब जाकर उसे एहसास हुआ कि मुझे कैदियों की वे तस्वीरें भयावह क्यों नहीं लगीं: उन तस्वीरों में जो कैदी दिखाई दे रहे थे, हो सकता है कि वे उतने भी नाखुश न हों, जितना तस्वीरें देखनेवाले को लग रहा हो।

10

कुछ सार्थक मूल्य

रोगियों के कमरे में वह मेरा चौथा दिन था, जब चीफ डॉक्टर जल्दबाजी में आया और मुझे टाइफस के मरीजोंवाले एक अन्य शिविर में रात की पाली में डॉक्टरी कामकाज में मदद के लिए बुलाया। उसने मुझे एक स्वयंसेवक के रूप में मेडिकल ड्यूटी करने के लिए कहा। अपने दोस्तों की सलाह के विपरीत (और इस तथ्य के बावजूद कि मेरे किसी भी सहकर्मी ने अपनी सेवाएँ देने की पेशकश

नहीं की) मैंने तय किया कि वहाँ जाकर मुझसे जो बन पड़ेगा, मैं करूँगा। मैं जानता था कि खतरनाक इलाकों में ले जाकर भीषण परिस्थितियों के बीच जमीन की खुदाई और पाइप बिछाने जैसे जो काम हमसे कराए जाते हैं, उनमें किसी भी दुर्घटना में मेरी मौत कभी भी हो सकती है। अब अगर मुझे मरना ही है, तो क्यों न मैं टाइफस के मरीजों की सेवा करते हुए मरूँ। ऐसे में कम से कम मेरी मौत के कुछ मायने तो होंगे।

मुझे लगा कि एक डॉक्टर के रूप में अपने साथी कैदियों की मदद करते हुए मरना मेरे लिए कहीं अधिक उद्देश्यपूर्ण होगा, बजाय यहाँ खाली बैठने और अंतत: एक अनुत्पादक मजदूर के रूप में काम करते हुए मरने के। मेरे लिए ये बड़ी सीधी सी बात थी, न कि कोई बलिदान। लेकिन सफाई दस्ते के वॉरंट ऑफिसर ने चुपचाप ये आदेश जारी कर दिया कि जो दो डॉक्टर टाइफस शिविर में रोगियों की मदद के लिए आए हैं, उनकी भी 'देखभाल' की जाए। दरअसल हम शारीरिक रूप से इतने कमजोर लग रहे थे कि उसे लगा कि अगर कहीं डॉक्टरी सेवाएँ देते हुए हम खुद देखभाल के अभाव में मर गए, तो उसे दो अतिरिक्त लाशों को ठिकाने लगाना पड़ेगा।

मैं पहले भी इस बात का उल्लेख कर चुका हूँ कि हर वह चीज़, जिसका संबंध अपनी या अपने करीबी साथियों की जान बचाने से नहीं था, वह अब कैदियों के लिए महत्वपूर्ण नहीं रह गई थी। इस एक चीज़ के लिए बाकी सारी चीज़ें न्योछावर हो चुकी थीं। शिविर का हर कैदी हर समय अपनी या अपने करीबी साथियों की जान बचाने की मानसिक उथल-पुथल में उलझा रहता था। इसलिए बाकी हर चीज़ के महत्त्व पर संदेह करना उसकी आदत बन गई थी। हम एक ऐसी दुनिया में रह रहे थे, जहाँ इंसान की जान या उसकी गरिमा की कोई कीमत नहीं थी। एक ऐसी दुनिया, जिसने इंसान की इच्छा शक्ति का गला घोंट दिया था और उसे एक ऐसी वस्तु में तब्दील कर दिया था, जिसे जब चाहे नष्ट किया जा सकता था। (लेकिन सिर्फ तब, जब उसकी शारीरिक क्षमता के आखिरी कतरे का भी पूरा इस्तेमाल कर लिया गया हो और वह किसी काम का न बचा हो।) इन हालातों में कैदी का स्वाभिमान तार-तार हो जाता था।

अगर कैदी अपने स्वाभिमान को बचाने के अंतिम प्रयास के तौर पर इसके खिलाफ संघर्ष न कर पाता, तो वह एक व्यक्ति होने की, एक ऐसा इंसान होने की भावना ही खो देता, जिसके पास अपना दिमाग है, जिसकी अपनी एक स्वतंत्रता और व्यक्तिगत महत्त्व है। फिर वह खुद को शिविर की भीड़ का सिर्फ

एक महत्वहीन भाग मान लेता; उसका अस्तित्व इतना निम्न स्तर पर गिर जाता, मानो वह कोई इंसान नहीं बल्कि एक जानवर हो। जब भी कैदियों को किसी एक जगह से दूसरी जगह ले जाना होता था, तो उन्हें जानवरों की तरह हाँका जाता था, कभी समूह में तो कभी अलग-अलग। ठीक वैसे ही जैसे भेड़ों के झुंड को हाँका जाता है, जिनका अपना कोई दिमाग या कोई इच्छा न हो। एक छोटा पर खतरनाक समूह - जो यातनाएँ देने और अत्याचार करने के तरीकों में पारंगत था - चारों ओर से झुंड पर नज़र रखता था। ये समूह झुंड पर चिल्लाते हुए, लातें मारते और चाबुक चलाते हुए उसे अपने हिसाब से लगातार आगे-पीछे हांकता रहता था। और भेड़ों का झुंड यानी हम सिर्फ दो चीज़ों के बारे में ही सोच पाते थे - ज़्यादा मारपीट करनेवालों से कैसे बचा जाए और कहीं से थोड़ा भोजन कैसे प्राप्त किया जाए।

आत्मरक्षा का नियम

हर कैदी अपने दस्ते के बीच में घुसने की कोशिश में रहता था, ठीक वैसे ही जैसे हर भेड़ अपने झुंड के बीच में जाने के चक्कर में रहती है। दरअसल ऐसा करने से गार्ड्स के चाबुक से पिटने की संभावना कम हो जाती थी, जो हमारे दस्ते के अगल-बगल और आगे-पीछे मार्च करते हुए साथ-साथ चल रहे होते थे। इसके अलावा दस्ते के बीच में रहने से सर्द हवा के तेज झोकों से बेहतर बचाव भी हो जाता था। इसलिए खुद को बचाने की कोशिश में कैदी अपने दस्ते के बीच में घुसने में लगे रहते थे। आमतौर पर यह सब स्वत: ही होता था। पर कभी-कभी सोच-समझकर भी ऐसी कोशिशें की जाती थीं - आखिर शिविर में खुद को बचाकर रखने के नियम का सबसे महत्वपूर्ण पहलू यही था कि किसी की नज़र में मत आओ और किसी के हत्थे मत चढ़ो। एसएस गार्ड्स का ध्यान हमारी ओर आकर्षित न हो, इसके लिए हम हर संभव कोशिश करते थे।

भीड़ से परे होने की तलब

निश्चित ही ऐसे मौके भी आते थे, जब भीड़ से दूर रहना संभव या फिर ज़रूरी होता था। ये तो हम सब जानते हैं कि अगर किसी को जबरन किसी ऐसे समुदाय में रहने को मज़बूर किया जाए, जहाँ हर गतिविधि पर चौबीसों घंटे नज़र रखी जाती हो, तो संभवत: उसके अंदर वहाँ से बाहर निकलने - भले ही कुछ देर के लिए ही सही - की तीव्र इच्छा पैदा हो जाएगी। शिविर में कैदी एकांत पाने के लिए तरसते रहते थे, जहाँ वे सिर्फ अपने विचारों के साथ थोड़ा समय बिता

सकें। तथाकथित 'विश्राम शिविर' में भेजे जाने के बाद सौभाग्य से मुझे पाँच मिनट एकांत में बिताने का मौका भी मिला था, जो बड़ी ही दुर्लभ चीज़ थी। मिट्टी का वह झोपड़ा, जहाँ मैं काम करता था और जहाँ करीब पचास मरीज बेसुध पड़े रहते थे, उसके पीछे एक शांत कोना था। यह जगह शिविर के चारों ओर लगी लोहे के कंटीले तारोंवाली दोहरी बाड़ के किनारे स्थित थी। वहाँ कुछ खंबों और पेड़ों की शाखाओं के सहारे एक कामचलाऊ तंबू लगा हुआ था ताकि आधा दर्जन लाशें (शिविर में हर रोज लगभग इतनी मौते होती थीं) रखी जा सकें। वहाँ एक शाफ्ट भी था, जो पानी के पाइपों की ओर जाकर निकलता था। झोपड़ी में जब भी मेरी मदद की ज़रूरत न होती, तो मैं जाकर इस शाफ्ट के ढक्कन पर बैठ जाता था। वहाँ बैठकर मैं दूर तक फैली ढलवाँ हरियाली और नीली पहाड़ियोंवाले बवेरियन के उस भूदृश्य को निहारता रहता, जो कंटीले तारोंवाली बाड़ से घिरा हुआ था। अचानक मैं अपने घर-परिवार के लिए तड़प उठा। मेरा ध्यान उत्तर और उत्तर-पूर्व की ओर गया। मीलों दूर स्थित मेरा घर इसी दिशा में था, पर फिलहाल मुझे उस ओर सिर्फ बादल नज़र आ रहे थे।

रोगियों की सेवा

उस तंबू में मेरे आसपास लाशें पड़ी थी और उन पर कीड़े रेंग रहे थे, फिर भी मुझे उससे कोई फर्क नहीं पड़ रहा था। सिर्फ वहाँ से गुज़रनेवाले गार्ड्स के कदमों की आवाज़ ही मेरे खयालों के इस सिलसिले को तोड़ पाती थी; या फिर ऐसा तब होता, जब मरीजों की मदद के लिए बुलावा आता या फिर जब मुझे अपने झोपड़े के मरीजों के लिए भेजी गई दवाओं की खेप लेनी होती। इस खेप में पचास मरीजों के लिए सिर्फ पाँच या दस एस्पिरिन टेबलेट्स के अलावा और कुछ नहीं होता था। मैं वे दवाएँ लेता, मरीजों का एक राउंड लगाता, उनकी पल्स देखता और जिनकी हालत गंभीर होती, उन्हें आधी टेबलेट देता। लेकिन जिन मरीजों की हालत बहुत ज़्यादा गंभीर होती, उन्हें कोई दवा नहीं मिलती थी। क्योंकि उतनी सी दवा से उन्हें कोई लाभ नहीं होना था और साथ उन्हें दवा देने का अर्थ था, उन मरीजों को दवा से वंचित करना, जिनके बचने की उम्मीद बाकी होती। वहीं जो मरीज थोड़े-बहुत ही बीमार होते, उन्हें देने के लिए मेरे पास कुछ भी नहीं होता था, सिवाय प्रोत्साहन के कुछ शब्दों के। तो इस तरह मैं एक से दूसरे मरीज तक खुद को घसीटता रहता, हालाँकि टाइफस से ग्रस्त होने के चलते मैं खुद भी काफी कमजोर हो गया था और बहुत जल्दी थक जाता था। हर रोज यही सिलसिला चलता और फिर मैं अपने उस छोटे से एकांत कोने का रुख करता

और शाफ्ट के ढक्कन पर जाकर बैठ जाता।

संयोग से एक बार इसी शाफ्ट के चलते तीन साथी कैदियों की जान भी बची थी। यातना शिविर से आज़ादी मिलने के कुछ समय पहले कैदियों को बड़ी संख्या में डचाऊ भेजने के लिए कई काफिले तैयार किए गए थे। इन तीन कैदियों ने समझदारी दिखाते हुए उन काफिलों में जाने से बचने की कोशिश की। वे इसी शाफ्ट पर जाकर छिप गए थे ताकि शिविर के गार्ड्स की नज़र उन पर न पड़े। उस समय मैं बड़ी मासूमियत से शाफ्ट के ढक्कन पर ही बैठा हुआ था और छोटे बच्चों की तरह कंटीले तारोंवाली बाड़ पर कंकड़ फेंकते हुए अपना समय बिता रहा था। मुझे वहाँ बैठा देखकर एक गार्ड पलभर के लिए ठिठका, लेकिन फिर आगे बढ़ गया। इसके बाद जल्द ही मैंने अपने नीचे शाफ्ट में छिपे उन तीनों कैदियों को बताया कि बाहर आ जाओ, खतरा टल गया है।

केवल एक नंबर

किसी बाहरी व्यक्ति के लिए ये समझना बहुत मुश्किल है कि यातना शिविर में इंसानी जीवन की कीमत कितनी कम थी। शिविर की भयावह परिस्थितियों में रहते हुए कैदी काफी सख्त हो जाते थे, लेकिन जब बीमारी और कमजोर कैदियों के काफिले को गैस चैंबर में भेजने के लिए तैयार किया जाता, तो सख्त पड़ चुके कैदी भी इस तथ्य को लेकर और सचेत हो जाते कि इंसानी जीवन की यहाँ कोई कीमत नहीं है। दुर्बल कायावाले रोगियों को उन दो-पहिया ठेले पर फेंक दिया जाता, जिन्हें अन्य कैदी बर्फीले तूफान के बावजूद मीलों तक खींचकर अगले शिविर तक ले जाते। शिविर से ठेले के निकलने से पहले अगर कोई रोगी मर जाता, तो भी उसका शरीर ठेले पर फेंक दिया जाता - क्योंकि सूची में जिस कैदी का नंबर दर्ज होता, उसे भेजना ज़रूरी होता था! वह सूची ही इकलौती ऐसी चीज़ थी, जो वहाँ सचमुच मायने रखती थी। आदमी की गिनती सिर्फ इसीलिए होती थी क्योंकि उसका एक कैदी-नंबर होता था। इंसान सिर्फ एक नंबर बनकर रह जाता था - जिंदा है या मर गया, ये मायने नहीं रखता था। उस 'नंबर' के जीवन का वहाँ कोई महत्त्व नहीं था। उस नंबर और उस प्राणी का नाम, उसका अतीत, उसका भाग्य, ये सब तो वहाँ और भी महत्वहीन था।

रोगियों के काफिले के साथ मुझे भी एक डॉक्टर के तौर पर बवेरिया के एक शिविर से दूसरे शिविर तक जाना पड़ा। इस काफिले में एक युवा कैदी भी था, जिसके भाई का नाम कैदियों की सूची में नहीं था इसलिए उसे वहीं छोड़ा जा रहा था। अपने भाई को साथ ले जाने के लिए वह युवा कैदी तब तक विनती करता

रहा, जब तक कि शिविर के वॉर्डन ने उसकी विनती स्वीकार नहीं कर ली। फिर उसके भाई ने सूची में दर्ज एक ऐसे कैदी की जगह ले ली, जो उस काफिले के साथ जाना नहीं चाहता था। बस समस्या ये थी कि सूची में जिस कैदी का नंबर दर्ज होता था, उसे भेजना ज़रूरी होता था। इसका भी हल आसानी से निकल आया। कैदी के भाई ने उस दूसरे व्यक्ति के साथ अपने नंबर की अदला-बदली कर ली, जो काफिले के साथ नहीं जाना चाहता था।

जैसा कि मैंने पहले उल्लेख किया था, हमारे पास कोई दस्तावेज नहीं थे; हमारा शरीर अब भी चल रहा था और हम साँस ले रहे थे, यही हमारे लिए भाग्य की बात थी। हमसे जुड़ी बाकी हर चीज़ जैसे हमारी कंकाल नुमां काया पर टँगे फटेहाल कपड़ों पर सिर्फ तभी ध्यान दिया जाता था, जब हम रोगियों के किसी काफिले का हिस्सा होते। काफिले में भेजे जा रहे 'मोस्लेम' को अच्छी तरह परखा जाता था, सिर्फ ये देखने के लिए कहीं उसके कपड़े और जूते, उसकी जाँच कर रहे व्यक्ति के कपड़ों और जूतों के मुकाबले बेहतर हालत में तो नहीं हैं। आखिर उस काफिले के कैदियों का भाग्य तो पहले ही तय हो चुका होता था। लेकिन जो लोग शिविर में रूक रहे हैं, जो अब भी काम करने लायक हैं, उन्हें अपने जीवित रहने की संभावना बढ़ाने के लिए हर चीज़ का अधिकतम उपयोग करना ज़रूरी था। वे इस मामले में भावुकता से काम नहीं लेते थे। कैदियों को लगता था कि उनका जीवन पूरी तरह गाड्र्स के मूड पर निर्भर है - यानी भाग्य के इस खेल में कैदियों की हैसियत एक कमजोर प्यादे से ज़्यादा नहीं थी - जिसके चलते उनके अंदर मानवीयता का भाव बहुत कम हो गया था।

किस्मत का खेल

ऑश्विज में मैंने अपने लिए एक नियम बनाया था, जो मेरे लिए सचमुच काफी कारगर साबित हुआ। बाद में मेरे अधिकांश साथियों ने भी वह नियम अपना लिया। मैं आमतौर पर सभी सवालों का जवाब पूरी सच्चाई के साथ देता था। लेकिन जो बात मुझसे खुलकर नहीं पूछ जाती थी, उसके बारे में मैं चुप ही रहता था। अगर मेरी उम्र पूछी जाती तो मैं बता देता। अगर मुझसे मेरा पेशा पूछा जाता, तो मेरा जवाब होता, 'डॉक्टर।' बस इतना ही, इससे ज़्यादा और कुछ नहीं।

ऑश्विज में मेरा पहला ही दिन था, जब एक एसएस ऑफिसर परेड मैदान में आया और हमें अलग-अलग समूहों में इकट्ठा होना पड़ा: चालीस से ज़्यादा की उम्रवाले कैदी, चालीस से कमवाले कैदी, मेटल वर्कर, मेकेनिक और ऐसे ही कई अन्य समूह। फिर हमारी जाँच की गई और कुछ कैदियों को एक नया समूह बनाना

पड़ा। मैं जिस समूह में था, उसे दूसरे झोपड़े में भेज दिया गया, जहाँ हमें फिर से लाइन में खड़ा कर दिया गया। एक बार फिर अनुशासित तरीके से पंक्तिबद्ध किए जाने और अपनी उम्र व पेशे से जुड़े सवालों का जवाब देने के बाद मुझे एक अन्य छोटे समूह में भेज दिया गया। इसके बाद हमें फिर से एक अन्य झोपड़े में ले जाया गया और नए सिरे से समूहबद्ध किया गया। ये सब काफी देर तक चलता रहा।

मैंने खुद को ऐसे अजनबियों के बीच पाया, जो विदेशी भाषाएँ बोल रहे थे - जो मेरी समझ से परे थीं - इससे मैं काफी खीझ गया। इसके बाद आखिरी चयन प्रक्रिया शुरू हुई और अंततः मैंने एक बार फिर खुद को उसी समूह में पाया, जो मेरे साथ पहले झोपड़े में था! उन्होंने शायद ही इस बात पर गौर किया कि इस दौरान मुझे कई बार एक से दूसरे झोपड़े में भेजा गया। लेकिन मैं जानता था कि उन कुछ मिनटों में भाग्य ने कई अलग-अलग रूपों में मेरा साथ दिया।

11

विश्राम कैंप की कहानी

जब 'विश्राम शिविर' के लिए रोगियों का काफिला तैयार किया जा रहा था, तो मेरा नाम (नंबर) भी उस सूची में दर्ज कर दिया गया क्योंकि वहाँ कुछ डॉक्टरों की भी ज़रूरत थी। लेकिन इस बात पर किसी को विश्वास नहीं था कि हमें सचमुच एक विश्राम शिविर में ही भेजा जा रहा है। कुछ सप्ताह पहले भी ऐसा ही एक काफिला तैयार किया गया था। तब भी हर किसी को यही लग रहा था कि उन्हें गैस चैंबर में भेजा जा रहा है। जब ये घोषणा हुई कि जो भी कैदी रात की पाली (जो बेहद खतरनाक और कष्टकारी होती थी) में काम करने के लिए आगे आएगा, उसे काफिले के कैदियों की सूची से हटा दिया जाएगा। यह सुनते ही तत्काल 82 कैदी रात की पाली में काम करने को तैयार हो गए। इसके 15 मिनट बाद ही उस काफिले की यात्रा रद्द कर दी गई, लेकिन वे 82 कैदी रात की पाली में काम करने वाले मजदूरों की सूची में बने रहे। उनमें से अधिकांश के लिए इसका अर्थ था: अगले पखवाड़े तक उनकी मौत।

अब एक बार फिर विश्राम शिविर के लिए एक काफिला तैयार किया जा रहा था। एक बार फिर किसी को नहीं पता था कि ये रोगियों से आखिरी बार काम कराने की कोई चाल है - भले ही सिर्फ चौदह दिनों के लिए ही सही - या फिर ये काफिला किसी गैस चैंबर में जाकर रूकेगा या सचमुच किसी विश्राम शिविर

तक जाएगा। शिविर के चीफ डॉक्टर - जो मुझे पसंद करने लगा था - ने एक रात पौने दस बजे मुझसे चुपके से कहा, 'यदि तुम चाहो तो काफिले के साथ जानेवाले लोगों की सूची में से, दस बजे तक अपना नाम कटवा सकते हो।'

मैंने उससे कह दिया कि ये मेरा तरीका नहीं है और मैने सीख लिया है कि अपने भाग्य के रास्ते में आड़े नहीं आना चाहिए। 'बेहतर होगा कि मैं अपने दोस्तों के साथ ही रहूँ,' मैंने कहा। जवाब में उसकी आँखों में मेरे लिए दया का भाव था, मानो उसे पहले से पता रहा हो... उसने शांति से मुझसे हाथ मिलाया, मानों मुझे आखिरी बार विदा कर रहा हो। मैं अपने झोपड़े में वापस चला गया, जहाँ एक दोस्त मेरा इंतजार कर रहा था।

'तुम सचमुच काफिले के साथ जाना चाहते हो?' उसने उदास होकर पूछा।
'हाँ, मैं जा रहा हूँ।'

उसकी आँखों में आँसू आ गए। मैंने उसे दिलासा देने की कोशिश की। इसके बाद एक और काम था, जो करना ज़रूरी था: अपनी वसीयत तैयार करना।

मैंने अपने दोस्त से कहा, 'सुनो ओटो, अगर मैं अपनी पत्नी के पास न पहुँच सकूँ और अगर उससे तुम्हारी मुलाकात हो, तो उसे बताना कि मैं हर रोज, हर घंटे उसे याद करता था। और दूसरा, मैं उसे सबसे ज़्यादा प्यार करता हूँ। तीसरा, आज भले ही हम यातना शिविर में कैद हों, लेकिन शादी के बाद मुझे उसके साथ जो थोड़ा सा समय बिताने का मौका मिला, वह मेरे लिए बाकी हर चीज़ से बढ़कर था।'

'ओटो, तुम कहाँ हो? क्या तुम जिंदा हो? हमारी पिछली मुलाकात के बाद तुम्हारे जीवन में क्या-क्या हुआ? क्या तुम अपनी पत्नी को खोजने में सफल रहे? और क्या तुम्हे याद है कि तुम बच्चों की तरह आँसू बहा रहे थे, लेकिन फिर भी मैंने तुम्हें अपनी वसीयत शब्दश: याद कराई थी।'

अगले दिन मैं उस काफिले के साथ चल दिया। इस बार हमारे साथ कोई चाल नहीं चली जा रही थी। हम गैस चैंबर की ओर नहीं जा रहे थे। हमारा गंतव्य सचमुच एक विश्राम शिविर ही था। काफिले के साथ मेरे जाने के चलते जो लोग मुझ पर तरस खा रहे थे, वे शिविर में ही रुक गए, जहाँ अकाल का प्रकोप हमारे विश्राम शिविर से कई गुना ज़्यादा होनेवाला था। काफिले के साथ न आकर वे खुद को बचाने की कोशिश कर रहे थे, लेकिन वास्तव में उनका भाग्य उनका साथ छोड़नेवाला था।

यातना शिविर से आज़ाद होने के कई महीनों बाद मेरी मुलाकात पुराने शिविर के एक दोस्त से हुई। उसने मुझे बताया कि एक बार उसने देखा कि कैदियों की लाशों के ढेर से इंसानी माँस का एक बड़ा टुकड़ा गायब है। शिविर का पुलिसकर्मी होने के नाते उसने उस टुकड़े की खोज शुरू की, जो आखिरकार उसे एक बर्तन में पकते हुए मिला। दरअसल भयंकर अकाल के चलते शिविर में नरभक्षण शुरू हो गया था। मेरा सौभाग्य ही था, जो मैं समय पर वहाँ से बच निकला।

नौकर की मौत

क्या इस वाक्ये के बारे में जानकर डेथ इन तेहरान नामक कहानी याद नहीं आती? एक बार एक अमीर और प्रतिष्ठित फारसी व्यक्ति अपने नौकर के साथ बगीचे में टहल रहा था। नौकर ने विलाप करते हुए बताया कि अभी कुछ देर पहले ही उसका सामना मौत से हुआ, जिसने उसका जीवन छीनने की धमकी दी है। नौकर ने अपने मालिक से याचना की कि वह उसे अपना सबसे तेज घोड़ा दे दे ताकि वह तत्काल तेहरान भाग जाए। मालिक के सबसे तेज घोड़े पर सवारी करते हुए वह शाम को ही तेहरान पहुँच सकता था। मालिक ने उसकी याचना स्वीकार कर ली और नौकर तत्काल घोड़े पर बैठकर रवाना हो गया। जब मालिक अपने घर लौटा, तो मौत उसके सामने खड़ी थी। मालिक ने मौत से पूछा, 'तुमने मेरे नौकर को धमकाया क्यों?' मौत ने जवाब दिया, 'मैंने उसे नहीं धमकाया; मैंने तो बस इस बात पर हैरानी जताई थी कि वह मुझे यहीं मिल गया, जबकि मेरी योजना तो आज रात उससे तेहरान में मिलने की थी,' मौत ने जवाब दिया।

भाग्य पर भरोसा

शिविर के कैदी कोई भी निर्णय लेने या किसी भी प्रकार की पहल करने से घबराते थे। यह दरअसल उनके इस प्रबल एहसास का परिणाम था कि अब उनका जीवन भाग्य भरोसे ही है इसलिए उसके आड़े आने के बजाय उसे अपना काम करने देना चाहिए। इसके अतिरिक्त कैदियों में उदासीनता का एहसास भी बहुत प्रबल था। **कभी-कभी वहाँ बिजली की फुर्ती के साथ निर्णय लेने पड़ते थे, जिनका परिणाम मृत्यु या जान बचने के रूप में सामने आता था। कैदी अपने जीवन का निर्णय खुद लेने के बजाय उसे अपने भाग्य पर छोड़ देते थे।** किसी भी प्रकार की प्रतिबद्धता से इस प्रकार पलायन करने की प्रवृत्ति तब और स्पष्ट हो जाती, जब एक कैदी को ये निर्णय लेना पड़ता कि उसे शिविर से भागने की कोशिश करनी चाहिए या

नहीं। वह कुछ मिनटों की अवधि - जब उसे इस बारे में आखिरी निर्णय लेना पड़ता - उसके लिए बहुत यातनापूर्ण होती। क्या उसे इस नर्क को छोड़कर भागने की कोशिश करनी चाहिए? क्या उसे यह जोखिम उठाना चाहिए?

मैं भी इस पीड़ा का अनुभव कर चुका हूँ। जब युद्ध का मोर्चा हमारे शिविर के काफी करीब आ गया, तब मुझे वहाँ से भागने का अवसर मिला था। मेरा एक सहकर्मी भी वहाँ से भागना चाहता था और वह मुझे अपने साथ ले जाना चाहता था। उसे एक डॉक्टर के रूप में अपनी ड्यूटी के लिए शिविर से बाहर बने झोपड़ों में जाना पड़ता था। उसने बहाना बनाया कि शिविर के बाहर के एक झोपड़े में एक कैदी को विशेष डॉक्टरी सहायता की ज़रूरत है और इस तरह वह मुझे चुपचाप बाहर ले आया। शिविर के बाहर विदेशी विरोध आंदोलन का एक सदस्य हमारी वर्दियों और दस्तावेजों का इंतजाम करनेवाला था। लेकिन आखिरी समय में किसी तकनीकी समस्या के चलते हमें वापस शिविर लौटना पड़ा।

हमने इस अवसर का उपयोग अपने लिए थोड़ी सी रसद - कुछ सड़े हुए आलू - जुटाने और थैले ढूँढ़ने में किया। हम एक खाली झोपड़े में घुस गए थे, जो दरअसल महिलाओं के शिविर में था। ये पूरा शिविर खाली था क्योंकि महिला कैदियों को पहले ही किसी और शिविर में भेज दिया गया था। उस झोपड़े की हालत बहुत अस्त-व्यस्त थी; स्पष्ट था कि बहुत सी महिला कैदी रसद लेकर यहाँ से भागी हैं। वहाँ चिथड़ों जैसे तमाम कपड़े, पुआल, सड़ा हुआ भोजन और टूटे हुए बर्तन पड़े थे। उन बर्तनों में से कुछ कटोरे अब भी अच्छी हालत में थे, जो हमारे लिए मूल्यवान साबित हो सकते थे, लेकिन हमने तय किया कि हम उन्हें नहीं लेंगे। हम जानते थे कि चूँकि पिछले कुछ समय से स्थितियाँ बहुत बदतर होती जा रही थीं इसलिए उनका उपयोग सिर्फ भोजन के लिए नहीं बल्कि वॉशबेसिन के रूप में या मल-त्याग के लिए भी किया गया होगा। (हालाँकि अपने झोपड़े में किसी भी प्रकार का बर्तन रखने की सख्त मनाही थी, लेकिन बहुत से लोगों को मजबूरन ये नियम तोड़ना पड़ा, खासतौर पर उन्हें, जो टाइफस से ग्रस्त थे और इतने कमजोर हो चुके थे कि किसी साथी की मदद के बावजूद मल-त्याग के लिए झोपड़े से बाहर नहीं जा पाते थे।)

मैं बाहर निगरानी करता रहा और मेरा दोस्त उस झोपड़े में घुस गया। कुछ देर बाद वह एक झोला लेकर बाहर आया। उसने झोपड़े के अंदर एक और झोला देखा था, जो मुझे लेना था। तो हमने अपनी भूमिकाएँ बदलीं और अब मैं झोपड़े के अंदर गया, जबकि वह बाहर निगरानी करता रहा। मैंने अंदर झोला ढूँढ़ना शुरू

किया, जो आखिरकार मुझे कूड़े-करकट के बीच पड़ा मिला। साथ ही वहाँ मुझे एक टूथब्रश भी नज़र आया। तभी मेरी नज़र एक और चीज़ पर पड़ी, जो वास्तव में कोई चीज़ नहीं बल्कि एक महिला का मृत शरीर था।

मानसिक शांति

फिर मैं वापस दौड़कर अपने झोपड़े की ओर गया ताकि अपना सामान वहाँ से ले सकूँ: मेरे खाने का कटोरा, एक जोड़ी दस्ताने, जो मुझे टाइफस से मरे एक कैदी से 'विरासत' में मिले थे और कुछ कागज के टुकड़े, जिन पर मैंने अपने नोट्स लिख रखे थे। (जैसा कि मैंने पहले भी उल्लेख किया था कि इन कागज के टुकड़ों पर मैं वह पांडुलिपि दोबारा तैयार कर रहा था, जिसे मैंने ऑश्विज में गवाँ दिया था।) इसके बाद मैंने फटाफट अपने रोगियों का अंतिम राउंड लिया, जो झोपड़े के दोनों ओर लकड़ी के सड़े-गले तख्तों पर पड़े हुए थे। उनमें से एक रोगी मेरे ही देश का था। मैं उसके पास गया। वह बस मरने ही वाला था। उसकी गंभीर हालत के बावजूद शिविर में अब तक मेरी यही एक महत्वाकांक्षा थी कि मैं उसे बचा लूँ। हालाँकि मुझे शिविर से भागने के अपने इरादों को जाहिर नहीं होने देना था, लेकिन मेरे साथी समझ गए कि कोई न कोई गड़बड़ ज़रूर है (शायद मेरी बढ़ती घबराहट के कारण।) उस रोगी ने थके हुए स्वर में मुझसे पूछा, 'तुम भी निकल रहे हो क्या?' मैंने तुरंत खंडन किया, लेकिन उसके उदास चेहरे को अनदेखा करना मेरे लिए मुश्किल हो गया।

रोगियों का राउंड लेने के बाद मैं दोबारा उसके पास गया और एक बार फिर मुझे उसका उदास चेहरा नज़र आया। जिसे देखकर मुझे लगा मानों वह मुझ पर आरोप लगा रहा हो कि मैं उसे छोड़कर कैसे जा सकता हूँ। मैं जिस साथी कैदी के साथ भागनेवाला था, उसके साथ ये योजना बनाते समय ही मुझे एक अप्रिय एहसास ने जकड़ लिया था और अब इस रोगी के सामने मेरा वह एहसास और प्रबल हो गया था। अचानक मैंने तय किया कि कम से कम एक बार मैं अपना भाग्य खुद तय करूँगा। मैंने बाहर जाकर अपने साथी कैदी से कह दिया कि मैं उसके साथ नहीं भागूँगा। जैसे ही मैंने उसे बताया कि मैंने तय कर लिया है कि मैं अपने मरीजों के साथ ही रहूँगा, वह अप्रिय एहसास विलीन हो गया, जिसने मुझे अब तक जकड़ रखा था। मुझे नहीं पता था कि आगे मेरे साथ क्या होगा लेकिन मैंने एक ऐसी मानसिक शांति ज़रूर हासिल कर ली थी, जिसका अनुभव इससे पहले मैंने कभी नहीं किया था। मैं अपने झोपड़े में वापस गया और अपने देश के उस रोगी के पैरों के पास बैठकर उसे दिलासा देने की कोशिश करने लगा; इसके

बाद मैं बीमारी से कराह रहे बाकी लोगों की देखभाल में लग गया।

12

कैंप का आखिरी दिन

कैंप में हमारा आखिरी दिन आ पहुँचा। जैसे-जैसे युद्ध का मोर्चा पास आता गया, कैदियों के बड़े-बड़े काफिले तैयार कर उन्हें अन्य शिविरों में भेज दिया गया। शिविर के अधिकारी, ओहदेदार-कैदी और रसोइए, सब पहले ही वहाँ से भाग चुके थे। उसी दिन ये आदेश जारी हुआ कि सूर्यास्त तक शिविर को पूरी तरह खाली कर दिया जाना चाहिए। यहाँ तक कि बाकी बचे कुछ कैदियों (रोगी, कुछ डॉक्टर और कुछ 'नर्सों') को भी शिविर छोड़ने के लिए कह दिया गया। रात के वक्त शिविर में आग लगाई जानेवाली थी। लेकिन रोगियों को ले जानेवाले ट्रक दोपहर होने के बाद भी शिविर तक नहीं पहुँच सके थे। तभी शिविर के दरवाजे अचानक बंद कर दिए गए और शिविर के चारों ओर लगी कंटीले तारों की बाड़ पर कड़ी निगरानी रखी जाने लगी ताकि कोई शिविर से भागने की कोशिश न करे। ऐसे लग रहा था, जैसे शिविर के अंदर बचे जो भी कैदी हैं, वे भी शिविर के साथ ही जिंदा जला दिए जाएँगे। एक बार फिर मैंने और मेरे दोस्त ने तय किया कि हम यहाँ से भागेंगे।

हमें तीन लाशों को काँटेदार तारों की बाड़ के बाहर दफनाने का आदेश दिया गया था। शिविर में हम दो लोग ही ऐसे थे, जिनके शरीर में अब भी इतनी शक्ति बची थी कि यह काम पूरा कर सकें। हम दोनों के अलावा बाकी सारे कैदी बुखार और बेसुधी से ग्रस्त थे और झोपड़ों में पड़े हुए थे। हम दोनों ने भागने की योजना बनानी शुरू की। हमने तय किया कि हम पहली लाश के साथ मेरे दोस्त का झोला चुपचाप बाहर ले जाएँगे। हम झोले को कपड़े धोनेवाले उस पुराने टब में छिपाकर बाहर ले जानेवाले थे, जिसे लाश के ताबूत के रूप में इस्तेमाल किया जाना था। इसी तरह दूसरी लाश के साथ मेरा झोला छिपाकर बाहर ले जाना था और तीसरी लाश बाहर ले जाने के बाद हम दोनों खुद वहाँ से भागनेवाले थे। पहली दो लाशों के साथ हम योजना अनुसार अपने-अपने झोले बाहर ले जाने में सफल रहे। इसके बाद जब हम तीसरी लाश लेने के लिए वापस शिविर में आए, तो मैं वहीं इंतजार करने लगा और मेरा दोस्त रोटी का इंतजाम करने चला गया ताकि यहाँ से भागने के बाद जंगल में अगले कुछ दिनों तक हमारे पास खाने के

लिए कुछ तो रहे। कुछ मिनट बीत गए। मैं इंतजार करता रहा। कुछ समय और बीत गया, लेकिन मेरा दोस्त नहीं लौटा और मेरा धीरज जवाब देने लगा। सालों तक कैद में रहने के बाद मैं बड़े उत्साह से अपनी आज़ादी के सपने देख रहा था और सोच रहा था कि यहाँ से आज़ाद होकर जब हम भागते हुए युद्ध-मोर्चे की ओर जाएँगे, तो वह कितना सुंदर एहसास होगा। लेकिन हम इतनी दूर तक जा ही नहीं सके।

जैसे ही मेरा दोस्त वापस आया, शिविर के दरवाजे अचानक खुले और एल्युमिनियम के रंगवाली एक शानदार कार - जिस पर बड़े-बड़े लाल क्रॉस के निशान बने हुए थे - धीरे-धीरे चलते हुए परेड मैदान तक आ गई। अंतर्राष्ट्रीय रेड क्रॉस, जिनेवा का एक प्रतिनिधि उस कार से निकला और अब पूरा शिविर व बचे हुए कैदी उसके संरक्षण में थे। वह प्रतिनिधि पास के ही एक फार्महाउस पर रुका हुआ था ताकि हर वक्त शिविर के पास रह सके और किसी आपातकालीन स्थिति में फौरन ज़रूरी कदम उठा सके। अब भला भागने की फिक्र किसे थी? कार से दवाओं के डिब्बे उतारे गए और धूम्रपान करनेवालों को सिगरेट वितरित की गईं। चारों ओर खुशी की लहर दौड़ गई। इस दौरान हमारी कुछ तस्वीरें भी ली गईं। अब हमें शिविर से भागने का जोखिम उठाने की कोई ज़रूरत नहीं थी।

अपने उत्साह में हम कुछ देर के लिए तीसरी लाश को भूल ही गए। फिर हमने उसे उठाया और कंटीले तारों की बाड़ के बाहर तीनों लाशों के लिए जो संकरी कब्र खोदी दी, उसमें दफना दिया। इस दौरान हमारे साथ मौजूद गार्ड - जो आमतौर पर किसी को हानि नहीं पहुँचाता था - अचानक बहुत विनम्र हो गया। उसने देखा कि संभवत: हालात बदल गए हैं। इसलिए अब वह हमारी सद्भावना जीतने की कोशिश करने लगा। कब्रों पर मिट्टी डालने से पहले हमने तीनों मृत कैदियों के लिए एक छोटी सी प्रार्थना की। उस गार्ड ने भी हमारे साथ प्रार्थना की। पिछले कुछ समय के तनाव व उत्साह के बीच शिविर के आखिरी दिनों में मौत से रेस लगाने के बाद अब हम शांति के लिए प्रार्थना कर रहे थे। इस दौरान हमारी आवाज में जो उत्कंठा थी, वह इससे पहले शायद कभी किसी और व्यक्ति की प्रार्थना में नहीं सुनाई दी होगी।

तो शिविर का आखिरी दिन आज़ादी की उम्मीद में बीत गया। लेकिन असल में हमने खुशी मनाने में कुछ ज़्यादा ही जल्दबाजी कर दी। रेड क्रॉस के प्रतिनिधि ने हमें आश्वासन दिया कि एक महत्वपूर्ण समझौते पर हस्ताक्षर हो गए हैं और शिविर को कतई खाली नहीं करना है। पर उसी रात एसएस गार्ड्स ट्रकों में सवार

होकर वहाँ आ गए और अपने साथ शिविर को खाली करने का आदेश भी लेकर आए। शिविर में जो भी कैदी बचे थे, वे केंद्रीय शिविर भेजे जा रहे थे, जहाँ से उन्हें युद्ध-बंदियों की अदला-बदली कार्यक्रम के तहत 48 घंटे के अंदर स्विट्ज़रलैंड भेजा जाना था। शिविर में आए एसएस गार्ड्स के रंग-ढंग बदले हुए थे। वे बड़े ही दोस्ताना अंदाज में हमें ट्रकों में बैठने के लिए मना रहे थे। उनका कहना था कि अब हमें घबराने की कोई ज़रूरत नहीं है बल्कि हमें तो अपने भाग्य का आभारी होना चाहिए। जो कैदी शारीरिक रूप से अब भी थोड़े सक्षम थे, वे ट्रकों पर खुद ही भेड़-बकरियों की तरह लद गए, जबकि बीमार और कमजोर कैदियों को बाकी लोगों की मदद से बड़ी मुश्किल से ट्रकों पर चढ़ाया गया।

अब मैं और मेरा दोस्त अपने झोले छिपाने की कोशिश नहीं कर रहे थे। हम कैदियों के अंतिम समूह का हिस्सा थे, जिसमें से तेरह लोगों को चुनकर आखिरी ट्रक में चढ़ाया जाना था। तो चीफ डॉक्टर ने तेरह कैदियों को गिन लिया पर हम दो लोगों को छोड़ दिया। उन तेरह कैदियों को ट्रक पर लाद दिया गया और हम दोनों को वही छोड़ दिया गया। ये देखकर हम बेहद हैरान, नाराज और निराश हो गए और इसके लिए हमने चीफ डॉक्टर को दोषी ठहराया। उसने यह कहकर अपना बचाव किया कि वह बेहद थका हुआ और विचलित है। उसने कहा कि उसे लगा, जैसे हम दोनों अब भी भागना चाहते हैं। हम दोनों अपना-अपना झोला पीठ पर टांगे अधीर होकर वहीं बैठ गए और कुछेक शेष कैदियों के लिए आनेवाले अंतिम ट्रक का इंतजार करने लगे। काफी समय बीत गया, लेकिन आखिरी ट्रक नहीं आया। आखिरकार हम खाली पड़े गार्ड रूम के गद्दों पर जाकर लेट गए। पिछले कुछ समय के भारी उत्साह से हम थक चुके थे। पिछले कुछ दिनों से हम लगातार आशा और निराशा के बीच झूल रहे थे। हम अपने जूते पहने हुए ही सो गए ताकि ट्रक के आते ही बिना समय गवाएँ उस पर चढ़ सकें।

हमारी नींद राइफलों और तोपों की आवाज से टूटी; ट्रेसर बुलेट्स और गन शॉट्स की चमक झोपड़े के अंदर तक आ रही थी। अचानक चीफ डॉक्टर अंदर आया और उसने हमें फर्श पर ही आड़े लेने का आदेश दिया। एक कैदी अपनी बदहवासी में जूते पहने हुए ही अपने बेड से मेरे पेट पर कूद पड़ा। जिससे मेरी रही-सही नींद भी चली गई! फिर हमें समझ में आया कि बाहर क्या हो रहा है। दरअसल युद्ध का मोर्चा हमारे शिविर तक आ पहुँचा था! कुछ देर में सुबह हो गई और गोलियों की बौछार भी कम हो गई। बाहर शिविर के मुख्य दरवाजे के खंभे पर एक सफेद झंडा फहरा दिया गया।

कुदरत का एक और खेल

इसके कई हफ्तों बाद हमें पता चला कि उन अंतिम क्षणों में भी भाग्य हम कुछेक कैदियों के साथ खेल खेल रहा था। **हमें एहसास हुआ कि ज़िंदगी और मौत के मामले में मनुष्य के अपने निर्णय कितने अनिश्चित हो सकते हैं।** मेरा सामना एक छोटे शिविर में ली गईं तस्वीरों से हुआ, जो हमारे शिविर से ज़्यादा दूर नहीं था। हमारे साथी कैदी, जिन्हें उस रात ट्रकों पर लादकर उस छोटे शिविर में ले जाया गया था और जो ये सोच रहे थे कि वे बस आज़ाद होनेवाले हैं, वास्तव में उन्हें उस शिविर के झोपड़ों में बंद करके जिंदा जला दिया गया था। उनके आंशिक रूप से जले हुए शरीरों को इन तस्वीरों से पहचाना जा सकता था। एक बार फिर मुझे डेथ इन तेहरान नामक कहानी याद आ गई।

एक डिफेंस मैकेनिज़्म (आत्मरक्षा तंत्र) की भूमिका निभाने के अलावा, कैदियों की उदासीनता अन्य कारकों का भी नतीजा थी। इसमें नींद की कमी और भूख का हाथ भी था (जैसा कि सामान्य जीवन में भी होता है।) साथ ही इनके चलते कैदियों में चिड़चिड़ापन भी आम था, जो उनकी असंतुलित मानसिक स्थिति को ही उजागर करता था। नींद की कमी के पीछे आंशिक रूप से वे कीड़े-मकोड़े भी जिम्मेदार थे, जो कैदियों से बुरी तरह भरे झोपड़ों में सफाई की कमी के चलते पनप रहे थे। इसके अलावा शिविर में न तो हमें निकोटीन उपलब्ध थी और न ही कैफीन, जिसके चलते हमारी उदासीनता और चिड़चिड़ापन और बढ़ गए थे।

बंदियों का हीनता बोध

इन शारीरिक कारणों के अलावा, कई मानसिक कारण भी थे, जो दरअसल विभिन्न कॉम्प्लेक्स (मनोग्रंथि) के रूप में मौजूद थे। शिविर में अधिकांश कैदी एक किस्म की हीन भावना से ग्रस्त हो गए थे। यहाँ आने से पहले हम सबकी एक हैसियत थी। जबकि अब हमारे साथ ऐसा व्यवहार किया जाता था, जैसे हमारा कोई अस्तित्व ही न हो। (अपने मन में इंसान की जो हैसियत होती है, वह कहीं अधिक उच्च स्तरीय व आध्यात्मिक चीज़ों पर टिकी होती है, जिसे शिविर का भयावह जीवन डिगा नहीं सकता था, पर भला कितने लोग - जो आज़ाद हैं - खुद को सचमुच हैसियतवाला मानते हैं? कैदियों की तो बात ही छोड़ दीजिए।) यातना शिविर में एक औसत कैदी खुद को बुरी तरह अपमानित महसूस करता था और इसके लिए उसे कोई विशेष सोच-विचार करने की ज़रूरत नहीं पड़ती थी।

ये बात तब और स्पष्ट हो जाती थी, जब कोई शिविर की सामाजिक संरचना में मौजूद स्पष्ट विरोधाभास पर गौर करता था। अधिक 'प्रतिष्ठित' कैदी, ओहदेदार कैदी (केपो), रसोइए, गोदामों की देखरेख करनेवाले और शिविर के पुलिसकर्मी, बाकी कैदियों की तरह कतई अपमानित महसूस नहीं करते थे बल्कि इसके विपरीत उन्हें तो ये लगता था कि उन्हें पदोन्नति मिल गई है! इनमें से कुछ तो ऐसे भी थे, जिन्हें अपनी श्रेष्ठता का भ्रम हो गया था। इन कृपापात्र अल्पसंख्यक कैदियों के विरूद्ध खीझ, गुस्से और ईर्ष्या से भरे बहुसंख्यक कैदियों की मानसिक प्रतिक्रिया कई रूपों में - कभी-कभी मज़ाक के रूप में भी - सामने आती थी। जैसे अपने एक साथी कैदी को मैंने शिविर के एक ओहदेदार कैदी (केपो) के बारे में ये कहते सुना, 'बताओ! मैं उस आदमी को तब से जानता हूँ, जब वह सिर्फ एक बड़े बैंक का अध्यक्ष हुआ करता था और अब देखो, वह यहाँ का ओहदेदार कैदी (केपो) बन गया है। अब ये उसका सौभाग्य नहीं तो और क्या है, जो वह अपने जीवन में इस ऊँचाई पर पहुँच सका?'

शिविर में अपमानित होनेवाले बहुसंख्यक कैदियों और पदोन्नत हो चुके अल्पसंख्यक कैदियों के बीच जब भी कोई संघर्ष होता (जो कि अक्सर ही होता था जैसे भोजन के वितरण को लेकर) तो उसके परिणाम सचमुच विस्फोटक होते थे। इसलिए कैदियों का चिड़चिड़ापन (जिसके शारीरिक कारणों का उल्लेख ऊपर किया जा चुका है) तब और तीव्र हो जाता, जब इस तरह की मानसिक तनाव देनेवाली परिस्थितियाँ जन्म लेती थीं। ऐसे में इस बात से हैरानी नहीं होनी चाहिए कि इस तनाव की अंतिम परिणिति लड़ाई-झगड़े के रूप में सामने आती थी। चूँकि कैदियों को शिविर में मारपीट के हिंसक दृश्य लगातार देखने को मिलते रहते थे इसलिए हिंसा के प्रति उनका झुकाव बढ़ गया था। यहाँ तक मैं खुद भी भुखमरी और थकान के बावजूद गुस्सा आने पर अपनी मुट्ठियाँ भींचने लगा था।

शिविर में आमतौर पर मैं हर वक्त थकान से ग्रस्त महसूस करता था क्योंकि हमें रातभर अपने चूल्हे में आग जलाकर रखने के लिए लकड़ी और कोयला झोकना पड़ता था ताकि ठंड से बचाव हो सके। इन चूल्हों को टाइफस रोगियों के झोपड़े में रखने की अनुमति थी। हालाँकि मैंने अपने जीवन के कुछ सबसे सुखद घंटे रात के समय में तब बिताए हैं, जब बाकी सारे लोग या तो सो रहे होते थे या बीमारी के चलते बेहोश रहते थे। मैं चूल्हे के पास की गर्माहट में फैलकर लेट सकता था और चोरी किए हुए कुछ आलुओं को, चोरी के ही कोयले की आग में भूनकर उनका स्वाद ले सकता था। लेकिन फिर अगले दिन मैं और अधिक थका हुआ, असंवेदनशील और चिड़चिड़ा महसूस करने लगता था।

कैंप की सफाई का ज़िम्मा

शिविर के टाइफस ब्लॉक में एक डॉक्टर के रूप में कार्यरत होने के दौरान ही मुझे सीनियर ब्लॉक वॉर्डन की जगह लेनी पड़ी क्योंकि वह बीमार पड़ गया था। इसलिए शिविर के अधिकारियों के अनुसार झोपड़े की सफाई अब मेरी जिम्मेदारी थी। लेकिन झोपड़े के निरीक्षण का नाटक सफाई के लिए कम और यातना देने के उद्देश्य से ज़्यादा किया जाता था। अगर कैदियों को थोड़ा और भोजन व दवाईयाँ मिलतीं, तो हालात बेहतर हो सकते थे। लेकिन निरीक्षकों को सिर्फ इस बात से मतलब था कि कहीं मुख्य गलियारे में घास का कोई तिनका तो नहीं पड़ा है या मरीजों ने जो घिनौने चिथड़ों जैसे कंबल ओढ़ रखे हैं, उनका घेरा मरीजों के पैरों तले करीने से दबा है या नहीं। जबकि जिंदगी और मौत के बीच झूल रहे उन मरीजों का क्या होगा, इसकी उन्हें कोई फिक्र नहीं थी।

जब मैं अपने गंजे सिर से कैदखाने की टोपी उतारकर और जूते की एड़ी को जमीन पर पटककर जोशीले अंदाज में उनके सामने रिपोर्ट करता कि 'झोपड़ा नंबर 6/9: मरीज 52, नर्सिंग बदली 02 और डॉक्टर 01'' तो वे बस इतने से ही संतुष्ट हो जाते और फिर वहाँ से चले जाते। निरीक्षक अक्सर तय समय से कई घंटे देरी से आते थे और कभी-कभी तो आते ही नहीं थे। अगली बार उनके आने तक मुझे एक-एक मरीज के कंबल को उसके पैरों तले करीने से दबाना पड़ता, घास के उन तिनकों को उठाना पड़ता, जो मरीजों के तख्तोंवाले बिस्तर पर बिछी घास से नीचे गिर जाते। इसके अलावा मुझे बार-बार बेचारे कैदियों पर चिल्लाना भी पड़ता। क्योंकि वे करवट लेकर अपने पैरों तले दबे कंबल के घेरे को अस्त-व्यस्त कर देते और मेरी सारी मेहनत बेकार चली जाती। बुखार से तप रहे मरीजों के बीच उदासीनता का भाव विशेष रूप बढ़ा रहता था इसलिए जब तक उन पर चिल्लाया न जाए, तब तक वे कोई प्रतिक्रिया ही नहीं देते थे। यहाँ तक कि कभी-कभी चिल्लाने का भी कोई असर नहीं होता था। ऐसे में उनके साथ आक्रामक व्यवहार न करने के लिए भारी आत्मनियंत्रण की ज़रूरत पड़ती थी। क्योंकि दूसरों की उदासीनता झेलने और उससे पैदा होनेवाले खतरे (निरीक्षकों का अचानक आ जाना) का सामना करने पर मेरी चिड़चिड़ाहट कई गुना बढ़ जाती थी।

कुछ नए सवाल

यातना शिविर के कैदियों की आम विशेषताओं के इस मनोवैज्ञानिक वर्णन से संभवत: ऐसा लग सकता है कि इंसान पर अपने माहौल का बहुत असर होता है। (कैदियों के मामले में ये परिवेश शिविर जीवन की वह अनूठी संरचना थी, जो उन्हें एक निश्चित पैटर्न के अनुसार व्यवहार करने के लिए मजबूर करती थी।) लेकिन इंसानी स्वतंत्रता का क्या? क्या अपने परिवेश के प्रति इंसान की प्रतिक्रिया और व्यवहार के मामले में उसकी कोई आध्यात्मिक स्वतंत्रता नहीं होती? क्या वह सिद्धांत सत्य है, जो हमें ये विश्वास दिलाता है कि एक इंसान अपने आपमें कई परिस्थितिजन्य और परिवेश संबंधी कारकों के परिणाम से अधिक और कुछ भी नहीं है - फिर चाहे उन कारकों की प्रकृति जैविक हो, मनोवैज्ञानिक हो या फिर सामाजिक। क्या इंसान सिर्फ इनका एक आकस्मिक परिणाम भर है? सबसे महत्वपूर्ण बात तो ये है कि यातना शिविर के एकआयामी जीवन पर कैदी की प्रतिक्रिया ये साबित कर देती थी कि इंसान अपने परिवेश के प्रभाव से कतई बच नहीं सकता। तो क्या ऐसी परिस्थितियों से सामना होने पर इंसान के पास कर्म का कोई विकल्प नहीं होता?

मनुष्य का चुनाव

हम इन सवालों के जवाब अनुभव के साथ-साथ सैद्धांतिक रूप से भी दे सकते हैं। यातना शिविर के जीवन का अनुभव ये दर्शाता है कि इंसान के पास कर्म करने का विकल्प होता है। ऐसे कई उदाहरण थे - जिनमें से अधिकांश वीरतापूर्ण प्रकृति के थे - जिनसे ये साबित होता था कि उदासीनता और चिड़चिड़ेपन को दूर किया जा सकता है। भयंकर मानसिक और शारीरिक तनाव से भरी विपरीत परिस्थितियों में भी इंसान अपनी बची-खुची आध्यात्मिक और मानसिक स्वतंत्रता को संरक्षित कर सकता है। यातना शिविर में रह चुके हम लोगों को वे लोग आज भी याद हैं, जो विभिन्न झोपड़ों में जाकर दूसरों को सांत्वना के साथ-साथ अपनी रोटी का आखिरी बचा हुआ टुकड़ा भी दे देते थे। भले ही ऐसे लोगों की संख्या कम रही हो, लेकिन वे इस बात का सबूत थे कि **एक इंसान से उसका सब कुछ छीना जा सकता है, बस एक चीज़ को छोड़कर और वह है, उसकी बुनियादी स्वतंत्रता - यह चुनाव करने की स्वतंत्रता कि किसी भी परिस्थिति में अपना रवैया या अपना नज़रिया कैसा रखना है।**

और हमें ये चुनाव हमेशा ही करने पड़ते थे। कैदी जीवन का हर दिन, हर क्षण हमें एक निर्णय लेने का अवसर देता था, ऐसा निर्णय जिससे ये निर्धारित होता था कि हम उन शक्तियों के आगे घुटने टेकेंगे या नहीं, जो हमारी आंतरिक स्वतंत्रता को, हमारे अस्तित्व को छीन लेने पर आमादा हैं। इसी से तय होता था कि हम अपनी परिस्थितियों के गुलाम बनकर एक आम कैदी के रूप में ढलने के लिए अपनी स्वतंत्रता और गरिमा का त्याग करेंगे या नहीं?

इस दृष्टिकोण से देखें तो स्पष्ट होता है कि यातना शिविर के कैदियों की मानसिक प्रतिक्रियाएँ, मात्र कुछ शारीरिक और सामाजिक परिस्थितियों की अभिव्यक्ति भर नहीं थीं बल्कि इसके अतिरिक्त और भी बहुत कुछ थीं। हालाँकि नींद की कमी, अपर्याप्त भोजन और कई तरह के मानसिक तनावों जैसी चीज़ों से ऐसा लग सकता है कि शिविर में कैदियों की विशिष्ट प्रतिक्रिया स्वाभाविक ही थी। लेकिन अंतिम विश्लेषण से स्पष्ट हो जाता है कि यातना शिविर में कोई कैदी जिस प्रकार के व्यक्ति में तब्दील हो जाता था, वह उसके आंतरिक निर्णय का परिणाम होता था, न कि सिर्फ शिविर की परिस्थितियों का। इसीलिए मूल रूप से कोई भी व्यक्ति, ऐसी विपरीत परिस्थितियों में भी, यह तय कर सकता था कि वह मानसिक और आध्यात्मिक रूप से कैसा व्यक्ति बनेगा। वह एक यातना शिविर में भी अपनी इंसानी गरिमा को बनाए रख सकता था।

रूसी साहित्यकार और दार्शनिक फ़्योदोर दोस्तोवस्की ने एक बार कहा था, 'मैं सिर्फ एक ही चीज़ से घबराता हूँ: अपने कष्टों के योग्य न होने से।' ये शब्द मेरे मन में बार-बार आए, जब मैंने यातना शिविर के उन लोगों के बारे में जाना, जिनका व्यवहार, जिनके कष्ट और जिनकी मौत इस तथ्य की साक्षी थी कि इंसान की बुनियादी आंतरिक स्वतंत्रता कभी खो नहीं सकती। कैदियों के बारे में निश्चित रूप से ये कहा जा सकता है कि वे अपने कष्टों के योग्य थे; जिस तरह से उन्होंने अपने कष्टों का सामना किया, वह उनकी सच्ची आंतरिक उपलब्धि थी। यही वह आध्यात्मिक स्वतंत्रता है – जिसे किसी से छीना नहीं जा सकता – जो जीवन को उद्‌देश्यपूर्ण और सार्थक बनाती है।

13

जीवन का उद्देश्य

एक सक्रिय जीवन इंसान को रचनात्मक कार्यों में मूल्यों को साधने का अवसर देता है। जबकि आनंदभरा निष्क्रिय जीवन उसे सौंदर्य, कला या प्रकृति का अनुभव करके पूर्णता हासिल करने का अवसर देता है। लेकिन उस जीवन में उद्देश्य भी है, जो सृजन और आनंद दोनों से रहित है और सिर्फ उच्च नैतिक व्यवहार की एक संभावना को स्वीकार करता है: यानी अपने अस्तित्व के प्रति इंसान का रवैया; ऐसा अस्तित्व जो बाहरी शक्तियों के चलते सीमित है। उसके लिए रचनात्मकता व आनंदभरा जीवन जीने की मनाही होती है। लेकिन सिर्फ रचनात्मकता और आनंद ही सार्थक नहीं हैं। **अगर जीवन का सचमुच कोई अर्थ है, तो दुःखों का भी कोई न कोई अर्थ ज़रूर होना चाहिए। दुःख जीवन का एक अटूट हिस्सा है, यहाँ तक कि नियति और मृत्यु के रूप में भी। दुःखों और मृत्यु के बिना इंसानी जीवन पूरा नहीं हो सकता।**

इंसान जिस प्रकार अपनी नियति और दुःखों को स्वीकार करता है, जिस तरह वह अपने सलीब का बोझ उठाता है, उससे उसे अपने जीवन को एक गहन अर्थ देने का पर्याप्त अवसर मिलता है – यहाँ तक कि सबसे कठिन परिस्थितियों में भी। वह बहादुर, गरिमापूर्ण और निःस्वार्थ रह सकता है या आत्म-संरक्षण के तीखे संघर्ष में इंसानी गरिमा को भूलकर एक जानवर भी बन सकता है। इसमें इंसान के पास यह अवसर होता है कि वह या तो उन नैतिक मूल्यों का उपयोग करे, जो उसे एक मुश्किल परिस्थिति में मिलते हैं या फिर वह इस अवसर को खो दे। और इसी से तय होता है कि वह अपने दुःखों और कष्टों के योग्य हैं या नहीं।

ऐसा न सोचें कि ये विचार अव्यवहारिक और वास्तविक जीवन से कोसों दूर हैं। ये भी सच है कि सिर्फ कुछ ही लोग इन उच्च नैतिक मानकों को हासिल करने में सक्षम होते हैं। शिविर में भी कुछ ही कैदी ऐसे थे, जिन्होंने अपनी आंतरिक स्वतंत्रता को पूरी तरह बनाए रखा और वे मूल्य प्राप्त किए, जो उन्हें अपने दुःखों से मिले। एक उदाहरण भी इस बात का पर्याप्त सबूत दे देता है कि इंसान की आंतरिक शक्ति उसे उसकी नियति से भी ऊपर लेकर जा सकती है। ऐसे लोग

सिर्फ यातना शिविरों में ही नहीं होते। **इंसान को अपनी नियति का सामना हर जगह करना पड़ता है और इसमें उसके पास अपने दुःखों के माध्यम से कुछ हासिल करने का अवसर भी प्राप्त होता है।** यातना शिविर के रोगियों की नियति को ही ले लीजिए - खासकर उनके, जो लाइलाज थे।

एक बार मैंने एक विकलांग युवा द्वारा लिखा एक पत्र पढ़ा, जिसमें उसने अपने एक दोस्त से कहा था कि उसे हाल ही में पता चला है कि वह ज्यादा दिनों तक नहीं जिएगा, यहाँ कि तक ऑपरेशन करवाने पर भी कोई फायदा नहीं होगा। उसने आगे लिखा कि एक बार उसने एक फिल्म देखी थी, जिसमें एक किरदार बड़े ही साहसी और गरिमापूर्ण ढंग से अपनी मौत का इंतजार करता है। उस विकलांग युवा का मानना था कि अपनी मौत को इतनी अच्छी तरह स्वीकार करना किसी महान उपलब्धि से कम नहीं है। उसने पत्र में आगे लिखा कि अब नियति ने उसे भी ऐसा ही एक मौका दिया है।

जिन्होंने भी 1927 में रिलीज हुई रिज़रेक्शन (पुनरुत्थान) नामक ये फिल्म देखी है - जो लिओ टॉल्स्टॉय के इसी शीर्षकवाले उपन्यास पर आधारित थी - वे भी संभवत: ऐसा ही सोचते होंगे। इस फिल्म में महान नियति और महान लोगों को दर्शाया गया है। लेकिन उस समय हमारी कोई महान नियति नहीं थी; हमारे पास ऐसी महानता प्राप्त करने का कोई अवसर नहीं था। ये फिल्म देखने के बाद हम पास के एक कैफे में चले गए, जहाँ सैंडविच खाते और कॉफी पीते हुए हम उन विचित्र आध्यात्मिक विचारों को भूल गए, जो एक पल के लिए हमारे मन में उठे थे। लेकिन इसके बहुत समय बाद जब हमें कैद करके यातना शिविर भेज दिया गया, तो हमारा सामना सचमुच एक महान नियति से हुआ और हमारे लिए ये निर्णय लेना ज़रूरी हो गया कि हम इसे उतनी ही आध्यात्मिक महानता के साथ स्वीकार करेंगे या नहीं। लेकिन तब तक हम अपने उन संकल्पों को भुला चुके थे, जो हमने युवावस्था में लिए थे और इस तरह हम ऐसा करने में असफल रहे।

शायद हममें से कुछ लोगों ने इस फिल्म को दोबारा भी देखा होगा या शायद ऐसी ही कोई और फिल्म देखी होगी। लेकिन तब शायद उनकी आंतरिक नज़रों के सामने अन्य तस्वीरें भी कौंधी होंगी; ऐसे लोगों की तस्वीरें जिन्होंने अपने जीवन में एक भावुक फिल्म में दिखाई गई चीज़ों से कहीं ज़्यादा हासिल किया होगा। हो सकता है कि इंसान के मन में किसी व्यक्ति विशेष की आंतरिक महानता के कुछ विवरण आ जाएँ, ठीक उस युवती की कहानी की तरह, जिसकी मौत का

साक्षी मैं यातना शिविर में बना। यह एक बड़ी साधारण सी कहानी है। इसमें बताने के लिए ज़्यादा कुछ नहीं है और हो सकता है कि इसे सुनकर लगे, मानो ये मेरी कल्पनाओं की उपज है, लेकिन मुझे ये किसी कविता जैसी लगती है।

एक कहानी कविता सी

ये युवती जानती थी कि वह अगले कुछ दिनों में मर जाएगी। लेकिन जब मेरी उससे बात हुई, तो मैंने पाया कि अपने जीवन के अंत के बारे में पता होने के बावजूद वह बड़ी गर्मजोश और खुशमिज़ाज थी। 'मैं आभारी हूँ कि नियति मेरी इतनी कठिन परीक्षा ले रही है,' उसने मुझसे कहा। 'इससे पहले के अपने जीवन में मुझे बड़ा दुलार मिला और मैंने कभी आध्यात्मिक उपलब्धियों को गंभीरता से नहीं लिया।' झोपड़े की खिड़की से बाहर की ओर इशारा करते हुए उसने आगे कहा, 'अपने अकेलेपन में वह एक पेड़ ही मेरा इकलौता साथी है।' उस खिड़की से उसे शाहबलूत के पेड़ की सिर्फ एक डाल नज़र आ रही थी और उस डाल पर दो फूल लगे हुए थे। 'मैं अक्सर इस पेड़ से बातें करती हूँ,' उसने मुझसे कहा। मैं सचमुच हैरान रह गया और मुझे समझ में नहीं आया कि उसकी इन बातों को किस नज़रिए से देखूँ। क्या वह उन्माद और बेसुधी के बीच झूल रही थी? क्या उसे कभी-कभी हलुसनेशंस (मतिभ्रम) हो रहे थे? मैंने उत्सुकतावश पूछा कि क्या ये पेड़ तुम्हारी बातों का जवाब देता है? 'हाँ,' उसने कहा। 'तो पेड़ तुमसे क्या कहता है,' मैंने पूछा। उसने जवाब दिया, 'पेड़ ने मुझसे कहा कि मैं यहाँ हूँ-मैं यहाँ हूँ-मैं जीवन हूँ, अनंत जीवन हूँ।'

मैंने पहले भी कहा था कि कैदी के मानसिक जीवन के लिए अंततः जो चीज़ जिम्मेदार थी, वह मनोवैज्ञानिक वजहों से ज़्यादा, उसके अपने निर्णयों का परिणाम थी। कैदियों के मनोवैज्ञानिक अवलोकन से ये स्पष्ट था कि जो कैदी अपने नैतिक और आध्यात्मिक अस्तित्व पर अपनी आंतरिक पकड़ कमजोर होने देते थे, सिर्फ वे ही शिविर के विकृत प्रभावों के शिकार बनते थे। अब सवाल ये उठता है कि यह अंदरूनी पकड़ कैसे बनती थी?

जेल में रहने की अवधि

पूर्व कैदी, अपने अनुभवों के बारे में लिखते या बताते समय, इस बात से सहमत होते हैं कि शिविर का सबसे निराशाजनक प्रभाव ये था कि एक कैदी को

ये पता नहीं होता था कि उसके कारावास की अवधि कितनी लंबी होगी। उसकी रिहाई की कोई पक्की तारीख नहीं थी। (हमारे शिविर में तो इस बारे में बात करना ही व्यर्थ था।) दरअसल कारावास की अवधि न सिर्फ अनिश्चित थी बल्कि असीमित भी थी। एक प्रसिद्ध शोध मनोवैज्ञानिक ने कहा था कि यातना शिविर के जीवन को 'अस्थाई जीवन' भी कहा जा सकता है। वहीं अगर हम इसमें कुछ शब्द और जोड़ें, तो इसे 'अज्ञात समय-अवधिवाले अस्थाई जीवन' के रूप में परिभाषित किया जा सकता है।

नए कैदियों को अक्सर शिविर की स्थितियों के बारे में कुछ पता नहीं होता था। ऐसे कैदी, जो किसी दूसरे शिविर से वापस आए होते थे, वे चुप रहने के लिए बाध्य थे, जबकि कुछ शिविर ऐसे थे, जिनसे कोई वापस नहीं आता था। शिविर में आते ही लोगों के मन में एक बदलाव आ जाता। **अनिश्चितता के अंत के साथ अंत की अनिश्चितता सामने आ जाती।** ये पूर्वानुमान लगाना असंभव था कि इस कारावास का कभी अंत होगा या नहीं और अगर होगा तो कब।

लैटिन भाषा के शब्द 'फिनिस' के दो अर्थ है: अंत और उद्देश्य। ऐसा व्यक्ति जिसे ये पता न हो कि उसके 'अस्थाई जीवन का अंत' कब होगा, वह जीवन के बुनियादी उद्देश्य की ओर बढ़ने में सक्षम नहीं था। एक सामान्य व्यक्ति के विपरीत, वह भविष्य के लिए जीना बंद कर देता था। जिसके चलते उसके मानसिक जीवन की पूरी संरचना ही बदल जाती थी; विनाश के वे संकेत नज़र आने लगते, जिन्हें हम जीवन के अन्य क्षेत्रों के चलते पहचानते थे। उदाहरण के लिए एक बेरोज़गार श्रमिक की स्थिति भी ठीक ऐसी ही होती है। उसका अस्तित्व अस्थाई हो जाता है और एक लिहाज से देखें, तो वह एक बेहतर भविष्य के लिए नहीं जी सकता और न ही किसी उद्देश्य को पूरा कर सकता है। बेरोजगार खदान-श्रमिकों पर हुए शोध कार्यों से पता चलता है कि वे एक अजीबोगरीब किस्म के विकृत समय - आंतरिक समय - से पीड़ित होते हैं, जो दरअसल उनकी बेरोजगारी का परिणाम होता है।

यातना शिविर के कैदी भी इस अजीब 'समय-अनुभव' से पीड़ित थे। उदाहरण के लिए शिविर में एक दिन की छोटी सी अवधि हर घंटे मिलनेवाली यातना और थकान से भरी होती थी, साथ ही अंतहीन नज़र आती थी। जबकि एक सप्ताह जैसी अपेक्षाकृत लंबी अवधि मानो बड़ी जल्दी बीत जाती थी। मेरे साथी मेरी इस बात से सहमत थे कि यातना शिविर का एक दिन यहाँ के एक

सप्ताह से ज़्यादा लंबा लगता है। समय का हमारा अनुभव सचमुच कितना विरोधाभासी था! इससे मुझे थॉमस मैन का उपन्यास 'द मैजिक माउंटेन' याद आ रहा है, जिसमें कुछ स्पष्ट मनोवैज्ञानिक टिप्पणियाँ थीं। थॉमस मान उन लोगों के आध्यात्मिक विकास पर अध्ययन करते हैं, जो एक समरूप मनोवैज्ञानिक अवस्था में होते हैं। जैसे अस्पताल में भर्ती टी.बी. के रोगी, जिन्हें ये पता नहीं होता कि वे इस अस्पताल से कब छूटेंगे। उन्हें भी जीवन का समान अनुभव होता है - जिसका न कोई भविष्य नज़र आता है और ही कोई उद्देश्य।

एक नया कैदी - जो नए कैदियों की लंबी कतार के साथ मार्च करते हुए स्टेशन से पहली बार शिविर तक आया था। उसने मुझे बाद में बताया कि उसे लग रहा था, जैसे वह अपनी ही अंतिम-यात्रा में जा रहा हो। उसे अपने जीवन का कोई भविष्य नज़र नहीं आ रहा था। उसे लग रहा था कि उसका जीवन खत्म हो चुका है, मानों वह पहले ही मर चुका हो। बेजान होने का ये एहसास कुछ अन्य कारणों से और तीव्र हो गया था: समय के साथ, जो कारण उसे सबसे तीव्रता से महसूस हुआ, वह था, अनिश्चितकालीन कारावास। और स्थान के संदर्भ में देखें, तो कारावास की संकीर्ण सीमाएँ। कांटेतार तारों की बाड़ के आगे की हर चीज़ उसकी पहुँच से दूर थी और एक लिहाज से देखें तो अवास्तविक भी। शिविर की सीमा से बाहर की घटनाएँ, लोग और सामान्य जीवन अब कैदी के लिए एक कल्पना जैसे रह गए थे। बाहर का जीवन उसके लिए बस उसी बिंदु तक तक सीमित था, जहाँ तक शिविर के अंदर से उसकी नज़र जाती थी। ये उसके लिए वैसा ही था, मानों कोई मृत व्यक्ति दूसरी दुनिया से इस दुनिया की ओर देख रहा हो।

अतीत से लगाव

एक कैदी, जो अपना पतन इसलिए होने देता था क्योंकि उसे अपने भविष्य का कोई उद्देश्य दिखाई नहीं देता था, वह अक्सर अतीत के विचारों में उलझा रहता था। अपना भयावह वर्तमान थोड़ा कम वास्तविक लगे, इसके लिए अतीत को देखने की कैदियों की प्रवृत्ति के बारे में हम एक अन्य संदर्भ में भी बात कर चुके हैं। लेकिन वर्तमान की सच्चाई से किनारा करने का अपना एक खतरा भी था। दरअसल ऐसे में शिविर के जीवन में कुछ सकारात्मक करने का अवसर गँवाना आसान हो जाता था। अपने 'अस्थाई अस्तित्व' को अवास्तविक मान लेने से

अपने जीवन पर कैदी की पकड़ कमजोर हो जाती थी; इससे उसे हर चीज़ व्यर्थ लगने लगती थी। ऐसे लोग ये भूल जाते थे कि बेहद कठिन बाहरी परिस्थितियाँ ही इंसान को अपने सीमित दायरे से आगे जाकर आध्यात्मिक विकास करने का अवसर देती हैं। शिविर की कठिनाईयों को अपनी आंतरिक शक्ति की परीक्षा के तौर पर देखने के बजाय, वे अपने जीवन को गंभीरता से लेना बंद कर देते थे और ये सोचकर उससे नफरत करने लगते थे कि अब उसका कुछ नहीं होनेवाला। वे वर्तमान से आँखें मूँदकर अतीत में जीने लगते थे। ऐसे लोगों के लिए जीवन बेमानी हो जाता था।

महान आध्यात्मिक स्तर

स्वाभाविक है कि सिर्फ कुछेक लोग ही ऐसे थे, जो आध्यात्मिक ऊँचाईयों तक पहुँचने में सक्षम थे। सांसारिक विफलताओं और मृत्यु के बावजूद महानता प्राप्त करने का अवसर कुछ ही लोगों को मिल रहा था। ये एक ऐसी उपलब्धि थी, जिसे वे सामान्य परिस्थितियों में कभी हासिल नहीं कर पाते। जबकि बाकी लोगों पर - यानी हम लोग, जो औसत दर्जे के थे और सब कुछ आधे मन से करते थे - ओटो वॉन बिस्मार्क के ये शब्द लागू होते थे: **'जीवन दाँतों के डॉक्टर के पास जाने जैसा होता है, जहाँ आपको लगता है कि सबसे बुरा और कष्टकारी क्षण आना अभी बाकी है, जबकि वह पहले ही बीत चुका होता है।'** हम कह सकते हैं कि यातना शिविर के अधिकांश लोग ये मानते थे कि **उनके जीवन के असली अवसर अब खत्म हो चुके हैं। जबकि वास्तव में एक अवसर और एक चुनौती अब भी बाकी थी। दरअसल इंसान या तो अपने बुरे अनुभवों पर विजय हासिल करके अपने जीवन को एक आंतरिक जीत में तब्दील कर सकता है या फिर चुनौतियों को नज़रअंदाज करके कमजोर पड़ते हुए धीरे-धीरे खत्म हो सकता है,** जैसा कि यातना शिविर के अधिकांश कैदी कर रहे थे।

शिविर में कैदी पर पड़नेवाले मनोवैज्ञानिक प्रभावों का मुकाबला, मनोचिकित्सक पद्धतियों द्वारा करने का एक ही तरीका था कि कैदी को भविष्य के किसी ऐसे उद्‌देश्य की ओर केंद्रित करके उसकी आंतरिक या मानसिक शक्ति बढ़ाई जाए, जिसमें उसे सचमुच दिलचस्पी हो। कुछ कैदियों ने तो सहज ही ऐसा एक उद्‌देश्य खोजने का प्रयास भी किया था। ये इंसान की खासियत है कि वह भविष्य की आकांक्षा के सहारे ही जी सकता है। अपने अस्तित्व के सबसे कठिन

क्षणों में यही उसका मोक्ष भी है, हालाँकि कभी-कभी उसे ये करने के लिए अपने मन को मज़बूर करना पड़ता है।

14

मेरा एक निजी अनुभव

मुझे एक व्यक्तिगत अनुभव याद आ रहा है। टूटे हुए खस्ताहाल जूते पहनने के चलते मेरे पैरों में भयानक घाव हो गए थे। एक दिन दर्द इतना असहनीय हो गया कि मेरी आँखों में आँसू आ गए। मैं कैदियों की कतार में मार्च करते हुए कार्यस्थल की ओर जा रहा था और लंगड़ाकर चल रहा था। उस वक्त बड़ी तेज बर्फीली हवा चल रही थी। मेरा मन अपने इस दयनीय जीवन की अंतहीन समस्याओं में उलझा हुआ था। आज रात खाने में क्या मिलेगा? अगर आज अतिरिक्त राशन के रूप में सॉसेज का एक टुकड़ा मिला, तो क्या मुझे उसके बदले किसी से एक टुकड़ा ब्रेड ले लेनी चाहिए? एक पखवाड़े पहले बोनस के रूप में मिली सिगरेटों में से बची आखिरी सिगरेट के बदले में क्या मुझे किसी से एक कप सूप ले लेना चाहिए? मेरे जूतों पर फीते के नाम पर जो धागे बचे हैं, उनकी जगह लगाने के लिए मुझे तार के टुकड़े कहाँ मिलेंगे? क्या मुझे मजदूरों के अपने समूह में शामिल होने के लिए सही समय पर कार्यस्थल पर पहुँच जाना चाहिए या फिर मुझे एक क्रूर फोरमैनवाले किसी दूसरे समूह में शामिल होना पड़ेगा? उस ओहदेदार कैदी (केपो) के साथ अच्छे रिश्ते बनाने के लिए मुझे क्या करना होगा, जो मुझे शिविर में ही कोई काम दिलवा दे ताकि मैं हर रोज शिविर से अपने कार्यस्थल तक ये दर्दनाक मार्च करने से बच सकूँ? मुझे उस स्थिति से नफ़रत हो गई थी, जिसमें मैं हर दिन, हर घंटे ऐसी तुच्छ बातों के बारे में सोचने के लिए मज़बूर हो जाता था। मैं जानबूझकर अपने विचारों को किसी और विषय की ओर केंद्रित करने में लगा।

अचानक मैंने खुद को एक गर्म और सुखद माहौलवाले कमरे में एक विशाल मंच पर खड़ा पाया। मेरे सामने ढेर सारे श्रोता अपनी-अपनी कुर्सियों पर सहज भाव से बैठे हुए थे और मैं यातना शिविर के मनोविज्ञान पर लेक्चर दे रहा था! हर वह चीज़, जिसने मेरा उत्पीड़न किया था, उस क्षण एक वस्तुनिष्ठ सच्चाई में तब्दील हो गई, जिसे मैं विज्ञान के परोक्ष दृष्टिकोण से देख सकता था और लोगों

के सामने उसका वर्णन कर सकता था। इस तरीके से मैं किसी तरह क्षण भर के लिए अपनी दयनीय स्थिति से, अपनी तकलीफों से पार पा गया और मैंने उन पर कुछ इस तरह गौर किया, मानों वे मेरा अतीत हों। इस तरह मैं और मेरी समस्याएँ, दोनों ही एक ऐसे दिलचस्प मनोवैज्ञानिक अध्ययन का विषय बन गए, जो मैं खुद ही कर रहा था। अपनी किताब एथिक्स में दार्शनिक बरूक स्पिनोज़ा कहते हैं, **'भावनाएँ दरअसल पीड़ा का एक ही एक रूप होती हैं, लेकिन जैसे ही हम अपने मन में उनका एक स्पष्ट और सटीक चित्रण कर लेते हैं, तो फिर वे पीड़ा नहीं रह जातीं।'**

भविष्य के प्रति अविश्वास

जिस कैदी का भविष्य से - अपने भविष्य से - भरोसा उठ जाता था, वह बर्बाद हो जाता था। भविष्य से भरोसा उठने के साथ ही वह अपनी आध्यात्मिक पकड़ भी खो देता था। इससे उसका पतन होने लगता और फिर उसका शारीरिक और मानसिक पतन भी होने लगता। आमतौर पर ये सब किसी संकट के रूप में अचानक ही हो जाता था। शिविर के अनुभवी कैदी इन लक्षणों से अच्छी तरह परिचित थे। हम सभी इस क्षण से घबराते थे, लेकिन इसलिए नहीं कि हम इसका सामना कैसे करेंगे - क्योंकि ये चिंता तो व्यर्थ थी - बल्कि इसलिए कि अगर हमारे किसी साथी के साथ ऐसा हुआ, तो क्या होगा। आमतौर पर इसकी शुरुआत इस तरह होती कि कैदी सुबह-सुबह तैयार होने या परेड मैदान में जाने से इंकार कर देता। फिर उस पर किसी चीज़ का असर न होता, न किसी विनती का, न कोड़ों की मार का और न ही किसी धमकी का। वह बिना हिले बस अपनी जगह पर पड़ा रहता। अगर ये स्थिति कोई बीमारी होने पर आती, तो वह कैदी रोगियों के कमरे में जाने से या अपने स्वास्थ्य की बेहतरी के लिए कुछ भी करने से इंकार कर देता। वह बस हार मान लेता। फिर वह अपने ही मलमूत्र में सना हुआ पड़ा रहता और उसे किसी बात से कोई फर्क न पड़ता।

भविष्य से विश्वास उठने और हार मानने के बीच कितना गहरा संबंध होता है, एक बार मैंने इसका साक्षात अनुभव किया। दरअसल मेरा सीनियर ब्लॉक वॉर्डन एक प्रसिद्ध संगीतकार था। एक दिन उसने मुझसे कहा, 'मैं तुम्हें कुछ बताना चाहता हूँ डॉक्टर। मैंने एक अजीब सा सपना देखा, जहाँ एक रहस्यमयी आवाज मुझसे कह रही थी कि मेरी कोई भी मनोकामना पूरी हो सकती है। बस इसके लिए मुझे सिर्फ उसी के बारे में बोलना होगा, जो मैं सचमुच चाहता हूँ और इस तरह मुझे मेरे सारे सवालों के जवाब मिल जाएँगे।' तो तुम्हें क्या लगता है

डॉक्टर? मैंने उस आवाज से क्या पूछा होगा? दरअसल मैंने पूछा कि 'मेरे लिए ये युद्ध कब खत्म होगा?' तुम समझ रहे हो ना डॉक्टर - 'मेरे लिए! मैं जानना चाहता था कि हम, हमारे साथी कैदी कब आज़ाद होंगे और हमारे कष्टों का अंत कब होगा?'

'और ये सपना तुमने कब देखा?' मैंने पूछा।

'फरवरी 1945 में,' उसने जवाब दिया। उस समय मार्च का पहला सप्ताह चल रहा था।

'तो फिर उस आवाज ने तुम्हें क्या जवाब दिया?'

उसने चुपके से मेरे कान में फुसफुसाते हुए कहा, '30 मार्च।'

जब उसने मुझे अपने इस सपने के बारे में बताया था, तब उसका मन उम्मीद से भरा हुआ था और उसे विश्वास था कि सपनेवाली आवाज़ ने उससे जो कहा है, वह सच साबित होगा। लेकिन जैसे-जैसे 30 मार्च नज़दीक आ रहा था, हमारे शिविर तक आनेवाली युद्ध की खबरों से स्पष्ट होने लगा कि इस तारीख तक हमारे आज़ाद होने की कोई संभावना नहीं है। 29 मार्च को वो सीनियर ब्लॉक वॉर्डन अचानक बीमार पड़ गया। उसे तेज बुखार आ गया। अगले दिन यानी 30 मार्च को - जब उसके सपने की भविष्यवाणी के अनुसार उसके सारे कष्ट और ये युद्ध समाप्त होनेवाले थे - उसकी हालत और बिगड़ गई और वह अचेत हो गया। 31 मार्च को उसकी मौत हो गई। ऊपरी तौर पर देखने पर यही लग रहा था कि उसकी मौत टाइफस से हुई है।

जो लोग ये जानते हैं कि एक व्यक्ति की मानसिक अवस्था - उसका साहस और उम्मीद या फिर उनकी कमी - और उसके शरीर की प्रतिरोधक क्षमता के बीच कितना गहरा संबंध होता है, वे बड़ी आसानी से समझ सकते हैं कि अचानक अपना साहस और उम्मीद खो देने का प्रभाव कितना घातक हो सकता है। मेरे उस दोस्त की मौत का असली कारण ये था कि उसे जिस आज़ादी की उम्मीद थी, वह नहीं मिली, जिससे वह बुरी तरह हताश हो गया। इसके चलते टाइफस के अप्रत्यक्ष संक्रमण के विरूद्ध उसके शरीर का प्रतिरोध अचानक कम हो गया। भविष्य से उसका भरोसा उठ गया और जीने की उसकी इच्छा पंगु हो गई। उसका शरीर बीमार पड़ गया - एक लिहाज से देखें, तो उसके सपने की रहस्यमयी आवाज ने जो कहा था, वह सच हो गया, उसे सचमुच अपने कष्टों

से मुक्ति मिल गई।

कैंप में मृत्यु दर

इस मामले से जुड़ा अवलोकन और उसका निष्कर्ष, यातना शिविर के चीफ डॉक्टर द्वारा दी गई जानकारी के अनुरूप ही था। दरअसल 1944 की क्रिसमस और नए साल के बीच के एक सप्ताह में शिविर में कैदियों की मृत्यु दर में अभूतपूर्ण वृद्धि देखी गई। चीफ डॉक्टर के अनुसार इस वृद्धि के पीछे कामकाज के मामले में बढ़ती मुश्किलें, कैदियों की आहार-आपूर्ति में आई कमी, मौसम में आया बदलाव या फिर कोई नई महामारी नहीं थी। बल्कि इसके पीछे सिर्फ ये कारण था कि अधिकांश कैदी इस अबोध उम्मीद में जी रहे थे कि क्रिसमस आने तक वे यहाँ से आज़ाद होकर अपने-अपने घर पहुँच जाएँगे। क्रिसमस करीब आती गई, लेकिन कोई उत्साहजनक खबर नहीं मिली, जिसके चलते कैदियों का साहस जवाब दे गया और उन्हें हताशा ने घेर लिया। इससे उनकी प्रतिरोधक क्षमता पर खतरनाक प्रभाव पड़ा और इसीलिए उनमें से कई कैदियों की मौत हो गई।

जैसा कि मैंने पहले भी कहा, शिविर में किसी कैदी की आंतरिक शक्ति को बहाल करने का कोई भी प्रयास करने से पहले ये ज़रूरी था कि उसके सामने भविष्य का एक उद्देश्य रखा जाए। जर्मन दार्शनिक फ्रेडरिक नीत्शे के ये शब्द कहीं के भी कैदियों की मनोचिकित्सा के लिए मार्गदर्शक का काम कर सकते हैं- **'जिसके पास जीने का एक उद्देश्य है, वह कुछ भी सहन कर सकता है और कैसे भी।'** जब भी कोई अवसर मिलता, तो कैदियों को अपने जीवन को एक उद्देश्य देने की कोशिश की जाती ताकि अपने जीवन की भयावह स्थितियों का सामना करने की उनकी शक्ति बढ़ सके। जिस कैदी को अपने जीवन में कोई उद्देश्य, कोई लक्ष्य, कोई अर्थ नज़र न आता, वह उदासी और दुःख की चपेट में आ जाता और फिर उसे जिंदा रहने का कोई मतलब नज़र न आता। ऐसा कैदी जल्द ही हार मान लेता, मानो उसने अपने आपको ही खो दिया हो। इस स्थिति से जूझ रहा कैदी सारे उत्साहजनक तर्कों को ये कहकर खारिज कर देता कि 'अब मुझे अपने जीवन से कोई उम्मीद नहीं है।' भला ऐसी बात का कोई क्या जवाब दे सकता है?

जीवन का अर्थ

वास्तव में हमें सचमुच जिस चीज़ की ज़रूरत थी, वह थी, जीवन के प्रति

अपने नज़रिए में एक बुनियादी बदलाव लाना। हमें खुद ये सीखना था और साथ ही हताशा से जूझ रहे अपने साथियों को सिखाना था कि दरअसल इस बात से कोई फर्क नहीं पड़ता कि हमने अपने जीवन से कौन सी उम्मीदें लगा रखी हैं बल्कि फर्क तो इस बात से पड़ता है कि जीवन को हमसे क्या उम्मीदें हैं। हमें जीवन के अर्थ के बारे में पूछना बंद करके, खुद को ऐसे व्यक्ति के रूप में देखने की ज़रूरत थी, जिससे जीवन खुद सवाल पूछ रहा है - हर रोज और हर घंटे। और इन सवालों का जवाब तमाम बातें और ध्यान में नहीं बल्कि सही कर्म और सही व्यवहार में था। अंततः **जीवन का अर्थ यही है कि हम इसकी समस्याओं का उचित समाधान खोजने और उन कार्यों को पूरा करने की जिम्मेदारी उठाएँ, जो जीवन निरंतर हर व्यक्ति के सामने प्रस्तुत करता रहता है।**

ये कार्य और जीवन का अर्थ हर किसी के लिए, हर क्षण में अलग-अलग होता है। इसीलिए सामान्यतः जीवन के अर्थ को परिभाषित करना असंभव है। जीवन के अर्थ से जुड़े सवालों का जवाब अतिशयोक्तिपूर्ण बातों से नहीं दिया जा सकता। **'जीवन' कोई अस्पष्ट चीज़ नहीं है बल्कि ये बहुत ही सच्चा और यथार्थपूर्ण होता है, ठीक वैसे ही जैसे जीवन के कार्य सच्चे और यथार्थपूर्ण होते हैं।** वे इंसान की नियति तय करते हैं, जो हर किसी के लिए अलग और अनूठी होती है। किसी भी व्यक्ति या उसकी नियति की तुलना किसी अन्य व्यक्ति या नियति से नहीं की जा सकती। कोई भी स्थिति खुद को दोहराती नहीं है और हर स्थिति अलग-अलग प्रतिक्रिया की माँग करती है। कभी-कभी कोई स्थिति ऐसी होती है, जिसमें इंसान के लिए अपने कर्मों द्वारा अपनी नियति को आकार देना ज़रूरी हो जाता है। जबकि कभी-कभी चिंतन करने और अपनी चीज़ों को साकार करने के अवसर का उपयोग करना अधिक लाभप्रद होता है। वहीं कभी-कभी ये ज़रूरी होता है कि वह अपनी नियति को जस का तस स्वीकार करके अपनी कठिनाइयों का सामना करे। **हर परिस्थिति अपने अनूठेपन के कारण ही सबसे अलग होती है और उस परिस्थिति द्वारा सामने रखी गई समस्या का केवल एक ही उचित हल होता है।**

15

भाग्य में लिखी पीड़ा

जब एक इंसान को पता चलता है कि कष्ट सहना ही उसकी नियति है, तो

उसे अपने कष्टों को अपने एकल और अनूठे कार्य के रूप में स्वीकार कर लेना चाहिए। उसे इस तथ्य को मान्यता देनी होगी कि अपने कष्टों के साथ भी वह पूरे ब्रह्मांड में अनूठा और अकेला है। उसे उसके कष्टों से कोई मुक्त नहीं कर सकता और न ही कोई अन्य उसकी जगह आपको उसके कष्ट सह सकता है। इस तरह उसे जो अनूठा अवसर मिलता है, वह इस बोझ को वहन करने के उसके तरीके में ही निहित होता है।

यातना शिविर के कैदी के रूप में ये सारे विचार हमारे लिए अटकलें मात्र नहीं थे, जो वास्तविकता से दूर हों। बल्कि यही वे एकमात्र विचार थे, जो हमारे लिए सचमुच मददगार साबित हो सकते थे। ये विचार हमें हताशा से दूर रखते थे, भले ही वहाँ से जिंदा बाहर आने की कोई संभावना नज़र न आ रही हो। हम बहुत पहले ही उस चरण को पार कर चुके थे, जहाँ यह सवाल पूछा जाता है कि जीवन का अर्थ क्या है। दरअसल ये बड़ा ही अबोध सवाल है, जो जीवन को किसी मूल्यवान चीज़ के सक्रिय निर्माण का लक्ष्य पूरा करने के माध्यम के तौर पर देखता है। हमारे लिए जीवन का अर्थ जीवन-मृत्यु और कष्टों के व्यापक चक्र में निहित था।

एक बार जब हमें अपने कष्टों का अर्थ समझ में आ गया, तो हमने शिविर की यातनाओं को नज़रअंदाज करके या झूठे भ्रमों को पालकर कृत्रिम आशावाद के सहारे उन्हें हल्का करने से इंकार कर दिया। अब कष्ट हमारे लिए एक काम बन गए थे, जिसे हम अपनी पीठ नहीं दिखाना चाहते थे। हमें इसमें छिपे अवसरों का आभास हो गया था। ये वही अवसर थे, जिनके चलते कवि रीनर मारिया रिल्के ने लिखा था कि 'भला कितना कष्ट है, जिसे भोगना पड़ेगा!' दरअसल रिल्के 'दुःख से पार पाने' के बारे में कुछ इस तरह बातें करते थे, जैसे अन्य लोग 'काम से पार पाने' की बातें करते हैं। यातना शिविर में ऐसे कष्टों की कोई कमी नहीं थी, जिनसे हमें पार पाना था। इसीलिए ये ज़रूरी था कि सारे कष्टों का डटकर सामना किया जाए और कमजोरी दिखाने व आँसू बहाने से बचा जाए। लेकिन अपने आँसुओं पर शर्मिंदा होने की कोई ज़रूरत नहीं थी। क्योंकि आँसू इस बात के गवाह होते हैं कि इंसान में अपने कष्टों को बर्दाश्त करने का साहस है। लेकिन शिविर में इस बात का एहसास बहुत कम लोगों को था। कुछ लोग कभी-कभी शर्मिंदा होते हुए ये स्वीकार कर लेते थे और वे भी रो चुके हैं। जैसे जब मैंने अपने एक साथी से पूछा कि 'तुमने अपनी इडीमा की समस्या पर काबू कैसे पाया?' जवाब में उसने

कहा, 'मैंने इसे रो-रोकर अपने शरीर से बाहर निकाल दिया।'

यातना शिविर में मनोचिकित्सा का संभव हो पाना ही उसकी सबसे सहज शुरुआत थी, फिर चाहे वह मनोचिकित्सा व्यक्तिगत रूप से दी गई हो या फिर सामूहिक। व्यक्तिगत मनोचिकित्सा के प्रयास अक्सर 'जीवनरक्षक प्रक्रिया' वाले होते थे। ये प्रयास अक्सर किसी कैदी को आत्महत्या करने से रोकने के लिए होते थे। जबकि शिविर में आत्महत्या की कोशिश करनेवाले किसी भी व्यक्ति को बचाना सख्त मना था। उदाहरण के लिए फाँसी लगाने की कोशिश कर रहे व्यक्ति की रस्सी को समय रहते काटने की सख्त मनाही थी। इसीलिए कोई कैदी आत्महत्या की कोशिश करना शुरू करे, इससे पहले ही उसे रोकना ज़रूरी हो जाता था।

मुझे आत्महत्या के ऐसे दो मामले याद हैं, जिनमें आपस में बड़ी समानता थी। दोनों ही कैदी बातों-बातों में आत्महत्या करने का इरादा जाहिर कर चुके थे। दोनों का तर्क था कि अब उन्हें अपने जीवन से कोई उम्मीद नहीं है। दोनों ही मामलों में उन्हें ये एहसास दिलाना ज़रूरी था कि जीवन अब भी उनसे कुछ उम्मीदें रखता है; भविष्य के लिए कुछ उम्मीदें अब भी बाकी हैं। हमें पता चला कि उनमें से एक कैदी का एक बच्चा था, जिसे वह जी-जान से प्यार करता था और वह बच्चा किसी दूसरे देश में अब भी अपने पिता का इंतजार कर रहा था। जबकि दूसरे कैदी के लिए ये उम्मीद किसी व्यक्ति में नहीं बल्कि एक चीज़ में थी। दरअसल दूसरा कैदी एक वैज्ञानिक था और उसने किताबों की एक पूरी श्रृंखला लिखी थी, जिसे अभी पूरा करना बाकी था। उसका काम ऐसा था, जिसे कोई और व्यक्ति नहीं कर सकता था। ठीक उसी तरह जैसे पहले कैदी के बच्चे के जीवन में पिता की जगह उसके अलावा कोई और व्यक्ति नहीं ले सकता था।

अस्तित्व की ज़िम्मेदारी

यह अनूठापन और निराली बात हर इंसान को दूसरे से अलग करती और उसके अस्तित्व को एक पहचान, एक मतलब देती है। जैसे किसी के लिए अपने रचनात्मक कार्य को पूरा करना... तो किसी के लिए अपने परिवार का स्नेह... प्रतीक्षा कर रहा था। **जब किसी मनुष्य को एहसास होता कि उसका स्थान कोई दूसरा नहीं ले सकता तो इस तरह वह अपने अस्तित्व के लिए एक ज़िम्मेदारी का अनुभव करता, ऐसी ज़िम्मेदारी जो अपनी पूरी भव्यता के साथ निरंतर बनी रहती।**

जो इंसान, प्रेमपूर्वक अपना इंतजार कर रहे दूसरे इंसान के प्रति या किसी अधूरे कार्य के प्रति अपनी जिम्मेदारी को लेकर सचेत हो जाता है, वह कभी अपने जीवन को यूं गँवा नहीं सकता। उसे अपने जीवन का, अपने अस्तित्व का उद्देश्य पता होता है इसलिए वह करीब-करीब कोई भी कष्ट सहने में सक्षम हो जाता है।

शिविर में सामूहिक मनोचिकित्सा के अवसर स्वाभाविक रूप से सीमित थे। शब्दों की तुलना में एक सजीव उदाहरण कहीं ज़्यादा प्रभावी था। अपने अधिकारियों की तरफदारी न करनेवाले एक सीनियर ब्लॉक वॉर्डन के पास अपने न्यायपूर्ण और उत्साहजनक व्यवहार से उन लोगों पर दूरगामी नैतिक प्रभाव डालने के हज़ारों अवसर थे, जो उसके अधिकार-क्षेत्र में आते थे। शब्दों के मुकाबले व्यवहार का तात्कालिक प्रभाव हमेशा अधिक होता है। लेकिन जब शिविर में किन्हीं बाहरी परिस्थितियों के चलते कैदियों की मानसिक ग्रहणशीलता तीव्र रहती थी, तो कभी-कभी शब्द भी प्रभावी साबित होते थे। मुझे एक घटना याद है, जब पूरे झोपड़े के कैदियों की सामूहिक मनोचिकित्सा का अवसर सामने था क्योंकि एक विशेष बाहरी परिस्थिति के कारण कैदियों की ग्रहणशीलता तीव्र हो गई थी।

शब्दों का प्रभाव

वह दिन बहुत बुरा बीता था। दरअसल परेड के दौरान ये घोषणा हुई कि कुछ कार्यों को अब से गड़बड़ी और अपराध के रूप में देखा जाएगा और दोषी कैदियों को तत्काल फाँसी की सज़ा दे दी जाएगी। इन अपराधों में छोटी-मोटी 'चोरियाँ' और अपने कंबल के किनारेवाले हिस्से से पट्टियाँ काटना (जिनका उपयोग अपनी एड़ियों को सहारा देने के लिए किया जाता था) भी शामिल था। इससे कुछ ही दिन पहले ही भूख से तड़प रहा एक कैदी रात को ताला तोड़कर आलुओं के स्टोर में घुस गया था ताकि कुछ आलू चुराकर अपनी भूख मिटा सके। अगले दिन ये घटना सामने आई और कुछ कैदियों ने तत्काल 'चोर' को पहचान भी लिया। जब शिविर के अधिकारियों को इसकी खबर लगी, तो उन्होंने आदेश दिया कि दोषी को फौरन अधिकारियों के हवाले कर दिया जाए वरना शिविर के सभी कैदियों को एक दिन भूखा रखा जाएगा। स्वाभाविक रूप से शिविर के सभी 2500 कैदियों ने भूखा रहने का विकल्प चुना।

उस दिन शाम को हम सब अपने-अपने झोपड़ों में उदास लेटे हुए थे। हम

कैदियों के बीच आपस में बहुत कम बात हुई। उस समय कानों पर पड़ रहा हर शब्द हमें चिड़चिड़ा महसूस करा रहा था। तभी अचानक लाइट चली गई। लोगों का धैर्य जवाब देने लगा। लेकिन हमारा सीनियर ब्लॉक वॉर्डन समझदार व्यक्ति था। उसने धीरे-धीरे बात करना शुरू किया और फिर बातचीत की दिशा उन चीज़ों की ओर मोड़ दी, जो उस समय हमारे मन में चल रही थीं। उसने उन साथी कैदियों का जिक्र किया, जिनकी पिछले कुछ दिनों में बीमारी या आत्महत्या के चलते मौत हुई थी। साथ ही उसने इस बात का भी उल्लेख किया कि उनकी मृत्यु का वास्तविक कारण हो सकता है: उम्मीद खो देना। उसने कहा कि ऐसा कोई न कोई तरीका ज़रूर होगा, जिससे भविष्य में किसी कैदी को ऐसी चरम मानसिक स्थिति में जाने से रोका जा सके। और फिर उसने मेरी ओर इशारा करके इस मसले पर सलाह देने के लिए कहा।

भगवान जानता है, मैं उस समय ऐसा कोई मनोवैज्ञानिक स्पष्टीकरण या उपदेश देने के मूड में नहीं था - जो मेरे साथी कैदियों की आत्मा के ज़ख्मों पर मरहम लगा सके। मैं ठंड से ठिठुर रहा था, भूखा था, थका हुआ था और चिड़चिड़ा महसूस कर रहा था। लेकिन फिर भी मुझे अपनी ओर से कोशिश करनी थी ताकि इस अनूठे अवसर का सही इस्तेमाल किया जा सके। उस समय हर कैदी को प्रोत्साहन की सबसे ज़्यादा ज़रूरत थी।

तो मैंने अपनी बात सबसे तुच्छ सुविधाओं का उल्लेख करते हुए शुरू की। मैंने कहा कि द्वितीय विश्व युद्ध की छठीं सर्दी झेल रहे यूरोप के इस हिस्से में बैठकर हमें भले ही ऐसा लग रहा हो कि हमारी स्थिति दुनिया में सबसे बदतर है, लेकिन असल में ऐसा नहीं है। मैंने कहा कि हर कैदी को विचार करना चाहिए कि उसने अब तक ऐसा क्या-क्या खोया है, जिसकी कभी कोई भरपाई नहीं हो सकती। फिर मैंने अपने अनुमान के आधार पर कहा कि अधिकांश कैदियों ने बहुत थोड़ा ही खोया है। आज जो भी कैदी जिंदा है, उसके जीवन में अब भी उम्मीद बची हुई है। स्वास्थ्य, परिवार, खुशी, पेशेवर क्षमताएँ, भाग्य, सामाजिक हैसियत - ये सब ऐसी चीज़ें हैं, जिन्हें वापस पाया या हासिल किया जा सकता है। आखिरकार हमारा शरीर अभी भी चल रहा है और हम सब अब भी अपने पैरों पर खड़े हो सकते हैं। हम सब जिन हालातों से गुज़रे हैं, उनके अनुभव भविष्य में हमारे बहुत काम आ सकते हैं। फिर मैंने नीत्शे की कही एक बात दोहराई, 'जो चीज़ आपको खत्म नहीं कर सकती, वह आपको और मजबूत बना देती है।'

इसके बाद मैंने भविष्य के बारे में बात करते हुए कहा कि निष्पक्ष लोगों को अपना भविष्य ज़रूर निराशाजनक लग रहा होगा। मैं इस बात से सहमत था कि हम सब अपने बारे में ये अनुमान लगा सकते हैं कि शिविर में जिंदा बचे रहने की हमारी संभावना बहुत कम है। मैंने उनसे कहा कि भले ही फिलहाल शिविर में टाइफस महामारी नहीं फैली हुई है, लेकिन इसके बावजूद मेरी अपनी जान बचने की संभावना भी 20 फीसदी से ज़्यादा नहीं है। लेकिन मैंने उनसे ये भी कहा कि इसके बावजूद मेरी कोई इच्छा नहीं है कि मैं अपनी उम्मीद खोकर हार मान लूँ। हमारा भविष्य कैसा होगा, इसकी तो बात ही छोड़िए, हममें से किसी को ये तक पता नहीं था कि एक घंटे बाद हमारे साथ क्या होगा। भले ही हमें निकट भविष्य में किसी सनसनीखेज फौजी कार्रवाई की उम्मीद न रही हो, लेकिन फिर भी शिविर के अनुभवों से गुज़रने के चलते हमसे बेहतर ये कौन जानता था कि कैसे कभी-कभी अचानक किसी के हाथ कोई बड़ा अवसर लग जाता है। उदाहरण के लिए किसी व्यक्ति को अनपेक्षित रूप से कैदियों के उस समूह में डाल दिया जाना, जिसकी कामकाज संबंधी परिस्थितियाँ बहुत बेहतर हों - दरअसल शिविर में यही वे चीज़ें थीं, जिन्हें लेकर कोई कैदी खुद को 'भाग्यशाली' मान सकता था।

पर मैंने न सिर्फ अंधकार में डूबे भविष्य की बात की बल्कि अतीत का जिक्र भी किया कि कैसे अतीत की खुशियों की रोशनी अंधकारमय वर्तमान पर पड़ती है। मेरी ये बातें किसी उपदेशक जैसी न लगें, इसके लिए मैंने एक बार फिर एक कवि की लिखी हुई बात दोहराई, '**आप जिन अनुभवों से गुज़रे हैं, उन्हें दुनिया की कोई ताकत आपसे छीन नहीं सकती।**' न सिर्फ हमारे अनुभव बल्कि वे सारे कार्य, जो हमने किए, वे सारे महान विचार, जो हमारे मन में उठे और वह सब, जो हमने झेला, उसे हमने खोया नहीं है, फिर भले ही वह हमारा अतीत बन गया हो; हम उसे अस्तित्व में लाए हैं। जो बीत गया है, वह भी अस्तित्व का ही एक प्रकार है और शायद सबसे दृढ़ प्रकार है। इसके बाद मैंने जीवन को अर्थ देने के कई अवसरों के बारे में बात की।

मैंने अपने साथियों (जो झोपड़े में चुपचाप लेटे हुए थे, हालाँकि बीच-बीच में उनके आह भरने की आवाज सुनाई दे जाती थी) से कहा कि **परिस्थितियाँ चाहे कैसी भी हों, इंसानी जीवन कभी भी अर्थहीन नहीं होता और जीवन के इस अनंत अर्थ में कष्ट, अभाव और मृत्यु सब शामिल होता है।** झोपड़े के अंधेरे में गंभीरतापूर्वक मेरी बातें सुन रहे अभागे साथियों से मैंने कहा कि हमें अपनी गंभीर स्थितियों का

सामना करना चाहिए। मैंने कहा कि हमें अपनी उम्मीद और साहस को खोना नहीं है और ये याद रखना है कि हमारे संघर्ष के निराशापूर्ण होने का अर्थ ये नहीं है कि इसकी अपनी कोई गरिमा या सार्थकता नहीं है। मैंने कहा कि हमारे मुश्किल हालातों में, कोई तो ज़रूर है, जो हमें देख रहा होता है - कोई दोस्त, कोई जीवित या मृत करीबी, हमारा जीवनसाथी या फिर शायद ईश्वर - और वह कतई नहीं चाहेगा कि हम उसे निराश करें। वह तो यही उम्मीद करेगा कि हम अपने कष्टों को स्वाभिमान के साथ - न कि दयनीय ढंग से - सहें और याद रखें कि एक दिन हम सबको मरना है।

और आखिरकार मैंने हमारे बलिदान की चर्चा की, जिससे जुड़ा हर मामला अर्थपूर्ण था। इस बलिदान की प्रकृति ही ऐसी थी कि सामान्य दुनिया - भौतिकतावादी सफलता की दुनिया - में ये बलिदान व्यर्थ नज़र आता। लेकिन वास्तव में हमारे बलिदान का भी एक अर्थ था। मैंने स्पष्ट शब्दों में कहा कि हममें से वे लोग, जो किसी धार्मिक विश्वास से जुड़े हैं, इस बात को बड़ी आसानी से समझ सकते हैं। मैंने उन्हें एक साथी कैदी के बारे में बताया, जिसने शिविर में प्रवेश करने के बाद ईश्वर के साथ एक समझौता किया कि उसके कष्टों और मृत्यु के बदले उसका कोई एक प्रिय व्यक्ति दर्दनाक अंत से बच जाए। तो इस तरह उस कैदी के लिए उसके कष्ट और उसकी मृत्यु अर्थपूर्ण बन गए; उसका बलिदान गहन रूप से महत्वपूर्ण था। वह नहीं चाहता था कि उसकी मौत यूँ ही व्यर्थ चली जाए। वास्तव में हम सब अपनी मृत्यु को व्यर्थ नहीं जाने देना चाहते थे।

मेरे इन शब्दों का उद्देश्य यही था कि हम अपने जीवन का संपूर्ण अर्थ पा सकें। यह अर्थ हमें उसी कुटिया में, उसी समय और उन्हीं मायूसी से भरे हालात के बीच हासिल करना था। मेरी ये कोशिश सफल भी रही। जब लाइट आई, तो मैंने देखा कि दयनीय कायावाले मेरे साथी आँखों में आँसू लिए मेरी ओर झुककर मुझे धन्यवाद दे रहे थे। लेकिन यहाँ मुझे स्वीकार करना होगा कि कष्ट में डूबे अपने साथियों की आँखों में देखने की शक्ति मेरे अंदर बहुत कम थी। शायद ऐसा करने के मैंने बहुत से मौके गवाँ दिए होंगे।

16

निर्दयी पहरेदार

अब हम कैदियों की मानसिक प्रतिक्रिया के तीसरे चरण में आ गए हैं: आज़ादी पाने के बाद कैदी का मनोविज्ञान। लेकिन इससे पहले हमें उस सवाल पर विचार करना होगा, जो एक मनोवैज्ञानिक से अक्सर पूछा जाता था, खासकर जब वह इन मामलों से व्यक्तिगत रूप से परिचित हो: शिविर के सुरक्षाकर्मियों की मनोवैज्ञानिक अवस्था के बारे में आप हमें क्या बता सकते हैं? भला हाड़-माँस का कोई व्यक्ति अन्य व्यक्तियों (कैदियों) के साथ इतना बर्बरतापूर्ण व्यवहार कैसे कर सकता है, जिसका जिक्र कई कैदी शिविर से आज़ाद होने के बाद कर चुके हैं? ऐसे कैदियों की बातें सुनकर और शिविर में हुई बर्बरता पर विश्वास करके इंसान ये पूछने पर मज़बूर हो जाता है कि मनोवैज्ञानिक रूप से ये सब होना कैसे संभव है? इस सवाल का एक संक्षिप्त जवाब देने के लिए पहले इन बिंदुओं की ओर इशारा करना ज़रूरी है:

सबसे पहली बात तो ये है कि शिविर के सुरक्षाकर्मियों में से कुछ परपीड़क प्रवृत्ति के थे; और वह भी पूरी तरह मानसिक रोग के संदर्भ में।

दूसरा, जब भी कठोर सुरक्षाकर्मियों के दस्ते की ज़रूरत पड़ती, तो उसके लिए इन्हीं परपीड़क प्रवृत्तिवाले सुरक्षाकर्मियों का चयन किया जाता।

कार्यस्थल पर कड़ाके की सर्दी में दो घंटे तक काम करने के बाद जब हमें कुछ मिनटों के लिए एक छोटे से गर्म चूल्हे के पास खड़े होने की अनुमति मिलती, तो कैदियों के बीच खुशी की लहर दौड़ जाती। लेकिन वहाँ हमेशा कुछ ऐसे फोरमैन ज़रूर होते, जिन्हें हमारी ये सुविधा छीनकर खुशी मिलती। वे न सिर्फ हमें उस गर्म चूल्हे के पास खड़े होने से मना कर देते बल्कि चूल्हे को पलटकर उसकी आग को बर्फ में दबाकर खत्म कर देते और इसके बाद उनके चेहरों पर खुशी साफ दिखाई देती। जब एसएस गार्ड्स किसी व्यक्ति को नापसंद करने लगते, तो उनके बीच कोई ऐसा व्यक्ति खासतौर पर मौजूद होता, जिसके लिए कैदियों को यातना देना न सिर्फ एक जूनून होता बल्कि वह यातनापूर्ण गतिविधियों का विशेषज्ञ भी होता और फिर उस अभागे कैदी को उसी व्यक्ति के पास भेज दिया जाता।

तीसरा, सालों तक हर रोज शिविर में कैदियों को यातनाएँ देने के बर्बरतापूर्ण

तरीकों को देखते हुए अधिकांश गाडूर्स की भावनाएँ फीकी पड़ चुकी थीं। मानसिक और नैतिक रूप से पत्थर की तरह कठोर हो चुके ये गाडूर्स भले ही यातना देने के कार्य में अपनी सक्रिय भागीदारी से इंकार कर देते थे। लेकिन वे अन्य गाडूर्स को ऐसा करने से रोकते भी नहीं थे।

चौथा, ये बताना भी ज़रूरी है कि इन गाडूर्स में से कुछ ऐसे भी थे, जो हम पर तरस खाते थे। मैं सिर्फ अपने शिविर के कमांडर का ही उल्लेख करना चाहूँगा। शिविर से आज़ाद होने के बाद पता चला – पहले ये बात सिर्फ शिविर के डॉक्टर को ही पता थी, जो खुद भी एक कैदी था – कि इस कमांडर ने अपनी जेब से पैसे देकर अपने कैदियों के लिए पास के एक कस्बे से दवाइयाँ खरीदी थी और इसके लिए उसने एक बड़ी धनराशि खर्च की थी।जबकि सीनियर कैंप वॉर्डन – जो खुद भी एक कैदी था – किसी भी एसएस गार्ड से ज़्यादा सख्त मिजाज़ था। वह ज़रा–ज़रा सी बात पर कैदियों को पीट देता था, जबकि जहाँ तक मेरी जानकारी है, शिविर के कमांडर ने कभी भी हममें से किसी भी कैदी पर हाथ नहीं उठाया।

इस एसएस कमांडर से जुड़ी एक दिलचस्प घटना है, जिसका संबंध उसके प्रति उसके कुछ यहूदी कैदियों के रवैये से है। युद्ध के अंत में जब अमेरिकी सैनिकों ने आकर हमारे शिविर से कैदियों को आज़ाद कराया, तो हंगरी के तीन युवा यहूदियों ने इस कमांडर को बवेरिया के जंगल में छिपा दिया। इसके बाद वे अमेरिकी सेना के कमांडर के पास गए, जो इस एसएस कमांडर को पकड़ने के लिए बड़ा उत्सुक था। उन तीनों ने अमेरिकी कमांडर से कहा कि वे उस एसएस कमांडर का पता बता देंगे, लेकिन इसके लिए उसे उनकी कुछ शर्तें माननी होंगी : अमेरिकी कमांडर को ये वादा करना होगा कि उस व्यक्ति को कोई नुकसान नहीं पहुँचाया जाएगा। आखिरकार अमेरिकी कमांडर ने उन युवा यहूदियों से वादा किया कि एसएस कमांडर को गिरफ्तार करने के बाद पूरी तरह सुरक्षित रखा जाएगा और उसे कोई नुकसान नहीं पहुँचाया जाएगा। अमेरिकी कमांडर ने न सिर्फ अपना ये वादा निभाया बल्कि शिविर के इस पूर्व कमांडर को एक तरह से बहाल भी कर दिया। उसे पास के बवेरियाई गाँवों से कपड़े इकट्ठे करने और फिर उन कपड़ों को आज़ाद हो चुके कैदियों के बीच वितरित करने का जिम्मा सौंपा गया। क्योंकि उस समय तक हम सब कैदियों ने शिविर के वे फटेहाल कपड़े ही पहन रखे थे, जो हमें ऑश्विज शिविर के अपने उन साथियों से मिले थे, जो हमारी तरह भाग्यशाली नहीं थे और रेल्वे स्टेशन पर उतरते ही तत्काल गैस चैंबर में भेजकर मार दिए गए थे।

स्पष्ट है कि किसी व्यक्ति के बारे में केवल ये जानकारी होने से कि वह शिविर का गार्ड या कैदी है, हमें उसके बारे में सब कुछ पता नहीं चल जाता था। मानवीय दया का भाव किसी भी समूह में पाया जा सकता है, यहाँ तक कि उन समूहों में भी जिनकी समग्र रूप से निंदा करना बहुत आसान है। विभिन्न समूह कुछ मामलों में एक-दूसरे के समान थे, तो कुछ मामलों में एक-दूसरे से बिलकुल अलग। इसलिए हमें ये कहकर चीज़ों का सरलीकरण करने की कोशिश नहीं करनी चाहिए कि फलाँ लोग स्वर्गदूतों जैसे थे, जबकि फलाँ लोग शैतान जैसे। निश्चित ही शिविर के तमाम प्रभावों के बावजूद कैदियों के प्रति दया का भाव दिखाना एक गार्ड या फोरमैन के लिए बड़ी उपलब्धि थी। वहीं दूसरी ओर वह ओहदेदार कैदी, जो अपने ही साथियों के साथ बुरा व्यवहार करता था, उसकी नीचता अपने आपमें तिरस्कार करने लायक थी।

जाहिर है कि कैदियों को ऐसे लोगों की चरित्रहीनता विशेष रूप से परेशान करती थी, जबकि अगर कोई गार्ड ज़रा सी भी दया या सहानुभूति दिखाता तो वे तुरंत भावुक हो उठते। मुझे याद है कि कैसे एक बार एक फोरमैन ने मुझे चुपके से ब्रेड का एक टुकड़ा दिया था। मैं जानता था कि वह ब्रेड का टुकड़ा उसने अपने नाश्ते से बचाकर रखा होगा। मैं भावुक हो उठा और मेरी आँखों में आँसू गए, लेकिन मेरी इस भावुकता के पीछे सिर्फ ब्रेड का टुकड़ा भर नहीं था। बल्कि मुझे ब्रेड देते समय उस फोरमैन की आँखों में जो मानवता थी, उसने मुझे भावुक कर दिया था।

इन सब चीज़ों से हमें ये पता चलता है कि दुनिया में सिर्फ दो नस्ल के इंसान पाए जाते हैं - पहली नस्ल है सभ्य लोगों की और दूसरी है असभ्य लोगों की। और इन दोनों नस्लों के लोग हर जगह हैं; ये समाज के हर वर्ग, हर समूह का हिस्सा होते हैं। किसी भी समूह में सिर्फ सभ्य या सिर्फ असभ्य लोग नहीं होते। इस लिहाज से कोई भी समूह 'शुद्ध नस्ल' वाला नहीं है - और यही कारण था कि शिविर के तमाम असभ्य गार्ड्स के बीच कभी-कभी कोई सभ्य गार्ड भी मिल जाता था।

यातना शिविर का जीवन इतना भयावह था कि इंसान की आत्मा को चीरकर उसकी गहराईयों को उजागर कर देता था। हैरानी की बात ये थी कि इन गहराईयों में भी हमें सिर्फ मानवीय गुण ही नज़र आते थे, जो दरअसल अच्छाई और बुराई का मिश्रण होते थे क्योंकि मानवीय गुणों की प्रकृति ऐसी ही होती है। अच्छाई

को बुराई से अलग करनेवाली सीमारेखा हर इंसान में होती है और यह उसकी आत्मा की सबसे निचली गहराईयों तक जाती है और उस रसातल में जाकर भी स्पष्ट नज़र आती है, जो यातना शिविर में रहने के अनुभव के चलते उजागर हो जाता था।

आज़ादी के बाद के अनुभव

और अब आता है यातना शिविर के मनोविज्ञान का आखिरी अध्याय - आज़ाद हो चुके कैदी का मनोविज्ञान। आज़ादी के अनुभव का वर्णन करते हुए - जो स्वाभाविक रूप से बिलकुल व्यक्तिगत अनुभव था - हम अपनी कहानी के उस हिस्से में जाएँगे, जब कई दिनों के भारी तनाव के बाद एक दिन सुबह-सुबह शिविर के मुख्य दरवाजे पर सफेद झंडा फहरा दिया गया। जिसके बाद हम - जो अब तक असमंजस और दुविधा से बुरी तरह घिरे हुए थे - अचानक बिलकुल सहज महसूस करने लगे। लेकिन ये कहना बिलकुल गलत होगा कि हम खुशी के मारे पागल हो गए थे। तो फिर क्या हुआ था?

हम कैदी थके हुए कदमों से शिविर के दरवाजे तक पहुँचे। पहले हमने भयग्रस्त नज़रों से चारों ओर देखा और फिर सवालिया नज़रों से एक-दूसरे को। इसके बाद हम शिविर के बाहर आकर कुछ कदम आगे बढ़े। आज कोई गार्ड हम पर चीखते हुए आदेश नहीं दे रहा था और न ही हमें कोड़ों की मार या गार्ड की लात से बचने के लिए चकमा देकर इधर-उधर जाने की ज़रूरत थी। ओह! आज तो गार्ड्स हमें सिगरेट पेश कर रहे थे! पहले-पहल तो हम उन्हें पहचान ही नहीं पाए; क्योंकि वे अपनी वर्दी उतारकर फिलहाल सादे कपड़ों में हमारे सामने खड़े थे। हम शिविर के बाहर जाती सड़क पर धीरे-धीरे चलते हुए आगे बढ़ने लगे। जल्द ही हमारे पैरों में दर्द होने लगा और पलभर के लिए लगा कि हम वहीं गिर जाएँगे। लेकिन हम किसी तरह लगड़ाते हुए आगे बढ़ते रहे; क्योंकि हम पहली बार आज़ाद व्यक्ति की नज़रों से शिविर बाहर का परिवेश देखना चाहते थे।

'आज़ादी' - हम इस शब्द को अपने ही सामने दोहरा रहे थे - लेकिन फिर भी इसे पूरी तरह समझ पाना हमारे लिए मुश्किल हो रहा था। पिछले कुछ सालों में अपनी आज़ादी का सपना देखते हुए हम इस शब्द को इतने बार दोहरा चुके थे कि इसका अर्थ कहीं खो सा गया था। यह अब भी हमारी चेतना में घर नहीं कर पाया था; हम इस बात को पूरी तरह स्वीकार नहीं कर पा रहे थे कि अब हम

आज़ाद हो चुके हैं।

उस सड़क पर चलते-चलते हम फूलों से भरे घास के मैदान तक आ गए। हमने देखा कि वे फूल हमारे सामने ही मौजूद हैं, लेकिन फिर भी उनके प्रति हमारे अंदर कोई भावना नहीं उठी। हमारे मन में खुशी की पहली किरण तब पैदा हुई, जब हमारी नज़र रंग-बिरंगी पूँछवाले एक मुर्गे पर पड़ी। लेकिन ये खुशी सिर्फ यहीं तक सीमित रही; हमारे लिए ये दुनिया अब भी बेगानी थी और हम इसका हिस्सा नहीं थे।

शाम के समय जब हम सब एक बार फिर अपने झोपड़े में मिले, तो एक कैदी ने चुपके से दूसरे कैदी से कहा, 'अच्छा सच-सच बताना, क्या आज तुम्हें खुशी महसूस हुई?' चूँकि दूसरे कैदी को ये नहीं पता था कि हम सब भी ठीक वैसा ही महसूस कर रहे थे, जैसा वह महसूस कर रहा था, इसलिए उसने ज़रा शर्मिंदा होते हुए जवाब दिया, 'सच कहूँ, तो नहीं!' दरअसल हम सब खुश होने या आनंद महसूस करने की अपनी क्षमता खो चुके थे और अब हमें इसे धीरे-धीरे दोबारा विकसित करना था।

आज़ाद हो चुके कैदियों के साथ मनौवैज्ञानिक रूप से जो हो रहा था, उसे मनोविज्ञान की भाषा में 'डीपर्सनलाइजेशन' (व्यक्तित्व लोप या प्रतिरूपण) कहते हैं। हर चीज़ अवास्तविक और असंभव सी नज़र आ रही थी, ठीक वैसे ही, जैसे सपनों में होता है। हम यह विश्वास ही नहीं कर पा रहे थे कि ये सब सच है। पिछले कुछ सालों में शिविर में रहते हुए हम न जाने कितनी बार सपने में खुद को आज़ाद होता देखकर धोखा खा चुके थे! हम ये सपना कई बार देख चुके थे कि हमारी आज़ादी का दिन आ चुका है, हम शिविर की भयावह जिंदगी से आज़ाद होकर अपने घर लौट चुके हैं, अपने दोस्तों से मिल चुके हैं, अपनी पत्नी को गले लगा चुके हैं और सबके साथ बैठकर उन्हें ये बता चुके हैं कि शिविर में हम किन-किन अनुभवों से गुज़रे और साथ ही ये बात भी बता चुके हैं कि हम कितने बार खुद को सपने में आज़ाद होते देख चुके हैं।

और तभी गाड्र्स की तीखी सीटियों की कर्कश आवाज हमारे कानों पर पड़ती - जो बिस्तर छोड़कर बाहर आने का संकेत होती - और हमारी नींद टूट जाती, साथ ही हमारी आज़ादी का सपना भी। लेकिन अब हमारा वह सपना सच हो चुका था। लेकिन क्या हम सचमुच उस पर विश्वास कर सकते थे?

मन की तुलना में शरीर के अवरोध कम होते हैं। इसीलिए इस नई आज़ादी के पहले क्षण से ही हमारे शरीर ने उसका अच्छा उपयोग किया। हम जमकर खाने लगे। ये खाना कई मिनटों, कई घंटों, यहाँ तक कि आधी रात तक जारी रहता। ये देखना सचमुच आश्चर्यजनक था कि एक इंसान कितनी अधिक मात्रा में खाना खा सकता है। और जब किसी कैदी को पड़ोस का कोई मिलनसार किसान आमंत्रित करता, तो कैदी खाता जाता, खाता जाता, फिर कॉफी पीता, जिससे उसकी जुबान और ज़्यादा चलते लगती और फिर वह घंटों तक बोलता रहता। इतने सालों से उसके मन में जो भारी दबाव था, वह आखिरकार खत्म होने लगता। ऐसे कैदी को बोलते देखकर ये अंदाज़ा हो जाता कि बोलना, बातें करना, फिलहाल उसकी ज़रूरत बन चुका है और वह बोलने की अपनी इच्छा को दबा नहीं सकता।

मैं ऐसे कई लोगों को जानता हूँ, जो थोड़े समय के लिए ही भारी दबाव में रहे (उदाहरण के लिए जर्मनी की सीक्रेट स्टेट पुलिस गेस्टापो की पूछताछ का सामना करना) लेकिन उन्होंने भी उस कैदी जैसी ही प्रतिक्रिया दी। इस तरह कई दिन बीत गए और कैदियों की न सिर्फ जुबान चलती रही बल्कि उनके अंदर भी कुछ बदल गया; और तमाम अजीबोगरीब बेड़ियों को तोड़कर उन भावनाओं का ज़्वार उठने लगा, जिन्हें अब तक दबाकर रखा गया था।

ईश्वर का आभार

यातना शिविर से आज़ाद होने के कुछ दिनों बाद, एक बार मैं चहल-कदमी करते हुए शिविर के पास स्थित शहर की ओर मीलों तक चलता चला गया। उस ग्रामीण इलाके में फूलों से भरे घास के मैदान को पार करते हुए मैं आगे बढ़ता रहा। आसमान में उड़ती चिड़ियों की चहचहाहट मेरे कानों तक आ रही थी, लेकिन दूर-दूर तक कोई इंसान दिखाई नहीं दे रहा था। मुक्ति के भाव से लबालब उस स्थान पर दूर तक फैली जमीन, अंतहीन आसमान, चहचहाती चिड़ियों के अलावा और कुछ नहीं था। मैं ज़रा ठहरा, एक नज़र भर के अपने चारों ओर और फिर आसमान की ओर देखा - फिर मैं अचानक अपने घुटनों पर बैठ गया और क्षणभर के लिए जैसे सब कुछ भूल गया। उस समय मेरे मन में सिर्फ एक वाक्य था - जो हमेशा समान रहता है - कि मैंने अपनी छोटी सी कैद से ईश्वर को पुकारा और उसने मुझे आज़ादी के इस विस्तार स्वरूप में उत्तर दिया।

मुझे याद नहीं कि मैं वहाँ कितनी देर तक अपने घुटनों पर बैठकर ये वाक्य

दोहराता रहा। पर मुझे ये ज़रूर पता है कि उस दिन, उस क्षण मेरे नए जीवन की शुरुआत हो गई। मैं एक-एक कदम करके तब तक आगे बढ़ता रहा, जब तक फिर से एक इंसान नहीं बन गया।

जिस तरह मैं शिविर के आखिरी दिनों के तीव्र मानसिक दबाव से इस स्थिति तक (मन में उठ रहे विरोधाभासी विचारों से मानसिक शांति तक) पहुँचा था, वह किसी भी लिहाज से बाधाओं से मुक्त नहीं था। ये कहना बिलकुल गलत होगा कि यातना शिविर से आज़ाद हुए कैदी को अब किसी आध्यात्मिक देखभाल की ज़रूरत नहीं थी। हमें ये नहीं भूलना चाहिए कि जो व्यक्ति लंबे समय तक इतने भयंकर मानसिक दबाव में रहा हो, वह आज़ाद होने के बाद स्वाभाविक रूप से किसी न किसी खतरे से जूझ रहा होगा, खासकर इसलिए क्योंकि उसका मानसिक दबाव अचानक खत्म हुआ था। ये खतरा (मनोवैज्ञानिक स्वास्थ्य के संदर्भ में) दरअसल अचानक आए बदलाव का प्रतिरूप था। ठीक वैसे ही जैसे कायसाँ (कंक्रीट पुलों के पाये बनाने के लिए उपयोग होनेवाली जलरोधी संरचना) कर्मियों का शारीरिक स्वास्थ्य खतरे में पड़ सकता है, अगर वे अचानक अपने डाइवर चैंबर (जहाँ वे अत्यधिक वायुमंडलीय दबाव में होते हैं) से बाहर आ जाएँ। इसी तरह जो व्यक्ति अचानक मानसिक दबाव से मुक्त हुआ हो, उसके नैतिक और आध्यात्मिक स्वास्थ्य को गहरा नुकसान पहुँच सकता है।

17

निर्दयता का व्यवहार

इस मनोवैज्ञानिक चरण के दौरान ऐसा देखा गया कि जो लोग अपेक्षाकृत अधिक असभ्य प्रकृतिवाले थे, वे शिविर के जीवन में चारों ओर मौजूद बर्बरता के प्रभावों से बच नहीं पाते थे। शिविर से आज़ाद होने के बाद उन्हें लगा कि वे अपनी इस नई आज़ादी का बेरहमी से इस्तेमाल कर सकते हैं। वास्तव में उनके जीवन में केवल एक ही बदलाव आया था कि अब वे एक पीड़ित होने के बजाय उत्पीड़क हो गए थे। अब वे बलप्रयोग और अन्याय झेलनेवाले के बजाय, उसे भड़कानेवाले बन गए थे। अपने इस व्यवहार को वे शिविर के अपने भयावह अनुभवों के बहाने सही ठहरा देते थे। उनके ये तरीके अक्सर छोटी-छोटी और महत्वहीन घटनाओं से सामने आते थे।

जैसे एक बार मैं अपने एक साथी के साथ मैदान को पार करते हुए शिविर की ओर जा रहा था कि तभी अचानक हमें एक हरा-भरा खेत नज़र आया। मैं सहज ही उसे अनदेखा कर आगे बढ़ने लगा, लेकिन मेरा वह साथी हाथ पकड़कर मुझे खेत के अंदर खींच ले गया। मैं नहीं चाहता था कि हमारे कदमों से खेत की कच्ची फसल रौंद जाए। इसलिए मैंने अपने साथी से बुदबुदाते हुए ज़रा बचकर चलने को कहा। ये देखकर वह चिढ़ गया और मुझे घूरते हुए चीखा, 'बस भी करो! हमसे हमारा सब कुछ छीन लिया गया! मेरी पत्नी और मेरे बच्चों को गैस चैंबर में मार दिया गया - बाकी किसी भयावहता की तो बात ही मत करो। और तुम मुझे इस जौ की फसल को रौंदने से रोक रहे हो!'

ऐसे लोगों को सिर्फ धैयपूर्वक ढंग से ही ये सच्चाई समझाई जा सकती थी कि गलत करने का अधिकार किसी को नहीं है, भले ही उसके साथ पहले गलत हो चुका हो। हमें ऐसे लोगों को दोबारा इस सच से परिचित कराने की ज़रूरत थी, वरना परिणाम बहुत भयंकर हो सकते थे। मुझे अब भी वह कैदी याद है, जो किसी वजह से भड़क गया था और फिर गुस्से में अपनी बाँहें चढ़ाकर चीखा कि 'मेरा ये हाथ कट जाए, अगर यहाँ से घर लौटने के बाद मैं इस हाथ को तुम्हारे खून से न रंग दूँ।' मैं ज़ोर देकर कहना चाहता हूँ कि वह कोई बुरा व्यक्ति नहीं था। वास्तव में वह शिविर के सबसे अच्छे कैदियों में से एक था और शिविर के बाद भी वह अच्छा व्यक्ति बनकर ही रहा। मानसिक दबाव के अचानक खत्म हो जाने से पैदा हुई नैतिक विकृति के अलावा दो और मौलिक अनुभव ऐसे थे, जो आज़ाद कैदियों के चरित्र में नकारात्मक प्रभाव डाल सकते थे: शिविर से आज़ाद होकर अपने पुराने जीवन में वापस आने के बाद कड़वाहट और मोह भंग का अनुभव।

मोह भंग व मायूसी

कड़वाहट के पीछे कई कारण हो सकते थे, जिनसे कैदी का सामना अपने पूर्व गृह-नगर में होता। जैसे जब एक कैदी शिविर से आज़ाद होकर वापस अपने घर पहुँचा तो उसने पाया कि अधिकांश लोग उससे मिलने पर अपने कंधे सिकोड़ लेते हैं और फिर कुछ घिसे-पिटे वाक्य बोलकर बात खत्म कर देते हैं। लोगों के इस व्यवहार के चलते उसके अंदर कड़वाहट आने लगी और उसे लगने लगा कि क्या उसने शिविर की भयावहता इन्हीं लोगों के बीच वापस आने के लिए झेली थी। जब उसे हर जगह यही वाक्य सुनने को मिलते - 'हमें तो इसके बारे में कुछ पता ही नहीं था,' या 'हमने भी काफी कुछ झेला है,' तो वह खुद से पूछता, क्या

इन लोगों के पास सचमुच मुझसे कहने के लिए और कुछ नहीं है?

मोह भंग का अनुभव इससे अलग होता है। इसमें सामनेवाला व्यक्ति नहीं बल्कि कैदी को खुद उसकी नियति क्रूर नज़र आती थी। (उसका सतहीपन और भावनात्मकता का अभाव इतना घिनौना होता है कि इंसान को लगता कि वह किसी अंधेरे स्थान पर चला जाए, जहाँ उसे न कोई इंसान दिखाई दे और न ही किसी की आवाज सुनाई दे।) आज़ाद होने से पहले कैदी को लगता था कि वह दुनिया के सारे संभावित दुःखों की सीमा को पार कर चुका है, पर अब उसे एहसास हुआ कि दुःखों की तो कोई सीमा है ही नहीं और अभी भी उसे दुःख उठाने पड़ सकते हैं, जो संभवतः पहले से कहीं अधिक तीव्र होंगे।

एक बार शिविर के एक कैदी को मानसिक साहस देने के प्रयासों पर चर्चा करते हुए हमने कहा था कि उसे भविष्य के लिए एक उद्देश्य देना ज़रूरी है। उसे ये याद दिलाना होगा कि जीवन को अब भी उसका इंतजार है और उसका कोई अपना भी उसके लौटने का इंतजार कर रहा है। लेकिन शिविर से आज़ाद होने के बाद कुछ लोगों को एहसास हुआ कि उनका इंतजार कोई नहीं कर रहा था। जरा सोचिए कि एक कैदी को ये जानकर कैसा लगा होगा कि जिस व्यक्ति को याद करके उसने शिविर की भयावहता के बीच अपना साहस बनाए रखा, वह अब इस दुनिया में है ही नहीं।

उस कैदी को कैसा लगा होगा, जो आज़ाद होकर अपने परिवार के पास जाने का सपना सालों से देख रहा था, लेकिन जब आज़ाद होने का दिन आया तो उसे पता चला कि वास्तविकता तो उसके सपने से बिलकुल अलग है! शायद शिविर से निकलकर वह किसी ट्रॉली पर सवार हुआ होगा और अपने उस घर की ओर लौटा होगा, जिसे उसने पिछले कई सालों के दौरान सिर्फ अपनी कल्पनाओं में देखा था और जब घर पहुँचकर उसने दरवाजे की घंटी बजाई होगी, तो दरवाजा खोलनेवाला व्यक्ति वह नहीं होगा, जिसकी उसने कल्पना की होगी क्योंकि अब वह व्यक्ति इस दुनिया में ही नहीं था और अब वह कैदी अपने उस प्रिय व्यक्ति से कभी नहीं मिल सकेगा।

हम सारे कैदी आपस में एक-दूसरे से ये कहते रहते थे कि हम इस शिविर में जो कुछ भी सह रहे हैं, उसकी भरपाई दुनिया की कोई खुशी नहीं कर सकती। वैसे हम कोई खुशी पाने की उम्मीद भी नहीं कर रहे थे - क्योंकि खुशी वह चीज़

नहीं थी, जो हमें साहस देती हो या हमारी पीड़ाओं को, हमारे बलिदानों को और यहाँ तक कि हमारी मृत्यु को सार्थक बनाती हो। लेकिन इसके बावजूद हम किसी नाखुशी का सामना करने के लिए तैयार नहीं थे। यह मोह भंग, जो दरअसल कई कैदियों को हुआ, एक ऐसा अनुभव था, जिससे उबरना उनके लिए बहुत मुश्किल साबित हुआ। दरअसल मोह भंग एक ऐसा अनुभव है, जिससे उबरने में किसी की मदद करना एक मनोचिकित्सक के लिए भी बहुत कठिन होता है। लेकिन इससे व्यक्ति को निराश नहीं होना चाहिए; बल्कि इसके विपरीत उसे इस अनुभव से अतिरिक्त प्रोत्साहन मिलना चाहिए।

शिविर के अनुभवों का बुरे सपने में बदल जाना

शिविर से आज़ाद हुए हर कैदी के जीवन में एक दिन ऐसा भी आया, जब अपने अतीत की ओर मुड़कर देखने पर उसके लिए ये समझना मुश्किल हो गया कि आखिर उसने इतने कष्ट कैसे सह लिए। जिस दिन वह शिविर से आज़ाद हुआ, उस दिन उसे हर चीज़ एक सुंदर सपने जैसी जान पड़ रही थी। और फिर एक दिन ऐसा भी आया, जब उसे शिविर के अपने अनुभवों के बारे में सोचना भी किसी बुरे सपने जैसा लगने लगा।

शिविर से वापस अपने घर लौटे हर कैदी के लिए सबसे प्रमुख अनुभव था, यह अद्भुत एहसास कि वह अपने जीवन में इतना कुछ सह चुका है, इतना कुछ देख चुका है कि अब उसे किसी चीज़ से घबराने की ज़रूरत नहीं है - सिवाय अपने ईश्वर के।

लोगोथेरेपी : संक्षिप्त सार

18

मेरी संक्षिप्त आत्मकथात्मक कहानी के पाठक अक्सर ये माँग करते हैं कि मैं अपने चिकित्सीय सिद्धांत की एक संपूर्ण और प्रत्यक्ष व्याख्या प्रस्तुत करूँ। इसीलिए मैंने अपनी किताब 'फ्रॉम डेथ-कैम्प टू एग्ज़िस्टेंशलिज़्म' के मूल संस्करण में लोगोथेरेपी का एक संक्षिप्त खंड जोड़ा था। लेकिन वह काफी नहीं था। इसलिए बहुत से पाठकों ने मुझसे अनुरोध किया कि मैं उसे और विस्तार से प्रस्तुत करूँ। इसीलिए वर्तमान संस्करण में मैंने इस विवरण को एक बार फिर से लिखकर और अधिक विस्तृत कर दिया है।

ये काम आसान नहीं था। जर्मन भाषा में जिस सामग्री को बीस खंडों में प्रस्तुत किया गया था, उसे इस संस्करण के सीमित पन्नों में समेटकर पाठकों तक पहुँचाना करीब-करीब असंभव था। इससे मुझे एक अमेरिकी डॉक्टर याद आ रहा है, जो एक दिन विएना स्थित मेरे ऑफिस में आया और पूछने लगा, 'तो डॉक्टर, क्या आप एक मनोविश्लेषक हैं?' मैंने जवाब में कहा, 'जी नहीं, मनोविश्लेषक नहीं बल्कि आप मुझे मनोचिकित्सक कहें, तो ज़्यादा बेहतर होगा।' इसके बाद भी उसके सवाल जारी रहे, 'आप मनोविज्ञान के किस दर्शन को मानते हैं?' मैंने जवाब दिया, 'दरअसल मैंने खुद एक सिद्धांत प्रतिपादित किया है; इसे लोगोथेरेपी कहते हैं।' 'तो क्या आप मुझे एक वाक्य में बता सकते हैं कि लोगोथेरेपी का क्या अर्थ है?' उसने अगला सवाल दागा। 'कम से कम यही बता दीजिए कि मनोविश्लेषण और लोगोथेरेपी के बीच क्या फर्क है?' 'अच्छा ठीक है,' मैंने कहा, 'पर पहले आपको एक वाक्य में ये बताना होगा कि आपके अनुसार मनोविश्लेषण का सार क्या है?' इस पर उसका जवाब था, 'मनोविश्लेषण के दौरान मरीज को सोफे पर लेट जाना चाहिए और फिर उसे अपने मनोविश्लेषक को वे बातें बतानी चाहिए, जिन्हें बताना कभी-कभी काफी असहनीय होता है।' उसकी इस बात में सुधार

करते हुए मैंने कहा, 'लोगोथेरेपी में मरीज चाहे तो बैठा रहे या खड़ा रहे, लेकिन उसे वे बातें सुननी होंगी, जिन्हें सुनना कभी-कभी काफी असहनीय होता है।'

यह खंड पहली बार 'बेसिक कॉन्सेप्ट्स ऑफ लोगोथेरेपी' के रूप में मेरी किताब 'मैन्स सर्च फॉर मीनिंग' के 1962 के संस्करण में प्रकाशित हुआ था। यहाँ उसी का संक्षिप्त रूप प्रस्तुत किया जा रहा है। बेकन प्रेस के पेपरबैक संस्करण और मैन्स सर्च फॉर मीनिंग के उपहार संस्करणों में इसका संपूर्ण भाग प्राप्त किया जा सकता है।

बेशक मैंने ये बात मज़ाक में कही थी और ये लोगोथेरेपी की कोई संक्षिप्त परिभाषा नहीं थी। हालाँकि इतना ज़रूर है कि मनोविश्लेषण की तुलना में लोगोथेरेपी एक ऐसी पद्धति है, जो मरीज के अतीत और उसके आत्मविश्लेषण पर अपेक्षाकृत कम केंद्रित होती है। इसके बजाय **लोगोथेरेपी भविष्य की ओर केंद्रित होती है या यूँ कहें कि यह मरीज द्वारा भविष्य में पूरे किए जानेवाले अर्थों की ओर केंद्रित रहती है।** (लोगोथेरेपी निश्चित रूप से एक अर्थ-केंद्रित मनोचिकित्सा है।) दरअसल लोगोथेरेपी में मरीज का सामना अपने जीवन के अर्थ से होता है और वह उसकी ओर पुन: उन्मुख हो जाता है। उसे इस अर्थ से अवगत कराना, विक्षिप्तता पर काबू पाने की उसकी क्षमता में बहुत महत्वपूर्ण योगदान देता है।

आइए अब मैं आपको समझाता हूँ कि मैंने अपने सिद्धांत को 'लोगोथेरेपी' का नाम क्यों दिया। दरअसल लोगोज़ ग्रीक भाषा का एक शब्द है, जिसका मतलब है, 'अर्थ।' लोगोथेरेपी मानव अस्तित्व के अर्थ पर केंद्रित होने के साथ-साथ मनुष्य की अर्थ की तलाश पर भी केंद्रित होती है। **लोगोथेरेपी के अनुसार अपने जीवन में अर्थ की तलाश करने का ये प्रयास ही मनुष्य का प्राथमिक प्रेरक बल होता है।**

अर्थ ढूँढ़ने की इच्छा

मनुष्य की अर्थ की खोज उसके जीवन की प्राथमिक प्रेरणा है, न कि सहज प्रेरणाओं की 'दूसरे दर्जे की तर्कसंगत युक्ति।' यह अर्थ अपने आपमें इस लिहाज से अनूठा और विशिष्ट है क्योंकि इसे सिर्फ उस मनुष्य के द्वारा ही पूरा किया जा सकता है; और सिर्फ तभी ये इतना महत्वपूर्ण बन सकता है कि उसकी अपनी अर्थ की इच्छा को संतुष्ट कर सके। कुछ साल पहले फ्रांस में एक जनमत सर्वे हुआ। जिसके अनुसार सर्वे में शामिल 89 फीसदी लोगों ने माना कि एक इंसान को 'कुछ' तो ऐसा चाहिए, जिसके लिए वह जी सके। इसके अलावा 61 फीसदी

लोगों ने माना कि उनके अपने जीवन में कुछ तो ऐसा है या कोई तो ऐसा है, जिसके लिए वे अपनी जान देने को भी तैयार हो जाएँगे। मैंने यही सर्वे विएना में अपने अस्पताल के विभाग में किया। इसमें विभाग के कर्मचारियों के साथ-साथ मरीज भी शामिल हुए। कुछेक लोगों पर हुए इस विभागीय सर्वे का परिणाम भी करीब-करीब फ्रांस के उस सर्वे जैसा ही था, जिसमें हज़ारों लोग शामिल हुए थे। दोनों के परिणामों में सिर्फ 2 फीसदी का ही अंतर पाया गया।

ऐसा ही एक और सर्वे जॉन हॉपकिंस यूनिवर्सिटी के समाज शास्त्रियों ने 48 कॉलेजों के 7948 छात्रों पर किया था। उनकी प्रारंभिक रिपोर्ट नेशनल इंस्टीट्यूट ऑफ मेंटल हेल्थ द्वारा प्रायोजित दो वर्षीय अध्ययन का हिस्सा थी। जब छात्रों से पूछा गया कि उनके लिए 'सबसे ज्यादा महत्वपूर्ण' क्या है, तो उनमें से 16 फीसदी का जवाब था, 'ढेर सारा पैसा कमाना।' जबकि 78 फीसदी का कहना था कि उनका पहला लक्ष्य है, अपनी जिंदगी के 'उद्देश्य और अर्थ की तलाश करना।'

19

तनाव का महत्त्व

मनुष्य की अर्थ की खोज आंतरिक संतुलन के बजाय आंतरिक तनाव भी पैदा कर सकती है। हालाँकि ये तनाव ही अनिवार्य रूप से मानसिक स्वास्थ्य की पूर्व शर्त है। बल्कि मैं तो ये कहूँगा कि 'इंसान के जीवन का अपना एक अर्थ होता है', इस समझ के सिवाय दुनिया में ऐसा कुछ भी नहीं है, जो विपरीत परिस्थितियों में हमें बचाने में मददगार साबित हो। जर्मन दार्शनिक नीत्शे के ये शब्द सचमुच ज्ञान से परिपूर्ण हैं कि '**जिसके पास जीने का एक उद्देश्य है, वह कुछ भी सहन कर सकता है और कैसे भी।**' मुझे लगता है कि इन शब्दों में एक आदर्श वाक्य छिपा है, जो किसी भी मनोचिकित्सा के मामले में सही साबित हो सकता है। नाजी यातना शिविरों में रहनेवाला व्यक्ति ये स्पष्ट देख सकता था कि वहाँ उन्हीं लोगों के जिंदा बचने की संभावना सबसे ज़्यादा थी, जो मानते थे कि कोई ऐसा काम है, जिसे पूरा करना अभी बाकी है। यातना शिविरों पर किताबें लिखनेवाले बहुत से लेखकों के साथ-साथ जापानी, उत्तर कोरियाई और उत्तर वियतनामी युद्ध-बंदियों के शिविरों की मनोचिकित्सीय जाँच-पड़ताल का निष्कर्ष भी यही है।

जहाँ तक मेरी बात है, तो मुझे आश्विज यातना शिविर ले जाते समय मेरी एक पांडुलिपि को जब्त कर लिया गया, जो प्रकाशन के लिए तैयार थी।[1] इस पांडुलिपि को नए सिरे से लिखने की मेरी गहन इच्छा निश्चित ही यातना शिविर की अतियों के बीच खुद को जिंदा रखने में मेरी सहायक रही। उदाहरण के लिए एक बार जब मैं बवेरिया के शिविर में टाइफस बुखार से बीमार पड़ गया, तो मैंने बेकार पड़े कागज के छोटे-छोटे टुकड़ों पर बहुत से नोट्स दर्ज किए। इसके पीछे मेरा इरादा यही था कि अगर मैं शिविर से आज़ादी मिलने तक जिंदा बचा रहा, तो अपनी पांडुलिपि को दोबारा लिखने में सक्षम हो सकूँ। मुझे यकीन है कि बवेरिया के यातना शिविर की अंधेरी बैरक में अपनी खोई हुई पांडुलिपि को दोबारा तैयार करने से मुझे दिल का दौरा पड़ने का खतरा कम हो गया था। यानी इसे इस तरह देखा जा सकता है कि मानसिक स्वास्थ्य कुछ हद तक तनाव पर निर्भर होता है; यहाँ जिस तनाव की बात हो रही है, वह है - व्यक्ति ने अब तक जो हासिल किया है और आगे वह जो हासिल करना चाहता है, उन दोनों के बीच का तनाव; या फिर व्यक्ति अभी जो है और उसे भविष्य में जो बनना चाहिए, उसके बीच का तनाव।

मनुष्य में ये तनाव अंतर्निहित होता है और इसलिए ये उसके मानसिक स्वास्थ्य के लिए अनिवार्य है। तो **हमें इंसान को अपने जीवन का संभावित अर्थ पूरा करने की चुनौती देने से बचना नहीं चाहिए। सिर्फ तभी हम उसकी विलंबता की अवस्था से, उसकी अर्थ की इच्छा को प्रेरित कर सकते हैं।** मैं इसे मानसिक स्वास्थ्य से जुड़ी एक खतरनाक धारणा मानता हूँ कि इंसान को सबसे पहले 'संतुलन' की या जिसे जीवविज्ञान में होमिओस्टेसिस (समस्थापन) यानी 'तनावरहित अवस्था' कहा जाता है, उसकी ज़रूरत होती है।

वास्तव में इंसान को तनावरहित अवस्था की नहीं बल्कि एक ऐसे सार्थक लक्ष्य के लिए ज़रूरी प्रयास करने और संघर्ष करने की ज़रूरत होती है, जिसका चुनाव उसने अपनी इच्छा से किया हो। उसे किसी भी कीमत पर तनाव मुक्त होने की नहीं बल्कि एक ऐसे संभावित अर्थ की ज़रूरत होती है, जो उसके द्वारा पूरा किए जाने की प्रतीक्षा में हो। इंसान को होमिओस्टेसिस (समस्थापन) की नहीं बल्कि 'नो-डायनमिक्स' यानी उस स्वस्थ तनाव पर निर्भर अस्तित्वगत गति की

---

[1]यह मेरी पहली पुस्तक का पहला संस्करण था, जिसका अंग्रेज़ी अनुवाद १९५५ में द डॉक्टर एंड द सोल : एन इंट्रोडक्शन टू लोगोथैरेपी शीर्षक से न्यूयॉर्क के अल्फ्रेड ए. नॉफ ने किया था।

ज़रूरत होती है, जो अर्थ - जिसे पूरा किया जाना है - और व्यक्ति - जिसे वह अर्थ पूरा करना है - के बीच होती है।

अर्थ की दिशा में जाने के लाभकारी प्रभावों को दर्शाने के बाद मैं उस भावना के हानिकारक प्रभावों की ओर इशारा करना चाहता हूँ, जिसकी आज बहुत से मरीज शिकायत करते हैं यानी जीवन में परम निरर्थकता की भावना। उनके पास उस अर्थ के बारे में जागरूकता की कमी होती है, जिसके लिए पूरा जीवन जिया जा सके। वे अपने भीतर के खालीपन से त्रस्त होते हैं; उनकी इस स्थिति को मैं 'अस्तित्ववादी शून्यता' कहता हूँ।

अस्तित्ववादी शून्यता

अस्तित्ववादी शून्यता बीसवीं सदी की एक व्यापक घटना है। इसका कारण संभवत: वह दोहरा नुकसान है, जिसे मनुष्य को वास्तव में मनुष्य बनने के बाद से ही झेलना पड़ा है। मानव इतिहास की शुरुआत में मनुष्य ने अपनी कुछ ऐसी बुनियादी पाशविक प्रवृत्तियों को खो दिया, जिनमें एक जीव का व्यवहार निहित होता है और जिसके चलते यह सुरक्षित रहता है। जिस तरह मनुष्य के लिए स्वर्ग के दरवाजे हमेशा के लिए बंद हो गए, उसी तरह उसने अपनी ये सुरक्षा भी हमेशा के लिए खो दी; आखिर मनुष्य को अपने चुनाव तो करने ही पड़ते हैं। हालाँकि इसके अतिरिक्त मनुष्य को अपने हालिया विकास में एक और नुकसान झेलना पड़ा है और वह ये है कि जो परंपराएँ उसके व्यवहार को मजबूत बनाती हैं, वे तेजी से विलीन हो रही हैं।

अब ऐसी कोई वृत्ति नहीं बची है, जो उसे बताती हो कि उसे क्या करना होगा। न ही अब ऐसी कोई परंपरा है, जो उसे बताती हो कि उसे क्या करना चाहिए; कभी-कभी तो उसे पता ही नहीं होता कि वह क्या करना चाहता है। इसके बजाय या तो वह वो करना चाहता है, जो अन्य लोग कर रहे हैं (कन्फॉर्मिज़्म या अनुरूपतावाद) या फिर वह वो करता है, जो अन्य लोग उससे कराना चाहते हैं (टोटैलटेरीअनिज़्म या अधिनायकवाद)।

एक हालिया सर्वे से पता चला है कि मेरे यूरोपीय छात्रों में से 25 फीसदी कुछ हद तक अस्तित्ववादी शून्यता का सामना कर रहे हैं। वहीं मेरे अमेरिकी छात्रों के बीच ये आँकड़ा इससे कहीं ज़्यादा - 60 फीसदी - था।

अस्तित्ववादी शून्यता मुख्य रूप से बोरियत की स्थिति में प्रकट होती है। अब हम जर्मन दार्शनिक आर्थर शोपेनहॉवर द्वारा कही गई इस बात को समझ सकते हैं कि 'मानव जाति स्पष्ट रूप से पीड़ा और बोरियत जैसी दो चरम अवस्थाओं के बीच अनंतकाल तक भटकने के लिए शापित है।' वास्तव में अब पीड़ा के मुकाबले बोरियत कहीं ज़्यादा समस्याओं को जन्म दे रही है, जो निश्चित रूप से मनोचिकित्सकों के सामने भी आ रही हैं। और ये समस्याएँ तेजी से निर्णायक साबित हो रही हैं क्योंकि हमारे चारों ओर जो ऑटोमेशन (स्वचालन) बढ़ रहा है, उसके चलते एक औसत कर्मचारी के पास उपलब्ध खाली समय में तेजी से बढ़ोत्तरी होगी। अफसोस की बात ये है कि उनमें से बहुत से लोगों को यह नहीं पता होगा कि उन्हें जो ढेर सारा खाली समय मिल रहा है, उसका वे क्या करें।

उदाहरण के लिए 'संडे न्यूरोसिस' पर विचार करते हैं। संडे न्यूरोसिस यानी वह अवसाद, जिसका अनुभव मुख्यत: उन लोगों को होता है, जिन्हें इस बात का एहसास है कि सप्ताह भर काम की भागदौड़ के बाद रविवार को यानी छुट्टी के दिन उन्हें जीवन में संतोष की कितनी कमी महसूस होती है और उनकी आंतरिक शून्यता प्रकट होने लगती है। बहुत सी आत्महत्याओं के पीछे ये अस्तित्ववादी शून्यता ही जिम्मेदार होती है। अवसाद, आक्रामकता और व्यसन जैसी व्यापक समस्याओं को तब तक नहीं समझा जा सकता, जब तक उनमें अंतर्निहित इस अस्तित्ववादी शून्यता की पहचान नहीं कर ली जाती। पेंशनभोगियों और वृद्ध लोगों की विकट समस्याओं के मामले पर भी यही बात लागू होती है।

आइए अब इस बात पर विचार करते हैं कि जब कोई मरीज पूछे कि उसके जीवन का अर्थ क्या है, तो क्या किया जाए।

जीवन का अर्थ

इस सवाल का जवाब कोई डॉक्टर सामान्य शब्दों में शायद ही दे सके। क्योंकि जीवन का अर्थ हर किसी के लिए, हर दिन, हर पल अलग-अलग होता है। इसलिए जो सचमुच मायने रखता है, वह है, एक विशिष्ट क्षण में किसी व्यक्ति के जीवन का अनूठा और स्पष्ट अर्थ, न कि जीवन का सामान्य अर्थ। इस सवाल को सामान्य शब्दों में पूछना कुछ ऐसा होगा, जैसे किसी शतरंज चैम्पियन से ये पूछना कि 'दुनिया में शतरंज की सर्वश्रेष्ठ चाल कौन सी है?' क्योंकि खेल

में सर्वश्रेष्ठ चाल या अच्छी चाल जैसा कुछ नहीं होता, सिवाय किसी विशिष्ट परिस्थिति के या अपने विरोधी खिलाड़ी के विशिष्टि व्यक्तित्व के। मानव अस्तित्व पर भी यही बात लागू होती है।

इंसान को जीवन का अमूर्त अर्थ तलाशने के चक्कर में नहीं पड़ना चाहिए। **जीवन में हर किसी का अपना एक झुकाव या एक मिशन होता है, जिससे वह अपना कोई ऐसा कार्य पूरा करता है, जिसे पूरा करना उसके लिए ज़रूरी है।** इसीलिए उस व्यक्ति की अदला-बदली नहीं की जा सकती और न ही उसके जीवन को दोहराया जा सकता है। तो इस प्रकार, हर कार्य उतना ही अनूठा होता है, जितना उसे पूरा करने के लिए मिला विशिष्ट अवसर अनूठा होता है।

चूँकि जीवन की प्रत्येक स्थिति मनुष्य के लिए एक चुनौती की तरह होती है और उसके सामने एक ऐसी समस्या लेकर आती है, जिसका उसे हल ढूँढ़ना होता है, इसलिए जीवन के अर्थ का सवाल वास्तव में उल्टा हो सकता है। अंततः मनुष्य को ये नहीं पूछना चाहिए कि उसके जीवन का अर्थ क्या है बल्कि उसे ये समझना होगा कि ये सवाल खुद उससे ही पूछा जा रहा है। दूसरे शब्दों में कहें, **तो जीवन हर व्यक्ति से सवाल पूछता है और वह जीवन को जवाब तभी दे सकता है, जब वह सचमुच अपने जीवन के प्रति जवाबदेह हो; वह खुद जिम्मेदार बनकर जीवन को अपनी प्रतिक्रिया दे सकता है।** इस तरह लोगोथेरेपी के लिए मानव अस्तित्व का सार जिम्मेदारी में ही निहित होता है।

20

अस्तित्व का सार

लोगोथेरेपी मरीज को उसकी अपनी जिम्मेदारियों के प्रति जागरूक बनाने की कोशिश करती है; इसीलिए इस सवाल का जवाब खुद मरीज के ऊपर ही छोड़ देना चाहिए कि वह किस चीज़ या किस इंसान के प्रति खुद को जिम्मेदार मानता है। यही कारण है कि एक लोगोथेरेपी विशेषज्ञ अन्य मनोचिकित्सकों के मुकाबले अपने मरीज पर ऐसे आकलन कम ही थोपता है, जो ये बताते हों कि उसके लिए क्या महत्वपूर्ण होना चाहिए और क्या नहीं। एक लोगोथेरेपी विशेषज्ञ कभी किसी मरीज को ये अनुमति नहीं देता कि वह इस आकलन की जिम्मेदारी डॉक्टर को सौंप दे।

इसलिए यह मरीज पर निर्भर करता है कि वह अपने जीवन का सबसे बड़ा कार्य किसे मानता है: समाज के प्रति जिम्मेदार होना या फिर अपनी अंतरआत्मा के प्रति जिम्मेदार होना। हालाँकि बहुत से लोग अपने जीवन को सिर्फ उन्हें सौंपे गए कार्य के रूप में ही नहीं देखते बल्कि उस टास्कमास्टर के संदर्भ में भी देखते हैं, जिसने उन्हें वह कार्य सौंपा है। लोगोथेरेपी न तो कुछ सिखाती है और न ही कोई उपदेश देती है। ये तर्क-वितर्क करने से भी उतनी ही दूरी बनाकर रखती है, जितनी नैतिक शिक्षा देने से। अलंकारिक रूप से कहें, तो लोगोथेरेपी विशेषज्ञ, दरअसल एक नेत्र-विशेषज्ञ जैसी भूमिका निभा रहा होता है, न कि एक चित्रकार जैसी। एक चित्रकार दुनिया को अपनी नज़रों से देखकर हमारे सामने उसकी एक तस्वीर प्रस्तुत करने की कोशिश करता है। जबकि एक नेत्र-विशेषज्ञ हमें दुनिया को जस का तस देखने में सक्षम बनाने की कोशिश करता है। लोगोथेरेपी विशेषज्ञ का काम है, मरीज के नज़रिए को विस्तार देना ताकि जो भी संभावित अर्थ है, वह अपनी पूरी संभावना के साथ उसके सामने आ जाए और उसे साफ-साफ दिखाई देने लगे।

इंसान की अपनी जिम्मेदारी होती है और उसे अपने जीवन का संभावित अर्थ पहचानना ही होगा - ये घोषणा करके मैं दरअसल इस बात पर जोर देना चाहता हूँ कि जीवन का सच्चा अर्थ, मनुष्य के अंदर या उसके अंतस में झांककर नहीं बल्कि इस दुनिया में ही तलाशा जा सकता है। मैंने इस मौलिक विशेषता को 'मानव अस्तित्व का आत्म-उत्थान' नाम दिया है, जो इस बात को दर्शाता है कि इंसान होना हमेशा खुद के बजाय किसी दूसरी चीज़ या व्यक्ति की ओर निर्देशित होता है - फिर चाहे वह ऐसा अर्थ हो, जिसे पूरा करना हो या फिर कोई अन्य व्यक्ति हो, जिसका सामना करना हो। आत्म-केंद्रित होने के बजाय किसी ध्यान या अभियान में या किसी अन्य व्यक्ति के प्रेम में मनुष्य खुद को जितना समर्पित करता है - वह उतना ही अधिक मानवीय बन जाता है और स्वयं को जानने लगता है। हम जिसे स्वयं को जानना कहते हैं, दरअसल वह कोई ऐसा लक्ष्य नहीं है, जिसे हासिल किया जा सके क्योंकि उसे पाने का जितना अधिक प्रयास किया जाएगा, वह मनुष्य से उतना ही दूर होता जाएगा। दूसरे शब्दों में, स्वयं को जानना सिर्फ स्व-उत्कृष्टता की प्रक्रिया से पड़नेवाला एक प्रभाव है।

अब तक हमने देखा कि **जीवन का अर्थ हमेशा बदलता रहता है, लेकिन कभी समाप्त नहीं होता।** लोगोथेरेपी के अनुसार हम जीवन के अर्थ की तलाश

तीन अलग-अलग तरीकों से कर सकते हैं: (1) कर्म करके या कोई रचना करके; (2) किसी चीज़ का अनुभव करके या किसी व्यक्ति का सामना करके; और (3) अपरिहार्य पीड़ा के प्रति अपने दृष्टिकोण द्वारा। पहला तरीका, जो उपलब्धियों से जुड़ा है, बिलकुल स्पष्ट है। वहीं दूसरे और तीसरे तरीके के बारे में विस्तृत चर्चा करने की ज़रूरत है।

जीवन में अर्थ पाने का दूसरा तरीका, किसी अनुभव से जुड़ा है जैसे अच्छाई, सच्चाई या सुंदरता। जैसे कुदरत और संस्कृति का अनुभव या फिर किसी दूसरे इंसान को उसके पूरे अनूठेपन के साथ अनुभव करना यानी उससे प्रेम करना।

प्रेम का अर्थ

प्रेम ही एकमात्र ऐसा माध्यम है, जो हमें किसी दूसरे इंसान के भीतरी व्यक्तित्व तक ले जाता है। जब तक आप सामनेवाले व्यक्ति से प्रेम नहीं करते, तब तक उसके दिल की गहराइयों के पार नहीं उतर सकते। इंसान अपने प्रेम के बल पर ही अपने प्रियतम की खूबियों व गुणों को जान पाता है और इतना ही नहीं, वह उसमें छिपी उन संभावनाओं को भी जान लेता है, जो अभी तक प्रकट नहीं हो सकी हैं। **मनुष्य अपने प्रियतम को यह यकीन दिला सकता है कि वह क्या है और उसे क्या होना चाहिए। इस तरह वह उसकी संभावनाओं को साकार करने में अपनी ओर से अहम भूमिका निभाता है।**

लोगोथेरेपी में, प्रेम को केवल काम-वासना संबंधी प्रवृत्तियों व आवेगों का निर्माता ही नहीं माना जाता।[2] प्रेम भी उतनी ही महत्वपूर्ण चीज़ है, जितनी यौन-क्रिया। आमतौर पर यौन-क्रिया प्रेम की अभिव्यक्ति का एक तरीका होती है। यौन-क्रिया को प्रेम के वाहक के रूप में जायज, यहाँ तक कि पवित्र माना जाता है। इस प्रकार प्रेम को सिर्फ यौन-क्रिया के प्रभाव के रूप में नहीं देखा जाता बल्कि यौन-क्रिया परम मिलन के उस अनुभव की अभिव्यक्ति का तरीका होती है, जिसे हम प्रेम कहते हैं।

जीवन में अर्थ की तलाश का तीसरा तरीका है पीड़ा।

---

[2] एक घटना, जो प्राथमिक घटना के परिणामस्वरूप होती है।

पीड़ा का अर्थ

हमें कभी नहीं भूलना चाहिए कि हमें जीवन का अर्थ उस समय भी मिल सकता है, जब हम किसी निराशाजनक स्थिति से घिरे हुए हों या ऐसी नियति का सामना कर रहे हों, जिसे बदलना असंभव हो। उस समय मायने ये रखता है कि हम उस अनूठी मानवीय क्षमता को उसके सर्वश्रेष्ठ रूप में देख सकें, जो एक व्यक्तिगत त्रासदी को एक विजय के रूप बदल सकती है या किसी विपदा को मानवीय उपलब्धि में तब्दील कर सकती है। जब हम किसी स्थिति को बदलने में सक्षम नहीं रह जाते – जैसे कैंसर जैसी कोई लाइलाज बीमारी – तो खुद को बदलना ही हमारी चुनौती बन जाता है।

आइए मैं आपको इसका एक स्पष्ट उदाहरण देता हूँ: एक बार एक बुज़ुर्ग डॉक्टर गंभीर अवसाद की समस्या लेकर मेरे पास आए। वे अपनी पत्नी से बहुत प्रेम करते थे और उसे खोने के दुःख से उबर नहीं पा रहे थे। उनकी पत्नी की मृत्यु को दो साल हो चुके थे। अब, भला मैं उनकी मदद कैसे करता? मुझे उनसे क्या कहना चाहिए था? दरअसल, मैंने उनसे कुछ भी कहने से परहेज किया और उनके सामने ये सवाल रखा, 'डॉक्टर, अगर आपकी पत्नी के बजाय, आपकी मृत्यु पहले हो गई होती, तो क्या होता?' 'ओह!' उन्होंने कहा, 'उसके लिए तो ये बड़ा तकलीफदेह होता। न जाने, वह ये सब कैसे सह पाती!' उनकी ये बात सुनकर मैंने कहा, 'देखा डॉक्टर, वे इस तकलीफ से बच गईं और उन्हें इससे बचानेवाले आप हैं – उन्हें इस तकलीफ से बचाने की कीमत आपको ये तय करके चुकानी है कि अब आप कैसे जीएँगे और उनके जाने का शोक कैसे मनाएँगे।' इसके बाद उन्होंने कुछ नहीं कहा। बस गर्मजोशी के साथ मुझसे हाथ मिलाया और चले गए। **दरअसल जैसे ही पीड़ा को एक अर्थ मिल जाता है, तो वह पीड़ा नहीं रह जाती; जैसे पीड़ा को बलिदान के रूप में देखना, उसे सार्थक बना देता है।**

बेशक, उचित अर्थों में देखा जाए, तो ये कोई थेरेपी नहीं थी क्योंकि वे जिस निराशा से घिरे हुए थे, वह कोई बीमारी नहीं थी; और दूसरा, मैं उनकी नियति नहीं बदल सकता था; मैं उनकी पत्नी को वापस नहीं ला सकता था। लेकिन उस एक क्षण में नियति के प्रति मैं उनका नज़रिया बदलने में इस हद तक सफल ज़रूर रहा कि उसके बाद उन्हें अपनी पीड़ा सार्थक नज़र आने लगी। ये लोगोथेरेपी के मूल सिद्धांतों में से एक है कि **इंसान की मुख्य ज़रूरत सुख प्राप्त करना या पीड़ा से बचना नहीं है बल्कि अपने जीवन में एक अर्थ पाना या दूसरे शब्दों में कहें, तो जीवन**

को सार्थक होते देखना है। इसीलिए इंसान पीड़ा सहने को भी तैयार हो जाता है, बस शर्त ये है कि उस पीड़ा का कोई अर्थ हो।

लेकिन मैं एक बात पूरी तरह स्पष्ट कर दूँ कि **जीवन में अर्थ ढूँढ़ने के लिए पीड़ा सहना ज़रूरी नहीं है।** मेरा बस ये कहना है कि पीड़ा के बावजूद जीवन में अर्थ ढूँढ़ा जा सकता है – खासकर तब, जब पीड़ा ऐसी हो, जिससे बचना असंभव हो। लेकिन अगर पीड़ा से बचना संभव है, तो उसके मूल कारणों को खत्म कर देना ही अधिक सार्थक होगा, फिर चाहे वे मनोवैज्ञानिक कारण हों, जैविक कारण हों या फिर राजनीतिक कारण। अनावश्यक रूप से पीड़ा सहना कोई वीरता नहीं है।

ऐसी परिस्थितियाँ भी आती हैं, जिनमें इंसान अपना काम करने या अपने जीवन का आनंद लेने के अवसरों से कट सा जाता है; लेकिन जिस बात से कतई इंकार नहीं किया जा सकता, वह ये है कि आपकी पीड़ा अपरिहार्य होती है। इसलिए पीड़ा को बहादुरी से सहने की चुनौती स्वीकार करने से जीवन के अंतिम क्षणों तक उसकी सार्थकता बनी रहती है। दूसरे शब्दों में कहें, तो जीवन का अर्थ दरअसल बेशर्त अर्थ होता है, जिसमें अपरिहार्य पीड़ा का संभावित अर्थ भी शामिल होता है।

मुझे अपना एक अनुभव याद आ रहा है, जो संभवत: यातना शिविर में मेरा सबसे गहन अनुभव था। शिविर में हर 28 लोगों में से सिर्फ एक के ज़िंदा बचने की संभावना होती थी। इसे सटीक आँकड़ों के जरिए आसानी से सत्यापित किया जा सकता है। ऐसे में इस बात की संभावना कम ही थी कि अपनी पहली किताब की पांडुलिपि को मैं कभी बचा सकूँगा। जिसे ऑश्विज शिविर में प्रवेश करते समय मैंने अपने कोट में छिपा रखा था। इसलिए पहले मुझे अपनी इस मानसिक संतान को खोने की पीड़ा सहनी पड़ी और फिर उस पीड़ा से उबरना पड़ा। शिविर में रहते हुए मुझे ऐसा लगने लगा था कि अब ज़्यादा दिनों तक मेरा ज़िंदा बच पाना असंभव है। मुझे लगने लगा कि अब न तो मैं अपनी मानसिक संतान के लिए ज़िंदा बचूँगा और न अपनी असली संतान के लिए! अब मेरे सामने ये सवाल था कि इन परिस्थितियों में मेरे जीवन का सचमुच कोई अर्थ है भी या नहीं? उस समय मुझे अंदाजा भी नहीं था कि इस सवाल – जिससे मैं बुरी तरह जूझ रहा था – का जवाब पहले से ही मौजूद है और जल्द ही मुझे मिलनेवाला है।

ये उस समय की बात है, जब शिविर में आने के बाद मुझसे मेरे सारे कपड़े

ले लिए गए और बदले में एक ऐसे कैदी के फटेहाल कपड़े पहनने के लिए दे दिए गए, जिसे ऑश्विज रेल्वे स्टेशन पर उतरते ही फौरन गैस चैंबर में भेजकर मार दिया गया था। मेरे पास अपनी कई पन्नोंवाली पांडुलिपि तो नहीं बची थी, लेकिन अपने नए कपड़ों की जेब में मुझे हिब्रू भाषा की प्रार्थना-पुस्तिका का एक फटा हुआ पन्ना ज़रूर मिल गया था। इस पन्ने में यहूदियों की सबसे महत्वपूर्ण प्रार्थना 'शेमा इजराइल' छपी हुई थी। इस 'संयोग' को भला मुझे किस तरह देखना चाहिए था? इसे मैंने, अपने विचारों को सिर्फ कागज पर उतारने के बजाय उनके अनुसार जीने की चुनौती के रूप में लिया।

मुझे याद है, इसके कुछ ही देर बाद, मुझे ऐसा लगने लगा कि मैं यहाँ ज़्यादा दिनों तक जीवित नहीं रह सकूँगा। हालाँकि इस गंभीर स्थिति में मेरी चिंता, मेरे अधिकांश साथी कैदियों से ज़रा अलग थी। सवाल ये था कि 'क्या हम इस शिविर से जीवित बच पाएँगे? अगर नहीं, तो इस पूरी पीड़ा का कोई अर्थ नहीं रह जाएगा।' मेरे मन में जो सवाल बार-बार उठ रहा था, वह ये था कि 'इस पूरी पीड़ा का, हमारे चारों ओर हो रही मौतों का सचमुच कोई अर्थ है भी या नहीं?' अगर नहीं, तो फिर जिंदा रहने का भी कोई अर्थ नहीं है; एक ऐसा जीवन, जिसका अर्थ ऐसे संयोग पर निर्भर हो - कि कोई बचेगा या नहीं - वह तो अंतत: जीने लायक है ही नहीं।'

21

एक लोगोड्रामा

अब मैं आपको एक ऐसे मरीज का उदाहरण देना चाहूँगा, जिसने मेरे सामने यह सवाल रखा कि 'मेरे जीवन का अर्थ क्या है?' एक बार एक महिला - जिसके 11 साल के बेटे की मौत हो गई थी - को आत्महत्या का प्रयास करने के बाद अस्पताल में मेरे विभाग में भर्ती कराया गया। डॉ. कर्ट कोकोरेक ने उसे एक थेरेपी समूह में शामिल होने का न्यौता दिया और हुआ ये कि जब वे साइकोड्रामा का आयोजन कर रहे थे, तभी मैं संयोगवश उस कमरे में दाखिल हुआ। उस वक्त वह महिला अपनी कहानी बता रही थी। उसके दो बेटे थे। छोटे बेटे की मौत के बाद वह अपने बड़े बेटे के साथ अकेली रह गई। उसका ये बड़ा बेटा पक्षाघात के कारण बचपन में ही विकलांग हो गया था। उस बेचारे को अपनी जगह से हिलने

के लिए भी व्हीलचेयर की ज़रूरत पड़ती थी। इस हालातों में उसकी माँ ने अपनी नियति के खिलाफ विद्रोह कर दिया। लेकिन जब माँ ने उसके साथ आत्महत्या करने की कोशिश की, तो उस विकलांग बेटे ने ही उसे ऐसा करने से रोका; वह जीना चाहता था! उस लड़के के लिए जीवन अब भी सार्थक था। लेकिन उसकी माँ के मामले में ऐसा नहीं था, पर क्यों? भला उसके जीवन का क्या अर्थ हो सकता था? और हम जीवन के अर्थ से परिचय कराने में उसकी मदद कैसे कर सकते थे? अंततः मैं भी उस चर्चा में शामिल हो गया।

मैंने समूह की एक अन्य महिला से पूछा कि उसकी उम्र क्या है और उसने जवाब दिया 'तीस।' इस पर मैंने कहा, 'नहीं तुम तीस की नहीं बल्कि अस्सी साल की हो और अपनी मृत्युशय्या पर हो। तुम अपने जीवन को पीछे मुड़कर देखती हो। एक ऐसा जीवन, जिसमें तुम अंत तक निःसंतान रहीं, लेकिन तुम्हें खूब वित्तीय सफलता और सामाजिक प्रतिष्ठा मिली।' फिर मैंने उससे ये कल्पना करने को कहा कि ऐसे में वह कैसा महसूस करेगी। 'कैसा लगेगा तुम्हें? तुम ऐसे में खुद से क्या कहोगी?' इस पूरे सत्र को टेप में रिकॉर्ड किया गया था, जिसके अनुसार उस महिला का शब्दशः जवाब ये था, 'ओह, मैंने एक करोड़पति से शादी की और एक सुविधाजनक व संपन्न जीवन जिया। साथ ही मैंने जीवन का खूब आनंद भी उठाया! मैंने कई मर्दों से फ्लर्ट किया, उनके साथ शरारतें कीं! लेकिन अब मैं अस्सी साल की हूँ; मेरी कोई संतान नहीं है। अब जब मैं एक वृद्ध महिला के रूप में पीछे मुड़कर अपने जीवन को देखती हूँ, तो मुझे समझ में नहीं आता कि वह सब किसलिए था; वास्तव में, मुझे स्पष्ट शब्दों में कहना होगा कि मेरा जीवन असफल रहा!'

इसके बाद मैं विकलांग लड़के की माँ की ओर मुड़ा। मैंने उससे भी ठीक यही कल्पना करने के लिए कहा कि वह अस्सी साल की है, अपनी मृत्युशय्या पर लेटी हुई है और पीछे मुड़कर अपने जीवन को देखती है। सत्र की टेप रिकॉर्डिंग के अनुसार उस महिला का शब्दशः जवाब ये था, 'मेरी इच्छा थी कि मैं माँ बनूँ और ये इच्छा पूरी भी हुई। मैं दो बेटों की माँ बनी; लेकिन उनमें से एक की असमय ही मौत हो गई और दूसरा बेटा – जो विकलांग था – अगर मैंने उसकी देखभाल का जिम्मा अपने कंधों पर न लिया होता तो उसे विकलांगों की किसी संस्था में भेज दिया जाता। हालाँकि वह विकलांग और असहाय है, लेकिन फिर भी मेरा बेटा है। इसलिए मैंने वह सब किया, जिससे वह एक परिपूर्ण जीवन जी सके;

मैंने अपने बेटे को ऐसी परवरिश दी कि वह बड़ा होकर एक अच्छा इंसान बना।' इतना कहते ही वह रो पड़ी, उसने आगे कहा, 'जहाँ तक मेरी बात है, जब मैं पीछे मुड़कर अपने जीवन की ओर देखती हूँ, तो मुझे शांति का एहसास होता है; मैं कह सकती हूँ कि मेरा जीवन सार्थक रहा और मैंने इसके लिए काफी मेहनत भी की; मैंने अपना सर्वश्रेष्ठ देने की कोशिश की - मैंने अपने बेटे के लिए जो भी किया, सर्वश्रेष्ठ ढंग से किया। मेरा जीवन किसी भी लिहाज से असफल नहीं रहा।' अपने जीवन को ऐसे देखकर - कि मानों वह अपनी मृत्युशय्या पर हो - वह अचानक जीवन का एक अर्थ देख पाने में सक्षम हो गई, ऐसा अर्थ, जिसमें उसके सारे कष्ट और पीड़ाएँ भी शामिल थीं। इस तरह यह भी स्पष्ट हो गया कि एक छोटा जीवन भी - उदाहरण के लिए उसके छोटे बेटे का जीवन, जिसकी 11 साल की छोटी सी उम्र में ही मृत्यु हो गई - प्रेम और आनंद से इतना परिपूर्ण हो सकता है कि 80 साल जीनेवाले के जीवन से भी अधिक सार्थक रहे।

कुछ देर बाद मैंने पूरे समूह के सामने एक नया सवाल पूछा। सवाल ये था कि क्या एक बंदर - जिसे पोलियोरोधी सीरम विकसित करने के लिए बार-बार सुई चुभोई जाती है - कभी अपनी इस पीड़ा का अर्थ समझ सकता है? जवाब में पूरे समूह ने सर्वसम्मति से कहा कि '**बंदर को यह नहीं पता है कि वह चल सकेगा; वह अपनी सीमित बुद्धि के कारण मनुष्यों की सोच तक नहीं पहुँच सकता। केवल मनुष्य ही है, जो अपनी पीड़ा या कष्ट में छिपे अर्थ को भी जान सकता है।**' इसके बाद मैंने पूछा, 'और इंसान का क्या? क्या आप पूरे यकीन से कह सकते हैं कि इंसानी दुनिया ही ब्रह्मांड के विकास का अंतिम बिंदु है? क्या ऐसा नहीं हो सकता कि किसी और आयाम में, कोई और दुनिया भी मौजूद हो, जो इंसानी दुनिया से बिलकुल परे हो; यानी एक ऐसी दुनिया, जहाँ इंसानी पीड़ा के बुनियादी अर्थ का जवाब मिल सके?'

उत्तम अर्थ

यह अंतिम अर्थ, अनिवार्य रूप से मनुष्य की सीमित बौद्धिक क्षमता से परे है। हम लोगोथेरेपी में एक उत्तम अर्थ के बारे में बात करते हैं। दरअसल मनुष्य नहीं चाहता कि उसे किसी दार्शनिक की ओर से उपदेश सुनने को मिले ताकि वह उसके जीवन की अर्थहीनता को जारी रख सके। उसे तो कोई ऐसा चाहिए, जो उसे उसके जीवन के अर्थ की ओर ले जा सके और उस ओर जाने का साहस दे सके। *लोगोज़ (logos)* शब्द, तर्क से कहीं गहरा है।

एक मनोचिकित्सक जो उत्तम अर्थ की अवधारणा से परे जाता है, उसे आज नहीं तो कल अपने मरीज द्वारा शर्मिंदा होना पड़ेगा। ठीक वैसे ही जैसे मैं शर्मिंदा हुआ था, जब मेरी छह साल की बेटी ने मुझसे सवाल किया कि 'हम ईश्वर की प्रार्थना क्यों करते हैं?' जवाब में मैंने कहा, 'क्योंकि कुछ हफ्ते पहले जब तुम्हें खसरा हो गया था, तो ईश्वर ने ही तुम्हें ठीक किया था।' हालाँकि वह नन्हीं बच्ची मेरे जवाब से संतुष्ट नहीं हुई और बोली, 'अच्छा। पर डैडी आप प्लीज ये मत भूलिए कि ईश्वर ने ही तो मुझे खसरे की बीमारी दी थी।'

हालाँकि जब कोई मरीज दृढ़ धार्मिक विश्वासोंवाला हो तो उसके विश्वासों के प्रभाव का चिकित्सीय उपयोग करने और उसके आध्यात्मिक संसाधनों का लाभ उठाने पर कोई आपत्ति नहीं होनी चाहिए। हो सकता है कि ऐसा करने के लिए मनोचिकित्सक को खुद को मरीज की जगह पर रखकर देखना पड़े। उदाहरण के लिए एक बार जब पूर्वी यूरोप के एक रब्बी ने मुझे अपनी कहानी बताई तो मैंने भी ठीक ऐसा ही किया। वह अपनी पहली पत्नी और छह बच्चों को खो चुका था। उन सबको ऑश्विज के यातना शिविर में गैस चैंबर में मार दिया गया था। और अब उसे पता चला कि उसकी दूसरी पत्नी बाँझ थीं। मेरा अवलोकन था कि **बच्चे पैदा करना ही जीवन का इकलौता अर्थ नहीं है क्योंकि फिर तो जीवन अपने आपमें अर्थहीन बन जाएगा और जो चीज़ अपने आपमें अर्थहीन हो, उसे जारी रखने भर से वह सार्थक नहीं बन सकती।** हालाँकि उस रब्बी ने अपनी इस अवस्था का मूल्यांकन एक रूढ़ीवादी यहूदी के रूप में घोर निराशा के साथ किया और कहा कि उसका कोई बेटा नहीं है, जो उसकी मौत के बाद उसके लिए कदीश[3] करे।

लेकिन मैंने हार नहीं मानी। मैंने उसकी मदद करने की आखिरी कोशिश की और पूछा कि क्या उसे ये उम्मीद नहीं है कि वह स्वर्ग में अपने बच्चों से दोबारा मिल सकेगा। मेरा ये सवाल सुनते ही उसकी आँखों में आँसू आ गए और तब उसकी पीड़ा का असली कारण सामने आया: उसने बताया कि चूँकि उसके बच्चों की मृत्यु मासूम शहीदों[4] के रूप में हुई थी इसलिए वे स्वर्ग में सर्वोच्च स्थान पाने के योग्य थे। लेकिन जहाँ तक उसकी अपनी बात है, तो एक पापी बूढ़ा होने के चलते वह स्वर्ग जाने की उम्मीद नहीं कर सकता। ये सुनकर भी मैंने हार नहीं मानी और कहा, 'तो क्या तुम्हें नहीं लगता कि आज तुम इसीलिए जीवित हो ताकि

---

3 मृतक के लिए की जाने वाली प्रार्थना।

4 किदुश हाशिम, अर्थात, ईश्वर के सम्मान में।

पत्नी और बच्चों को खोने की पीड़ा भोगकर तुम्हारे पाप धुल जाएँ और अंततः तुम भी स्वर्ग जाने योग्य बन जाओ और अपने बच्चों से मिल सको? क्या तुम्हारे जीवित रहने का यही अर्थ नहीं है? आखिर साम (यहूदियों की पवित्र किताब) में भी तो यही लिखा है, ईश्वर हमारे हर आँसू को सुरक्षित रखता है।[5] तो संभवतः इसका यही मतलब हुआ कि तुम्हारी पीड़ा व्यर्थ नहीं जाएगी।' ये सुनकर उसे सालों बाद अपनी पीड़ा से थोड़ी राहत मिली क्योंकि मैं उसे एक नया दृष्टिकोण देने में सफल रहा।'

जीवन की नश्वरता

जो चीज़ें मानव जीवन का अर्थ छीनती हुई प्रतीत होती हैं, उनमें सिर्फ पीड़ा ही नहीं बल्कि मृत्यु भी शामिल है। मैं बार-बार ये कहता हूँ कि जीवन का इकलौता नश्वर पहलू संभावनाएँ होती हैं; लेकिन जैसे ही वे संभावनाएँ सच होती हैं, तो फौरन वास्तविकता में तब्दील हो जाती हैं; वे सुरक्षित होकर अतीत में पहुँच जाती हैं, जहाँ वे नश्वरता से बचकर संरक्षित हो जाती हैं। क्योंकि अतीत में कुछ भी हमेशा के लिए खोता नहीं है बल्कि अटल रूप से संग्रह हो जाता है।

इस प्रकार, हमारे अस्तित्व की नश्वरता उसे किसी भी लिहाज से अर्थहीन नहीं बनाती है। लेकिन वह हमारी जिम्मेदारी ज़रूर सुनिश्चित करती है; क्योंकि सब कुछ अनिवार्य रूप से नश्वर संभावनाओं को साकार करने पर निर्भर करता है। इंसान निरंतर वर्तमान संभावनाओं से जुड़े चुनाव करता रहता है कि इनमें से कौन सी संभावनाएँ अस्तित्वहीन हैं, कौन सी संभावनाएँ सचमुच साकार होंगी और कौन सा चुनाव उसे हमेशा के लिए 'समय की रेत पर बने अमर पदचिन्ह की तरह' एक वास्तविकता में तब्दील कर देगा? इंसान को किसी भी पल ये तय करना होगा कि उसके अस्तित्व की निशानी क्या होगी - फिर चाहे वह अच्छी हो या बुरी।

आमतौर पर इंसान सिर्फ नश्वरता की कठिनाइयों पर ही ध्यान देता है और अतीत की सुंदरता को भूल जाता है, जहाँ कभी उसने अपने कर्म किए थे और अपनी खुशियों व पीड़ाओं का अनुभव किया था। इसमें से कुछ भी समाप्त नहीं किया जा सकता और न ही इससे भागा जा सकता है। बल्कि मेरा कहना तो ये

---

5 'तू मेरे मारे-मारे फिरने का हिसाब रखता है; तू मेरे आँसुओं को भी संभालकर रखता है। क्या तेरे पास उनका लेखा-जोखा नहीं है?' (साम 56, 8.)

है कि जो 'हो चुका' है, वही अस्तित्व का सबसे दृढ़ रूप है।

लोगोथेरेपी – इंसानी अस्तित्व की अनिवार्य नश्वरता को ध्यान में रखते हुए – निराशावादी नहीं बल्कि सक्रियतावादी है। इस बात को लाक्षणिक रूप से सामने रखने के लिए हम कह सकते हैं कि निराशावादी वह होता है, जो भय और दुःख के साथ ये गौर कर रहा होता है कि दीवार पर टंगे कैलेंडर - जिसमें से वह हर रोज तारीख का एक पन्ना फाड़ देता है - की मोटाई हर दिन कम होती जा रही है। वहीं जीवन की समस्याओं को सक्रिय रूप से हल करने में जुटा व्यक्ति दरअसल उस इंसान की तरह होता है, जो दीवार पर टंगे कैलेंडर से तारीख का एक पन्ना रोज फाड़ता है और उसके पीछे अपनी डायरी का एक नोट लिखता है और फिर उसे सँभालकर अलग रख लेता है। भविष्य में वह नोट्स पर दर्ज जीवन की उन समृद्ध घटनाओं को गर्व और खुशी से देखता है, जिन्हें वह पहले ही जी भरकर जी चुका है। फिर अगर वह गौर करता है कि वह बूढ़ा हो रहा है, तो क्या उसे इससे कोई फर्क पड़ेगा? क्या फिर उसके पास युवाओं से ईर्ष्या करने या फिर अपनी बीत चुकी युवावस्था को याद कर उदास होने का कोई कारण बचेगा? क्या वह उन संभावनाओं के बारे में सोचेगा, जो एक युवा के भविष्य में छिपी होती हैं? 'जी नहीं! आपका धन्यवाद,' वह सोचेगा। 'संभावनाओं के बजाय मेरे पास अतीत की सच्चाईयाँ होंगी। मेरे पास न सिर्फ पूरे हो चुकी कार्य की सच्चाई और अपने प्रिय लोगों का प्रेम होगा बल्कि उन पीड़ाओं की स्मृति भी होगी, जिन्हें मैंने बहादुरी से सहा था। सच कहूँ, तो उन पीड़ाओं पर मुझे गर्व होगा। हाँ, ये ज़रूर है कि इनसे किसी को ईर्ष्या नहीं होगी।'

22

आज़ादी और जिम्मेदारी

मुझे जो चीज़ सचमुच खतरनाक लगती है, वह है इंसान का ऐसा दृष्टिकोण, जो किसी भी स्थिति का सामना करने की उसकी क्षमता की अवहेलना करता हो। इंसान पूरी तरह अनुकूलित और दृढ़ नहीं होता बल्कि वह खुद ही ये निर्धारित करता है कि विपरीत परिस्थितियों के सामने वह हार मान लेगा या फिर उनका सामना करेगा। दूसरे शब्दों में कहें, तो इंसान अंततः आत्म–निर्धारक होता है। इंसान सिर्फ जीवित भर नहीं रहता बल्कि हमेशा ये निर्धारित करता है कि उसका जीवन, उसका अस्तित्व हर अगले क्षण में कैसा होगा।

इसी तरह हर इंसान के पास किसी भी क्षण बदलने की आज़ादी भी होती है। इंसान का व्यक्तित्व असल में अप्रत्याशित ही रहता है। उसके बारे में किसी भी भविष्यवाणी का आधार, जैविक, मनोवैज्ञानिक या सामाजिक परिस्थितियों द्वारा दर्शाया जाता है। फिर भी **मानव अस्तित्व की एक मुख्य विशेषता है, इन परिस्थितियों से ऊपर उठना या उनके दायरे से आगे निकल जाना। दुनिया की बेहतरी के लिए उसे बदलने की क्षमता इंसान में होती है और साथ ही ज़रूरत पड़ने पर खुद को बदलने की क्षमता भी होती है।**

आइए अब मैं आपको डॉ. जे. का किस्सा बताता हूँ। वह मुझे अपने जीवन में मिला इकलौता ऐसा व्यक्ति था, जिसे मैं शैतानी व्यक्ति कहने का साहस कर सकता हूँ। उस समय उसे आमतौर 'स्टाइनहॉफ का हत्यारा' कहा जाता था। स्टाइनहॉफ दरअसल मानसिक रोगियों का एक बड़ा अस्पताल था, जो विएना में स्थित था। जब नाजियों ने अपना इच्छामृत्यु कार्यक्रम शुरू किया, तो उसकी पूरी बागडौर डॉ. जे. के हाथों में थी और वह अपने काम को लेकर इतना उन्मादी और कट्टर था कि उसने एक भी मानसिक रोगी को गैस चैंबर से बचकर नहीं जाने दिया। युद्ध खत्म होने के बाद जब मैं विएना वापस आया, तो मैंने पता किया कि डॉ. जे. का क्या हुआ?

लोगों ने बताया कि 'उसे रूसियों ने गिरफ्तार करके स्टाइनहॉफ की एक काल-कोठरी में कैद कर दिया था। लेकिन अगले दिन उसकी काल-कोठरी का दरवाजा खुला पाया गया और इसके बाद किसी को नहीं पता कि वह कहाँ गया। तब से लेकर आज तक उसे किसी ने नहीं देखा।' मुझे पक्के तौर पर लगा कि संभवत: वह भी बाकियों की तरह अपने साथियों की मदद से दक्षिण अमेरिका भाग गया होगा।

हाल ही में एक पूर्व ऑस्ट्रियाई राजनीतिक ने मुझसे परामर्श लेने के लिए संपर्क किया। वह कई सालों तक आयरन कर्टेन[6] के पीछे पहले साइबेरिया में और फिर मॉस्को की मशहूर लुबियांका जेल में कैद था। जब मैं उसकी न्यूरोलॉजिकल जाँच कर रहा था, तो उसने अचानक मुझसे पूछा कि क्या मैं डॉ. जे. को जानता हूँ? जब मैंने उसके इस सवाल का जवाब हाँ में दिया तो उसने आगे कहा, 'डॉ. जे. से मेरा परिचय लुबियांका में हुआ था, जहाँ करीब चालीस की उम्र में मूत्राशय

[6] द्वितीय विश्व युद्ध की समाप्ति से लेकर शीत युद्ध की समाप्ति तक यूरोप को बाँटनेवाली एक राजनीतिक सीमारेखा

के कैंसर से उसकी मौत हो गई। लेकिन वहाँ उसने अपने व्यवहार से साबित कर दिया था कि वह सर्वश्रेष्ठ कॉमरेड था! वह सभी को सांत्वना दिया करता था और उच्चतम नैतिक मूल्यों के अनुसार जीता था। वह कैदी-जीवन के दौरान मिला मेरा सबसे अच्छा दोस्त था!' तो ये थी डॉ. जे. यानी 'स्टाइनहॉफ के हत्यारे' की कहानी।

अब भला हम इंसान के व्यवहार के बारे में कोई भविष्यवाणी करने की जुर्रत कैसे कर सकते हैं? हम एक मशीन की या एक स्वचालित यंत्र की गतिविधियों की भविष्यवाणी ज़रूर कर सकते हैं; इससे भी ज़्यादा, हम इंसान के मन की प्रक्रियाओं और 'गतिशीलता' की भविष्यवाणी भी कर सकते हैं। लेकिन एक इंसान सिर्फ अपने मन तक ही सीमित नहीं होता, वह इसके अलावा और भी बहुत कुछ होता है।

आज़ादी, अंतिम परिणित नहीं है। आज़ादी, कहानी का सिर्फ एक हिस्सा है और साथ ही एक आंशिक सच भी। आज़ादी उस पूरी घटना के नकारात्मक पहलू के सिवाय और कुछ भी नहीं है, जिसका सकारात्मक पहलू जिम्मेदारी होता है। वास्तव में अगर आज़ादी के साथ जिम्मेदारी का भाव न हो, तो यह इंसान को निरंकुशता और मनमानी के रास्ते पतन की ओर ले जाती है। इसीलिए मैं कहना चाहूँगा कि पूर्वी तट पर स्थित स्टैच्यू ऑफ लिबर्टी के पूरक के रूप में पश्चिमी तट पर स्टेच्यू ऑफ रिस्पॉन्सबिलिटी की स्थापना भी की जाए।

मनोरोग संबंधी सिद्धांत

संसार में किसी ऐसी चीज़ की कल्पना करना भी मुश्किल है, जो एक इंसान की आज़ादी को पूरी तरह छीन पाने में सक्षम हो। इसीलिए विक्षिप्तता या मनोरोग से ग्रस्त व्यक्ति के पास भी थोड़ी सी आज़ादी बची रहती है, फिर चाहे वह आज़ादी का अवशेष मात्र ही क्यों न हो। वास्तव में मानसिक रोगी के व्यक्तित्व का सबसे गहनतम केंद्र विक्षिप्तता से अछूता ही रहता है। एक लाइलाज मानसिक रोगी भले ही संसार में अपनी उपयोगिता खो चुका हो, लेकिन फिर भी उसकी मानवीय गरिमा कुछ हद तक बची रहती है। यही मेरा मनोरोग संबंधी सिद्धांत भी है। इसके बिना मेरे लिए मनोचिकित्सक होने का कोई अर्थ नहीं रह जाएगा। पर ये भला किसके लिए है? सिर्फ उस मस्तिष्क रूपी क्षतिग्रस्त मशीन के लिए, जिसे ठीक नहीं किया जा सकता? अगर मरीज का अस्तित्व सिर्फ उसके क्षतिग्रस्त

मस्तिष्क तक ही सीमित होता, तो फिर उसके लिए इच्छामृत्यु का विकल्प पूरी तरह उचित होता।

मनोरोगी का पुनर्मानवीयकरण

दरअसल मनोचिकित्सा काफी लंबे समय - करीब आधी सदी - तक इंसानी मन की व्याख्या सिर्फ एक तंत्र के रूप में करने की कोशिश में रही। जिसके परिणामस्वरूप मानसिक रोग के उपचार को सिर्फ एक तकनीक के संदर्भ में ही देखा और समझा गया। मुझे लगता है कि अब इस दृष्टिकोण का समय बीत चुका है। अब जो तस्वीर हमारे सामने उभर रही है, वह सिर्फ मनोवैज्ञानिक उपचार का एक रेखाचित्र मात्र नहीं है बल्कि मानवीय मनोचिकित्सा का एक स्पष्ट रूप है।

हालाँकि जिस डॉक्टर को अब भी यही लगता है कि उसकी भूमिका मुख्यत: एक तकनीशियन की है, वह ये भी स्वीकार करेगा कि वह मरीज को सिर्फ एक क्षतिग्रस्त मशीन के रूप में ही देखता है, न कि बीमारी से ग्रस्त एक संपूर्ण इंसान के रूप में!

एक इंसान, कई चीज़ों के बीच मौजूद एक चीज़ नहीं होता; चीज़ें एक दूसरे की निर्णायक होती हैं, जबकि इंसान बुनियादी तौर पर आत्म-निर्णायक होता है। अपनी वृत्तियों और परिवेश के दायरे में रहकर वह जो भी बनता है, स्वत: ही बनता है। उदाहरण के लिए यातना शिविरों में - जो दरअसल इंसानों की सजीव प्रयोगशाला या परीक्षण-क्षेत्र जैसे थे - हमने अपने कुछ साथियों को जानवरों जैसा व्यवहार करते देखा, जबकि हमारे कुछ साथी ऐसे भी थे, जो वाकई संतों जैसा व्यवहार करते थे। दरअसल इंसान के भीतर ये दोनों संभावनाएँ छिपी होती है; और इनमें से कौन सी संभावना फलीभूत होगी, ये इंसान की परिस्थितियों पर नहीं बल्कि उसके निर्णयों पर निर्भर होता है।

हमारी पीढ़ी यथार्थवादी हैं क्योंकि हम इंसान का असली रूप देख चुके हैं। हमने उसे उसी रूप में जाना, जो वह सचमुच है। आखिरकार वह इंसान ही तो था, जिसने ऑश्विज में गैस चैंबर स्थापित किए; और वह भी इंसान ही था, जिसे गैस चैंबर में मरने के लिए भेजा जाता था और मरने से पहले जिसकी जुबान पर ईश्वर की प्रार्थना या 'शेमा इजराइल' होती थी।

उपसंहार

23

27 जनवरी 2006 को ऑश्विज मृत्यु शिविर - जहाँ 15 लाख लोग मारे गए थे - की आज़ादी की 61वीं वर्षगाँठ के अवसर पर दुनिया भर के देशों में अंतर्राष्ट्रीय होलोकॉस्ट स्मृति-दिवस मनाया गया। इसके कुछ ही महीनों बाद, उस भयानक समय की सबसे महत्वपूर्ण किताबों में से एक की वर्षगाँठ भी मनाई जा सकती थी। इसका प्रकाशन पहली बार 1946 में जर्मन भाषा में 'ए साइकोलॉजिस्ट एक्सपीरियंसेज़ द कॉन्संट्रेशन कैम्प' इस शीर्षक से हुआ था। बाद में इसे से 'यस टू लाइफ इन स्पाइट ऑफ एवरीथिंग' शीर्षक से भी प्रकाशित किया गया। किताब के बाद के संस्करणों में लोगोथेरेपी का परिचय और त्रासद आशावाद - या पीड़ा, अपराध-बोध और मृत्यु के समक्ष आशावादी कैसे रहे - के बारे में एक उपसंहार भी जोड़ दिया गया। इसका अंग्रेजी अनुवाद पहली बार 1959 में प्रकाशित हुआ, जिसका शीर्षक था, 'मैन्स सर्च फॉर मीनिंग'।

विक्टर फ्रैंकल की इस किताब की 24 भाषाओं में 12 मिलियन से भी अधिक प्रतियाँ बिक चुकी हैं। 1991 में हुए लाइब्रेरी ऑफ काँग्रेस/बुक ऑफ द मंथ क्लब के सर्वे में पाठकों से एक ऐसी किताब का नाम बताने को कहा गया, जिसका उनके 'जीवन पर गहरा प्रभाव' पड़ा हो। इस सर्वे से पता चला कि अमेरिकी पाठकों को सबसे अधिक प्रभावित करनेवाली दस किताबों में 'मैन्स सर्च फॉर मीनिंग' भी शामिल है। इसने धार्मिक और दार्शनिक विचारकों, मानसिक स्वास्थ्य कर्मियों, शिक्षकों और छात्रों से लेकर आम पाठकों तक, सभी को प्रेरित किया। मनोविज्ञान, दर्शन शास्त्र, इतिहास, साहित्य, होलोकॉस्ट, धर्म और धर्मशास्त्र का अध्ययन करनेवाले हाईस्कूल, गेजुएट और कॉलेज के छात्रों को नियमित रूप से होमवर्क के तौर पर ये किताब पढ़ने के लिए दी जाती है। इसके व्यापक प्रभाव और स्थाई महत्त्व का इससे बड़ा साक्ष्य और क्या होगा?

1905 में जन्मे विक्टर फ्रैंकल का स्वर्गवास 1997 में हुआ। उनका पूरा

जीवन बीसवीं शताब्दी का साक्षी रहा। वे तीन वर्ष की उम्र से ही डॉक्टर बनना चाहते थे। अपने जीवन के बारे में याद करते हुए वे बताते थे कि युवावस्था में वे अक्सर कुछ मिनटों के लिए जीवन के अर्थ पर विचार किया करते थे। खासतौर पर इस बात पर कि आनेवाले दिनों का उनके जीवन में क्या अर्थ होगा।

किशोरावस्था में फ्रैंकल दर्शन शास्त्र, प्रयोगात्मक मनोविज्ञान और मनोविश्लेषण जैसे विषयों से प्रभावित थे। अपनी हाईस्कूल की कक्षाओं के साथ ही वे वयस्क-शिक्षा की कक्षाओं में भी भाग लेते थे। साथ ही उन्होंने मनोविश्लेषण के पितामह सिग्मंड फ्रायड के साथ पत्राचार भी शुरू कर दिया। जिसके चलते फ्रायड ने फ्रैंकल की एक पांडुलिपि को इंटरनेशनल जर्नल ऑफ साइकोएनालिसिस में भेज दिया। जहाँ इसे एक लेख के रूप में स्वीकार करके जर्नल में प्रकाशित किया गया। उसी साल - जब फ्रैंकल मात्र सोलह वर्ष के थे - उन्होंने दर्शन शास्त्र की एक वर्कशॉप में हिस्सा लिया। वहाँ के प्रशिक्षक ने फ्रैंकल की प्रतिभा को फौरन पहचान लिया और उन्हें जीवन के अर्थ पर एक लेक्चर देने के लिए आमंत्रित किया। इस लेक्चर में फ्रैंकल ने अपने दर्शकों से कहा, **'जीवन हमसे जो सवाल पूछता है, उनका जवाब हमें ही देना होगा और इन सवालों का जवाब हम अपने अस्तित्व के प्रति जिम्मेदार होकर ही दे सकते हैं।'** ये विश्वास ही फ्रैंकल के व्यक्तिगत जीवन और पेशेवर पहचान का आधार बना।

सिग्मंड फ्रायड के विचारों से प्रभावित होकर फ्रैंकल ने हाईस्कूल में ही तय कर लिया कि वे एक मनोचिकित्सक बनेंगे। वे आंशिक रूप से अपने एक सहपाठी से भी प्रभावित थे, जिसने फ्रैंकल से कहा था कि उनके पास दूसरों की सहायता करने का जन्मजात गुण है। फ्रैंकल को भी एहसास होने लगा था कि उनके अंदर न सिर्फ लोगों की मनोवैज्ञानिक समस्याएँ पहचानने का गुण है बल्कि ये पता लगाने की प्रतिभा भी है कि लोगों को कौन सी चीज़ प्रेरित करती है।

फ्रैंकल का पहला परामर्श-कार्य पूरी तरह से उनका अपना था - उन्होंने विएना में पहली बार युवा-परामर्श का निजी कार्यक्रम शुरू करते हुए विभिन्न समस्याओं से जूझ रहे युवाओं के साथ काम किया। 1930 से 1937 तक उन्होंने विएना के यूनिवर्सिटी क्लीनिक में मनोचिकित्सक के रूप में कार्य किया, जहाँ वे आत्महत्या का प्रयास करनेवाले मरीजों की देख-रेख करते थे। फ्रैंकल अपने मरीजों का जीवन सार्थक बनाने में उनकी मदद करने की कोशिश करते थे, भले ही वे मरीज अवसाद या मानसिक बीमारियों से जूझ रहे हों। 1939 आते-आते वे

विएना के एकमात्र यहूदी अस्पताल रॉथ्सचाइल्ड में न्यूरोलॉजी विभाग के अध्यक्ष बन गए।

रॉथ्सचाइल्ड अस्पताल में फ्रैंकल के योगदान के चलते युद्ध के शुरुआती वर्षों में वे और उनका परिवार कुछ हद तक निर्वासन के खतरे से सुरक्षित रहें। लेकिन जब नेशनल सोशलिस्ट सरकार (नाज़ीवादी सरकार) ने रॉथ्सचाइल्ड अस्पताल पर ताला जड़ दिया, तो फ्रैंकल को एहसास हो गया कि अब उनके ऊपर यातना शिविर भेजे जाने का खतरा मंडरा रहा है। 1942 में विएना में अमेरिकन काउंसलेट ने उन्हें सूचित किया कि वे अमेरिका का इमिग्रेशन वीसा पाने के पात्र हैं। उनके लिए ऑस्ट्रिया से पलायन करने का अर्थ था, लोगोथेरेपी पर अपनी किताब पूरी करने का अवसर मिलना, लेकिन उन्होंने अपना वीसा छोड़ने का फैसला किया: उन्हें लगा कि उन्हें अपने बूढ़े माता-पिता के लिए विएना में ही रुकना चाहिए। सितंबर 1942 में फ्रैंकल और उनके पूरे परिवार को गिरफ्तार कर निर्वासित कर दिया गया। इसके बाद फ्रैंकल ने अगले तीन साल चार अलग-अलग यातना शिविरों में बिताए - थेरेसिएन्स्टेड, ऑश्विज़-बिरकेनौ, कॉफरिंग और तुर्कहेम, जो डचाऊ शिविर परिसर का ही एक भाग था।

यहाँ ये ध्यान रखना महत्वपूर्ण है कि 'मैन्स सर्च फॉर मीनिंग' लिखने के पीछे फ्रैंकल का कारावास ही एकमात्र प्रोत्साहन नहीं था। उन्होंने अपने निर्वासन से पहले ही एक तर्क गढ़ना शुरू कर दिया था कि मानसिक स्वास्थ्य और मानव उत्कर्ष की कुंजी अर्थ की खोज में ही है। वे एक कैदी के रूप में अचानक ये आकलन करने के लिए मजबूर हो गए कि उनके जीवन का अब भी कोई अर्थ था या नहीं। यातना शिविर से जिंदा बचकर आना दरअसल उनकी जीने की इच्छा, आत्म-संरक्षण की उनकी सहज वृत्ति, उनकी चतुराई और शालीन व उदारतापूर्ण व्यवहार जैसे कई कारकों का एक संयुक्त परिणाम था; बेशक इसके पीछे उनका भाग्यशाली होना भी एक कारण था, जैसे उन्हें कैद करके कहाँ रखा जाएगा, वहाँ के गार्ड्स का सनकी रवैया और लाइन में कहाँ लगना है व किस पर भरोसा करना है, इससे जुड़े मनमाने निर्णय।

हालाँकि शिविर के अभाव व दुर्दशा से पार पाने के लिए और भी कुछ ज़रूरी था। जन्मजात आशावाद, हँसी-मज़ाक, मनोवैज्ञानिक अलगाव, एकांत के कुछेक क्षण, आंतरिक आज़ादी और हार न मानने व आत्महत्या न करने के दृढ़ संकल्प जैसी विशिष्ट मानवीय क्षमताओं से फ्रैंकल निरंतर खुद को प्रेरित करते रहे। उन्हें

एहसास था कि भविष्य के लिए जीने की कोशिश तो उन्हें करनी ही होगी। अपनी पत्नी के बारे में प्रेमपूर्ण विचार सोचकर और लोगोथेरेपी पर अपनी किताब पूरी करने की गहन इच्छा से उन्हें शक्ति मिलती रही। उन्होंने प्रकृति और कला में सौंदर्य की झलक देखकर भी एक अर्थ पा लिया।

सबसे महत्वपूर्ण, उन्हें ये एहसास हो गया कि भले ही जो भी हो पर ये चुनाव करने की आज़ादी हमेशा उनके पास रहेगी कि उन्हें अपनी पीड़ा पर कैसी प्रतिक्रिया देनी है। उन्होंने इसे सिर्फ एक विकल्प के तौर पर नहीं बल्कि ये चुनाव करने की जिम्मेदारी के तौर पर देखा कि हर किसी को 'अपना बोझ कैसे वहन करना है।'

फ्रैंकल के कुछ विचार बहुत प्रेरणादायक हैं, जैसे कि उनका ये बताना कि मरने की कगार पर खड़ा या पक्षाघात से ग्रस्त कैदी अपनी इस नियति को कैसे स्वीकार करता था। वहीं फ्रैंकल के कुछ विचार आकांक्षापूर्ण भी हैं, जैसे उनका ये दावा कि **'व्यक्ति एक सार्थक लक्ष्य या एक स्वतंत्र रूप से चुने हुए कार्य को पूरा करने का प्रयास और संघर्ष करके ही अपने जीवन में अर्थ ढूँढ़ पाता है।'** वे बताते हैं कि कैसे अस्तित्ववादी कुंठा ने एक दुःखी राजनयिक को एक नया व अधिक संतोषजनक कॅरियर तलाशने के लिए न सिर्फ उकसाया बल्कि प्रेरित भी किया।

फ्रैंकल ने दो विशेष बिंदुओं की ओर ध्यान आकर्षित करने के लिए नैतिक उपदेश का उपयोग भी किया; पहला, 'व्यक्ति आज जो है और भविष्य में उसे जो बनना चाहिए, उसके बीच का फर्क' और दूसरा, 'अपने जीवन के लिए व्यक्ति स्वयं जिम्मेदार होता है और उसे जीवन के संभावित अर्थ को यथार्थ में तब्दील करना ही चाहिए।' फ्रैंकल आज़ादी और जिम्मेदारी को एक ही सिक्के के दो पहलुओं के तौर पर देखते थे। अमेरिकी दर्शकों से चर्चा करते समय वे अक्सर ये कहते थे कि पूर्वी तट पर स्थित स्टैच्यू ऑफ लिबर्टी के पूरक के रूप में पश्चिमी तट पर स्टेच्यू ऑफ रिस्पॉन्सबिलिटी की स्थापना भी की जानी चाहिए। वे कहते थे कि **'व्यक्तिगत अर्थ प्राप्त करने के लिए व्यक्ति को कुछ ऐसा करके व्यक्तिपरक सुखों से ऊपर उठना होगा, जो स्वयं के बजाय, किसी अन्य व्यक्ति या चीज़ की ओर निर्देशित हो या इशारा करता हो... यानी आत्म-केंद्रित होने के बजाय किसी अभियान के लिए या किसी अन्य व्यक्ति के प्रेम में खुद को समर्पित करना।'**

खुद फ्रैंकल ने भी तमाम खतरों के बावजूद विएना में रूककर अपने बूढ़े

माता-पिता की देखभाल करने का चुनाव किया था, जबकि वे अमेरिका जाकर सुरक्षित जीवन बिता सकते थे। जब फ्रैंकल को उस शिविर में भेज दिया गया, जहाँ उनके पिता कैद थे, तो उन्होंने पिता को दर्द की समस्या से आराम देने के लिए मॉर्फीन का इंतजाम किया। पिता के आखिरी वक्त में फ्रैंकल लगातार उनके पास रहे।

पिता को खोने के दुःख के बावजूद फ्रैंकल अपने आशावादी नज़रिए और जीवन के उल्लास की निरंतर पुष्टि करने के चलते इस बात पर काफी जोर देने लगे कि **उम्मीद और सकारात्मक ऊर्जा चुनौतियों को भी आपकी जीत में तब्दील कर सकती है।** 'मैन्स सर्च फॉर मीनिंग' में वे ये भी कहते हैं कि 'अर्थ की तलाश के लिए पीड़ा झेलने की कोई ज़रूरत नहीं होती बल्कि उनका मूल तर्क तो बस ये है कि पीड़ा के बावजूद भी अपने जीवन में अर्थ की तलाश करना संभव है।' इसके अलावा वे ये भी कहते हैं कि 'बेवजह पीड़ा सहना कोई वीरता नहीं है।'

'मैन्स सर्च फॉर मीनिंग' को मैंने पहली बार 1960 के दशक के मध्य में दर्शनशास्त्र के प्रोफेसर के रूप में पढ़ा था। इस किताब की ओर मेरा ध्यान नॉर्वे के एक दार्शनिक ने खींचा था, जो खुद भी एक नाजी यातना शिविर में रह चुका था। इस सहकर्मी ने टिप्पणी की कि इंसान की आंतरिक आज़ादी को पोषित करने, प्रकृति, कला, कविता और साहित्य के महत्त्व को स्वीकार करने और परिवार व दोस्तों के लिए प्रेम का भाव महसूस करने जैसी बातों को लेकर वह फ्रैंकल से पूरी तरह सहमत है। लेकिन जब अन्य व्यक्तिगत चुनाव, गतिविधियाँ, रिश्ते-नाते, शौक, यहाँ तक कि छोटी-छोटी खुशियाँ भी जीवन को एक अर्थ दे सकती हैं, तो फिर कुछ लोग खुद को इतना खाली क्यों महसूस करते हैं?

यहाँ फ्रैंकल की इस समझ की दाद देनी होगी कि दरअसल सवाल ये है कि अपने जीवन की चुनौतियों और अवसरों, दोनों के प्रति व्यक्ति किस प्रकार के रवैये का चुनाव करता है। सकारात्मक रवैया न सिर्फ व्यक्ति को पीड़ा व निराशा सहन करने में सक्षम बनाता है बल्कि उसके आनंद और संतुष्टि का स्तर भी बढ़ा देता है। जबकि नकारात्मक रवैया पीड़ा को और तीव्र व निराशा को और गहन बना देता है; इससे व्यक्ति की खुशी और संतुष्टि न सिर्फ कम हो जाती है बल्कि इन मनोभावों का उसका एहसास भी कमजोर पड़ने लगता है; नकारात्मक रवैए के चलते व्यक्ति अवसाद या किसी शारीरिक समस्या का शिकार भी हो सकता है।

मेरे दोस्त और पूर्व सहकर्मी नॉर्मन कजिन्स स्वास्थ्य को बढ़ावा देने के लिए सकारात्मक भावनाओं के महत्त्व की पुरजोर वकालत करते थे। साथ ही उन्होंने आगाह भी किया था, नकारात्मक भावनाएँ इसे खतरे में डाल सकती हैं। हालाँकि कुछ आलोचकों ने कजिन्स के विचारों को सरलतावादी करार दिया, लेकिन साइकोन्यूरोइम्यूनोलॉजी के क्षेत्र में बाद में हुए शोधों से इस बात की पुष्टि हुई कि सकारात्मक भावनाओं, अपेक्षाओं और रवैये से हमारे शरीर का इम्यून सिस्टम बेहतर होता है। ये शोध फ्रैंकल के इन विश्वासों की पुष्टि भी करते हैं कि **जीवन को जोखिम में डालनेवाली चुनौतियों से लेकर दिन-प्रतिदिन की परिस्थितियों तक, हर चीज़ के प्रति हमारे रवैये से जीवन के अर्थ को आकार देने में मदद मिलती है।** फ्रैंकल ने जिस सरल सत्य का इतने उत्साह के साथ प्रचार किया है, उसे अपने जीवन में उतारना बहुत महत्वपूर्ण साबित हो सकता है।

इंसान जो भी चुनाव करता है, वह निष्क्रिय नहीं बल्कि सक्रिय चुनाव होना चाहिए। जब हम कोई व्यक्तिगत चुनाव करते हैं, तो वास्तव में हम अपनी स्वायत्तता की पुष्टि कर रहे होते हैं। फ्रैंकल लिखते हैं कि 'एक इंसान, कई चीज़ों के बीच मौजूद एक चीज़ नहीं होता; चीज़ें एक दूसरे की निर्णायक होती हैं, जबकि इंसान बुनियादी तौर पर आत्म-निर्णायक होता है। अपनी वृत्तियों और परिवेश के दायरे में रहकर वह जो भी बनता है, स्वत: ही बनता है।' उदाहरण के लिए एक युवा इजराइली सैनिक ने योम किप्पुर युद्ध में अपने दोनों पैर खो दिए। वह बुरी तरह हताश और अवसाद ग्रस्त हो गया। अपनी अपंगता का बोझ उसके ऊपर इतना हावी हो गया कि वह आत्महत्या करने के बारे में सोचने लगा। फिर एक दिन उसके एक दोस्त ने गौर किया कि उसका दृष्टिकोण बदल गया है और वह अचानक आशावादी हो गया है। उस युवा सैनिक ने अपने अंदर आए इस बदलाव का श्रेय मैन्स सर्च फॉर मीनिंग को दिया, जिसे उसने हाल ही में पढ़ा था। जब फ्रैंकल को इस युवा सैनिक के बारे में बताया गया, तो उन्होंने सोचा कि 'शायद ऑटोबिबलियोथेरेपी - पढ़ने के जरिए उपचार - जैसी कोई चीज़ भी होती होगी।'

फ्रैंकल की टिप्पणी इस ओर इशारा करती है कि मैन्स सर्च फॉर मीनिंग का कई पाठकों पर इतना गहरा प्रभाव क्यों पड़ा। जो लोग अस्तित्ववादी चुनौतियों या संकटों का सामना करते हैं, वे परिवार से, दोस्तों से, थेरेपिस्ट से या धार्मिक सलाहकारों से मार्गदर्शन ले सकते हैं। कभी-कभी ये मार्गदर्शन मददगार साबित होता है और कभी-कभी नहीं। हो सकता है कि मुश्किलों का सामना कर रहे

लोग इस बात को पूरी तरह स्वीकार न कर पाएँ कि उन्हें जो निर्णय लेने हैं या जो कर्म करने हैं, उन पर उनके अपने रवैये या नज़रिए का प्रभाव कितना ज़्यादा होता है। जीवन की दुविधाओं से जुड़े सवालों के जवाब ढूँढ़ रहे पाठकों को फ्रैंकल बहुत महत्वपूर्ण बात समझा देते हैं: वे लोगों को ये नहीं बताते कि उन्हें क्या करना चाहिए बल्कि ये बताते हैं कि ऐसा क्यों करना चाहिए।

1945 में तुर्कहेम यातना-शिविर - जहाँ वे टाइफस से मरने से बाल-बाल बचे थे - से आज़ाद होने के बाद फ्रैंकल को एहसास हुआ कि वे बुरी तरह अकेले हो गए हैं। अगस्त 1945 में विएना लौटने के बाद पहले ही दिन उन्हें पता चला कि उनकी गर्भवती पत्नी टिली की भुखमरी या बीमारी के चलते बर्गेन-बेल्सन यातना शिविर में मौत हो गई। उनके माता-पिता और भाई भी यातना शिविरों में मारे जा चुके थे। अपने पूरे परिवार को खोने का दुःख और उससे उपजा अवसाद झेलते हुए वे विएना में ही रहने लगे ताकि एक मनोचिकित्सक के रूप में अपना कॅरियर दोबारा शुरू कर सकें - यह अपने आपमें एक अलग किस्म का चुनाव था क्योंकि अधिकांश मनोविश्लेषक और मनोचिकित्सक, खासकर यहूदी विशेषज्ञ, दूसरे देशों की ओर पलायन कर गए थे।

फ्रैंकल के इस निर्णय के पीछे कई कारण हो सकते हैं: विएना के साथ उनका एक विशेष लगाव था, खासकर उन मानसिक रोगियों के साथ, जिन्हें युद्ध के बाद के दिनों में उनकी मदद की ज़रूरत थी। इसके अलावा फ्रैंकल बदला लेने के बजाय सुलह करने में दृढ़ विश्वास रखते थे। एक बार उन्होंने कहा था, 'मेरे साथ जो भी अच्छा हुआ, मैं उसे कभी नहीं भूलता और जो बुरा हुआ, उसके लिए अपने मन में कोई द्वेष नहीं रखता।' यहाँ ये बात उल्लेखनीय है कि उन्होंने सामूहिक अपराध-बोध के विचार को स्वीकार करने से इंकार कर दिया था। फ्रैंकल ये स्वीकार करने में सक्षम थे कि विएना के उनके सहकर्मी और पड़ोसी उनके उत्पीड़न के बारे में पहले से जानते थे या संभवत: उसमें शामिल भी रहे हों। फ्रैंकल ने उन्हें इसका विरोध न करने के लिए दोषी नहीं ठहराया और न ही वीरों की तरह मरने के बजाय नाजियों की हाँ में हाँ मिलाने के लिए उनकी निंदा की। इसके बजाय वे इस विचार के प्रति समर्पित थे कि एक दुष्ट नाजी अपराधी या एक पूर्णत: विक्षिप्त व्यक्ति के अंदर भी जिम्मेदारी भरे चुनाव करके बुराई या पागलपन से पार पाने की क्षमता होती है।

फ्रैंकल पूरी लगन से अपने काम में डूब गए। 1946 आते-आते उन्होंने

अपनी उस किताब की पांडुलिपि का संशोधित संस्करण फिर से तैयार कर लिया, जिसे उन्होंने अपने निर्वासन के दौरान खो दिया था (द डॉक्टर एंड द सोल) और फिर उसी साल - सिर्फ नौ दिनों में - उन्होंने मैन्स सर्च फॉर मीनिंग भी लिख ली। उन्हें उम्मीद थी कि वे अपने लेखन के माध्यम से उस व्यक्तिगत अलगाव और सांस्कृतिक रुग्णता का उपचार कर सकेंगे, जिसने 'आंतरिक शून्यता' या 'भीतरी खालीपन' का सामना कर रहे बहुत से लोगों को त्रस्त कर रखा है। शायद पेशेवर गतिविधियों की हलचल फ्रैंकल के लिए अपने जीवन का अर्थ बहाल करने में मददगार साबित हुई।

दो साल बाद उन्होंने एलेनॉर श्विंड्ट से शादी कर ली, जो उनकी पहली पत्नी टिली की ही तरह एक नर्स थीं। टिली एक यहूदी थीं, जबकि एलेनॉर कैथोलिक। हालाँकि यह महज एक संयोग हो सकता है पर ये फ्रैंकल की विशेषता थी कि वे हर किसी को स्वीकार कर लेते थे, भले ही उसके धार्मिक या धर्मनिरपेक्ष विश्वास जो भी हों। हर व्यक्ति के अनूठेपन और गरिमा के प्रति फ्रैंकल की प्रतिबद्धता इस बात से ही स्पष्ट हो जाती है कि वे सिग्मंड फ्रायड और एल्फ्रेड एडलर के दार्शनिक और मनोवैज्ञानिक सिद्धांतों से असहमत होने के बावजूद उनके प्रशंसक थे। वे मौलिक रूप से भिन्न सोच रखनेवाले दार्शनिकों से अपने व्यक्तिगत संबंधों को भी पूरा महत्त्व देते थे। इनमें मार्टिन डाइडेगर (जो पहले नाजियों के समर्थक थे पर बाद में सुधर गए थे) कार्ल जैस्पर्स (सामूहिक अपराध-बोध के समर्थक) और गैब्रिएल मार्सेल (कैथोलिक दार्शनिक और लेखक) शामिल थे।

एक मनोचिकित्सक के तौर पर फ्रैंकल अपने व्यक्तिगत धार्मिक विश्वासों का सीधा संदर्भ देने से बचते थे। वे अक्सर कहा करते थे कि 'मनोचिकित्सा का उद्देश्य इंसान की आत्मा का उपचार करना है।' इस तरह वे आत्मा के उद्धार का काम धर्म पर छोड़ देते थे।

फ्रैंकल 25 सालों तक विएना पॉलीक्लीनिक अस्पताल के न्यूरोलॉजी विभाग के प्रमुख रहे और उन्होंने पेशेवर व आम, दोनों किस्म के पाठकों के लिए 30 से ज़्यादा किताबें लिखीं। उन्होंने यूरोप, अमेरिका, ऑस्ट्रेलिया, एशिया और अफ्रीका में व्यापक स्तर पर लेक्चर्स दिए; वे हार्वर्ड, स्टैनफोर्ड और पिट्सबर्ग यूनिवर्सिटी में प्रोफेसर भी रहे; साथ ही उन्होंने सैन डिएगो की यूएस इंटरनेशनल यूनिवर्सिटी में लोगोथेरेपी के विशिष्ट प्रोफेसर की जिम्मेदारी भी सँभाली। वे विभिन्न राजनेताओं, दार्शनिकों, छात्रों, शिक्षकों और पोप पॉल छठें जैसे प्रतिष्ठित लोगों

के साथ ही ऐसे कई लोगों से भी मिले, जो उनकी किताबें पढ़कर प्रेरित हुए। उम्र के नौवें दशक में भी वे दुनियाभर के आगंतुकों के साथ संवाद करते थे और साथ ही हर सप्ताह हज़ारों की संख्या में मिलनेवाले पत्रों में से सैकड़ों का जवाब भी व्यक्तिगत रूप से देते थे। दुनियाभर की 29 यूनिवर्सिटीज ने उन्हें मानद उपाधियों से नवाजा। साथ ही अमेरिकन साइकियाट्रिक एसोसिएशन ने उन्हें ऑस्कर फिस्टर अवॉर्ड से सम्मानित भी किया।

एक मनोचिकित्सा तकनीक के रूप में लोगोथेरेपी को स्थापित करने का श्रेय फ्रैंकल को जाता है। लोगोथेरेपी मरीजों की भावनात्मक समस्याओं को हल करने के लिए अस्तित्ववादी विश्लेषण का उपयोग करती है। उन्होंने कई मनोचिकित्सकों को मरीज की अतीत और वर्तमान की समस्याओं से परे देखने के लिए प्रेरित किया ताकि वे मरीज की मदद कर सकें और मरीज व्यक्तिगत चुनाव करके और अपनी जवाबदेही स्वीकार करके अपने लिए एक उत्पादक भविष्य का निर्माण कर सके। मनोचिकित्सकों की कई पीढ़ियाँ फ्रैंकल की मानवतावादी अंतर्दृष्टियों से प्रेरित रही हैं। उनके विस्तृत लेखन, उत्तेजक व्याख्यानों और आकर्षक व्यक्तित्व के चलते उनकी इन मानवतावादी अंतर्दृष्टियों की प्रतिष्ठा और बढ़ गई। उन्होंने अस्तित्ववादी विश्लेषण को एक आधिकारिक सिद्धांत के रूप में स्थापित करने के बजाय उसका रचनात्मक उपयोग करने के लिए लोगों को प्रेरित किया। उनका तर्क था कि मनोचिकित्सकों को अमूर्त सिद्धांतों के आधार पर मामले का सरलीकरण करने के बजाय व्यक्तिगत रूप से मरीज की विशिष्ट ज़रूरतों पर ध्यान केंद्रित करना चाहिए।

अपने व्यस्त कार्यक्रम के बावजूद फ्रैंकल अपने सबसे पसंदीदा शौक पर्वतारोहण के लिए व जहाज उड़ाना सीखने के लिए भी समय निकाल लेते थे। वे मज़ाक में कहा करते थे कि फ्रायड और एडलर की 'डेप्थ साइकोलॉजी' – जो व्यक्ति के अतीत और उसकी अचेतन प्रवृत्तियों व इच्छाओं की गहराई में जाने पर जोर देती है – के विपरीत वे 'हाईट साइकोलॉजी' का उपयोग करते हैं, जो व्यक्ति के भविष्य व उसके सचेत निर्णयों और कर्मों पर ध्यान केंद्रित करती है। मनोचिकित्सा के प्रति उनका दृष्टिकोण इस बात पर जोर देता था कि आत्म–उत्थान के जरिए व्यक्तिगत अर्थ की नई ऊँचाईयाँ हासिल करने के लिए लोगों की मदद करना बहुत महत्वपूर्ण होता है: यहाँ आत्म–उत्थान का अर्थ है, सकारात्मक प्रयासों व तकनीकों को लागू करना, अपनी सीमाओं को स्वीकारना

और बुद्धिमत्तापूर्ण निर्णय लेना।

उनका उद्देश्य लोगों को ये महसूस करने के लिए उकसाना था कि उन्हें अपने लक्ष्यों को पूरा करने के लिए चुनाव करने की अपनी क्षमता का उपयोग करना चाहिए। त्रासद आशावाद के बारे में लिखते हुए फ्रैंकल हमें आगाह करते हैं कि 'दुनिया की हालत बहुत बुरी है, लेकिन अगर हम सब अपना सर्वश्रेष्ठ नहीं करेंगे, तो इसकी हालत और बदतर हो जाएगी।'

एक बार किसी ने फ्रैंकल से पूछा कि क्या वे अपने जीवन के अर्थ की व्याख्या एक वाक्य में कर सकते हैं। इस पर उन्होंने अपनी प्रतिक्रिया को एक कागज पर नोट किया और फिर अपने छात्रों से ये अनुमान लगाने को कहा कि उन्होंने उस कागज पर क्या लिखा होगा। कुछ पलों तक शांति से सोचने के बाद उनके एक छात्र ने अपने जवाब से फ्रैंकल को हैरान कर दिया। उस छात्र ने कहा, 'आपके जीवन का अर्थ है, दूसरों के जीवन का अर्थ खोजने में उनकी मदद करना।'

'बिलकुल सही,' फ्रैंकल ने कहा। 'मैंने सचमुच यही लिखा था।'

– विलियम जे. विंसलेड

विलियम जे. विंसलेड एक दार्शनिक, वकील और मनोविश्लेषक हैं, जो गैल्वेस्टन की यूनिवर्सिटी ऑफ टेक्सास मेडिकल ब्रांच और यूनिवर्सिटी ऑफ ह्यूस्टन लॉ सेंटर में मनोचिकित्सा, चिकित्सा की नैतिकता और चिकित्सा का न्यायशास्त्र पढ़ाते हैं।

चुनिंदा लेखन

24

विल्हेम और सेटफा बॉर्नर को लिखा एक पत्र[1]

14 सितंबर 1945

मेरे प्रियजनों!

मुझे विएना आए चार सप्ताह हो चुके हैं। आखिरकार अब मुझे तुम लोगों को पत्र लिखने का मौका मिला है। पर मेरे पास तुम्हें बताने के लिए सिर्फ दुखद खबरें हैं: म्यूनिख से निकलने के ठीक पहले मुझे पता चला कि मेरे एक सप्ताह बाद ही मेरी माँ को भी ऑश्विज यातना शिविर में भेज दिया गया था। तुम अच्छी तरह जानते हो कि इसका मतलब क्या था। फिर जब मुझे ये पता चला कि मेरी पत्नी की भी मृत्यु हो चुकी है, तो मैं चुपचाप विएना आ गया। उसे ऑश्विज शिविर से ब्रेसलाउ में ट्रेचटेनबर्ग की खाईयों में काम करने के लिए भेज दिया गया था और फिर वहाँ से कुख्यात यातना शिविर बर्गेन-बेल्सन भेज दिया गया। जैसा कि टिली[2] की एक पूर्व सहकर्मी के पत्र से पता चला, वहाँ उसे 'इतने भयानक कष्ट झेलने पड़े, जिनका वर्णन करना असंभव है।' इस पत्र में टिली का नाम उन कैदियों की सूची में दर्ज था, जिनकी मौत टाइफस से हुई। (ये पत्र उस यातना शिविर से जिंदा बचकर आई इकलौती पूर्व नर्स द्वारा भेजा गया था।) बर्गेन-बेल्सन यातना शिविर के जिन कष्टों का वर्णन असंभव है, उनका वर्णन वहाँ से जिंदा बचकर आए एक कैदी ने मेरे सामने किया था और मैं उसे यहाँ दोहराना नहीं चाहता।

---

1 विल्हेम बॉर्नर (1882-1951) एक दार्शनिक और शिक्षक थे। वे हमेशा विक्टर फ्रैंकल के दोस्त रहे। बॉर्नर विएना के नैतिक समुदाय के प्रमुख भी थे। उन्होंने दुनिया के पहले ऐसे निकाय की स्थापना की, जो आत्महत्या का प्रयास करनेवालों को परामर्श देता था। बॉर्नर की इस पहल ने फ्रैंकल को युवा-परामर्श केंद्रों की नींव डालने के लिए प्रेरित किया। इन केंद्रों में बॉर्नर भी स्वयंसेवी परामर्शदाता के रूप में सक्रिय रहे।

2 टिली ग्रॉसर, विक्टर फ्रैंकल की पहली पत्नी।

तो अब मैं बिलकुल अकेला हूँ। मैंने जो भुगता है, उसे खुद भुगते बिना कोई नहीं समझ सकता कि मैं कैसा महसूस कर रहा हूँ। मैं बहुत थक चुका हूँ, बहुत दुःखी हूँ और बहुत अकेला हूँ। मेरे पास अब न कोई उम्मीद बची है और न कुछ ऐसा, जिससे मुझे डर लगे। मेरी जिंदगी में अब कोई खुशी नहीं है, सिर्फ जिम्मेदारियाँ हैं और मैं अपने विवेक के अनुसार जीने की कोशिश कर रहा हूँ... तो अब मैंने फिर से जीना शुरू किया है और अपनी पांडुलिपि को फिर से तैयार कर रहा हूँ, जिसके दो उद्देश्य हैं, एक उसका प्रकाशन और दूसरा मेरा अपना पुनर्वास। मेरे कुछ अच्छे दोस्तों ने इस मामले की जिम्मेदारी अपने कंधों पर ले ली है, जो मेरे लिए बहुत ही मार्मिक अनुभव है। पर अब कोई सफलता मुझे खुशी नहीं दे सकती, अब हर चीज़ मेरी नज़रों में इतनी व्यर्थ हो गई है कि मैं हर चीज़ से दूर और उखड़ा हुआ महसूस करता हूँ। इन सबका मेरे लिए अब कोई मतलब नहीं है। हममें से जो सर्वोत्तम लोग थे, वे जिंदा वापस नहीं आ सके (वहाँ मेरे सबसे अच्छे दोस्त ह्यूबर्ट गसर का सिर काट दिया गया) और मुझे अकेला छोड़कर चले गए।

यातना शिविर में हमें लगता था कि हम अपने जीवन के रसातल में पहुँच गए हैं और इससे बुरा और कुछ नहीं हो सकता। लेकिन जब हम शिविर से बचकर वापस आए, तब हमने देखा कि कुछ भी नहीं बचा है। हर वह चीज़, जिसके भरोसे हम उस यातना के नर्क में जीवित रहे, वह नष्ट हो चुकी थी। जैसे-जैसे हम फिर से इंसान जैसा महसूस कर रहे थे, वैसे-वैसे और अधिक असीम पीड़ा में गहरे गिरने की संभावना बढ़ रही थी। अब शायद जीवन में आँसू बहाने और साल्म (हिब्रू बाइबल और ओल्ड टेस्टामेंट की एक पवित्र किताब) पढ़ने के अलावा और कुछ नहीं बचा है।

शायद तुम मुझ पर मुस्कुराओगे या शायद मुझसे नाराज होंगे, लेकिन मैं विरोधाभासी बातें कतई नहीं करूँगा। मैं आज ये सब जो भी महसूस कर रहा हूँ, उससे जीवन के प्रति मेरा नज़रिया नहीं बदला है। मेरे लिए जीवन अब भी उतना ही महत्वपूर्ण है, जितना पहले था। अगर जीवन के प्रति मेरा नज़रिया सकारात्मक नहीं होता - तो यातना शिविर में और उससे आज़ाद होने के बाद पिछले कुछ दिनों में मेरा न जाने क्या होता। पर अब मैं चीज़ों को एक विस्तृत आयाम में देखने लगा हूँ। मुझे साफ नज़र आने लगा है कि जीवन अपने आपमें इतना सार्थक होता है कि भले ही कितने भी कष्ट हों, पीड़ाए हों, असफलताएँ हों, फिर भी जीवन

में अर्थ ढूँढ़ा जा सकता है।

मेरे लिए एकमात्र सांत्वना इसी तथ्य में निहित है कि मैं पूरे विवेक से ये कह सकता हूँ कि मुझे उन अवसरों का एहसास है, जो मुझे मिले हैं। मेरे कहने का मतलब है कि मैंने उन्हें वास्तविकता में तब्दील कर लिया है। टिली के साथ मेरे छोटे से वैवाहिक जीवन के साथ भी ऐसा ही है। हम दोनों ने एक-दूसरे के साथ जो महसूस किया, उसे बदला नहीं जा सकता। जो भी था, वह बीत चुका है, पर यह जो 'बीत चुका' है, यही अस्तित्व का सबसे ठोस रूप है।

अंत में एक खुशखबरी: वैली लॉफर जिंदा है और विएना में आराम से रह रहा है। वह यहाँ एक (अवैध) 'यू बोट' के रूप में छिपकर रहा! अब मैं ये तुमपे छोड़ता हूँ कि तुम स्टेला को, मेरे ससुर को और मेरे साले गुस्ताव डी ग्रॉसर को धीरे-धीरे सच्चाई जानने दो। दुःख की बात ये है कि संभवत: वॉल्टर भी ऑश्विज में मारा गया और विएना में लड़ाई के आखिरी दिनों में टिली की चाची हर्था वीज़र ने एक गोलीबारी में अपने पति को खो दिया। क्या तुम यूजीन हॉफमैन, एल्सी कुफरबर्ग और थिया किसमैन के संपर्क में हो? और क्या तुम्हें बर्मन के माध्यम से मेरा दूसरा पत्र मिला? क्षमा करना, मैं तुमसे ऐसी बातें पूछ रहा हूँ, जिनका आपस में एक-दूसरे से कोई संबंध नहीं है। लेकिन क्या करूँ, मैं सर्जरी के दौरान बीच-बीच में समय निकालकर ये पत्र लिख रहा हूँ।

हार्दिक शुभेच्छा के साथ!

तुम्हारा विक्टर

25

तुर्कहेम यातना शिविर, बवेरिया की आज़ादी की चालीसवीं वर्षगाँठ पर स्मृति भाषण

27 अप्रैल 1985

आदरणीय अतिथियों,

आप सबने मुझे यहाँ बुलाकर जो सम्मान दिया है, उसके लिए आपका धन्यवाद। आपने मुझे बोलने की शक्ति दी है इसलिए मैं उन लोगों की ओर से भी कुछ बोलना चाहूँगा, जो हमें छोड़कर इस दुनिया से जा चुके हैं। विएना शहर मेरी जन्मभूमि है, लेकिन तुर्कहेम वह स्थान है, जहाँ मेरा पुनर्जन्म हुआ। मेरा ये पुनर्जन्म तब हुआ, जब मैं अपना आधा जीवन जी चुका था। अभी कुछ दिन पहले ही मैं अस्सी साल का हुआ। मेरा चालीसवाँ जन्मदिन तुर्कहेम के यातना शिविर में बीता था। तब मेरे जन्मदिन का तोहफा ये था कि हफ्तों तक टाइफस बुखार से ग्रस्त रहने के बाद आखिरकार मैं स्वस्थ हो गया था।

तो मैं सबसे पहले अपने उन साथियों का अभिवादन करना चाहूँगा, जो इस दुनिया से जा चुके हैं। हालाँकि उससे भी पहले मैं उन हाईस्कूल छात्रों को धन्यवाद देना चाहूँगा, जिन्होंने स्मारक-शिला स्थापित कराई है। मैं इन छात्रों को उन स्वर्गवासी लोगों की ओर से भी धन्यवाद देना चाहता हूँ, जिन्हें ये स्मारक-शिला समर्पित है। साथ ही मुझे उन लोगों को भी धन्यवाद देना चाहिए, जिन्होंने हमें यातना शिविर में मरने से बचाया और आज़ाद कराया।

अब मैं आपको एक छोटा सा किस्सा सुनाना चाहूँगा। कुछ साल पहले की बात है, मैं अपनी मनोचिकित्सा पद्धति लोगोथेरेपी पर एक लेक्चर देने के लिए टेक्सास की राजधानी में स्थित यूनिवर्सिटी में गया था। वहाँ के महापौर ने मुझे सम्मानित करने के लिए मुझे शहर का मानद नागरिक बना दिया। इसके जवाब में मैंने कहा कि 'आप मुझे यहाँ का मानद नागरिक बनाएँ, इसके बजाय मुझे आपको एक मानद लोगोथेरेपिस्ट बना देना चाहिए।' क्योंकि हमें आज़ाद कराने के लिए टेक्सास के बहुत से युवाओं ने अपनी जान जोखिम में डाली और उनमें से कईयों

ने तो इसके लिए अपनी जान न्योछावर तक कर दी। अगर वे ऐसा नहीं करते, तो 27 अप्रैल 1945 को यातना शिविर से कोई विक्टर फ्रैंकल आज़ाद न हुआ होता और न ही किसी लोगोथेरेपी का जन्म हुआ होता। मेरी ये बात सुनकर महापौर की आँखों में आँसू आ गए।

अब मैं तुर्कहेम के लोगों को भी धन्यवाद देना चाहूँगा! कैलीफोर्निया की यूनाईटेड स्टेट्स इंटरनेशनल यूनिवर्सिटी में जब भी मैं सेमेस्टर का आखिरी लेक्चर देता था, तो छात्रों के अनुरोध पर स्लाइड्स की एक सीरीज दिखाया करता था। इसमें युद्ध के बाद मेरे द्वारा ली गईं (यातना शिविर की) तस्वीरें हुआ करती थीं। अंत में मैं उन्हें उस तस्वीर की स्लाइड ज़रूर दिखाता था, जिसे मैंने रेल्वे तटबंध के दूसरी ओर लिया था। तस्वीर में एक संयुक्त परिवार के सदस्य अपने विशाल फार्महाउस के सामनेवाले हिस्से में खड़े हुए थे। मैंने उन सभी को उस तस्वीर के लिए वहाँ इकट्ठा किया था। इन लोगों ने अपनी जान जोखिम में डालकर युद्ध के आखिरी दिनों में यातना शिविर से भागी कुछ हंगेरियन यहूदी लड़कियों को छिपाकर अपने पास रखा हुआ था! इस आखिरी स्लाइड के माध्यम से मैं उस बात को दर्शाना चाहता था, जिस पर मेरा गहरा विश्वास है। दरअसल युद्ध खत्म होने के बाद से ही मुझे इस बात पर गहरा विश्वास रहा है कि सामूहिक अपराध-बोध जैसी कोई चीज़ नहीं होती। फिर उस पूर्ववर्ती सामूहिक अपराध-बोध की तो बात ही छोड़ दीजिए, जिसमें लोगों को उनके माता-पिता या दादा-दादी के कर्मों के लिए जिम्मेदार ठहरा दिया जाता है।

अपराध-बोध सिर्फ व्यक्तिगत हो सकता है यानी किसी ऐसी चीज़ के लिए अपराध-बोध, जो व्यक्ति ने खुद की हो या फिर किसी ऐसी चीज़ के लिए, जिसे व्यक्ति ने ज़रूरी होने के बावजूद उपेक्षित छोड़ दिया हो। लेकिन ऐसी स्थिति में भी हमें लोगों के डरों के बारे में सोचना होगा - अपनी आज़ादी खोने का डर, अपनी जान जाने का डर और अपने परिवार को बचाने का डर। निश्चित रूप से बहुत सारे लोग ऐसे भी रहे होंगे, जो अपने दृढ़ विश्वास को ताक पर रखने के बजाय खुद यातना शिविर जाना पसंद करते। लेकिन हमें सिर्फ एक ही व्यक्ति से वीरता दिखाने की उम्मीद करनी चाहिए और वह व्यक्ति हम खुद हैं। किसी व्यक्ति से वीरता दिखाने की हमारी माँग सिर्फ तभी जायज मानी जा सकती थी, जब उस व्यक्ति ने खुद ये साबित किया हो कि वह अत्याचारियों की हाँ में हाँ मिलाने और समझौता करने के बजाय यातना शिविर में जाना पसंद करेगा। लेकिन जो

लोग दूसरे देशों में अपने-अपने घरों में सुरक्षित बैठे हैं, वे दूसरों से ये माँग नहीं कर सकते कि उन्हें अवसरवादी बनने के बजाय मौत को गले लगा लेना चहिए था। दरअसल सच तो ये है कि जो लोग यातना शिविरों में रह चुके हैं, वे आमतौर पर उन प्रवासियों के मुकाबले कम आलोचना करते हैं, जो अपनी आज़ादी बचाने में सक्षम थे या फिर जो उस वक्त पैदा ही नहीं हुए थे।

अंततः मैं उस व्यक्ति को भी धन्यवाद देना चाहूँगा, जो दुर्भाग्यवश इस कार्यक्रम में शामिल नहीं हो सका। मैं बात कर रहा हूँ तुर्कहेम शिविर के कमांडर हेर हॉफमैन की। मैं अभी भी उसे अपने सामने खड़ा देख सकता हूँ, जब फटेहाल चिथड़ों में लिपटे और ठंड से ठिठुर रहे हम ढेरों कैदी कॉफरिंग-3 यातना शिविर से आए थे। मैं उसकी आवाज़ भी सुन सकता हूँ क्योंकि हमें शिविर में आया देख वह तत्काल चीखने लगा था। दरअसल वह इस बात से भड़का हुआ था कि हमें इतनी बदहाल हालत में क्यों भेजा गया। बाद में जाकर हमें पता चला कि वह कमांडर हॉफमैन ही था, जिसने - अपने यहूदी कैदियों के लिए - अपनी जेब से पैसे खर्च करके चुपचाप दवाइयाँ खरीदी थीं।

कुछ साल पहले मैंने एक कार्यक्रम में कुछ ऐसे तुर्कहेम नागरिकों को आमंत्रित किया था, जिन्होंने शिविर के कैदियों की मदद की थी। मैं चाहता था कि हेर हॉफमैन भी उस कार्यक्रम में आए, लेकिन फिर मुझे पता चला कि कुछ दिन पहले ही उसकी मौत हो गई। एक स्थानीय आध्यात्मिक सलाहकार - जिससे आप सब निश्चित तौर पर परिचित होंगे (इस दौरान उसकी भी मौत हो गई थी) - से मुझे पता चला कि हेर हॉफमैन खुद अपने जीवन के अंत में आत्मनिंदा से ग्रस्त था - जबकि उसे इसकी कोई ज़रूरत नहीं थी। अगर संभव होता, तो उसके मन को शांत करने के लिए मैं भला क्या न करता!

अब आप निश्चित रूप से आपत्ति जताएँगे कि वो सब तो ठीक है, लेकिन हेर हॉफमैन जैसे लोग सिर्फ एक अपवाद हैं। शायद हाँ। लेकिन यही तो वे लोग हैं, जो सचमुच मायने रखते हैं, कम से कम तब, जब बात समझने की, क्षमा करने और सुलह करने की हो! अब मुझे लगता है कि ये उल्लेख करना उचित होगा कि मशहूर स्वर्गवासी रब्बी लिओ बेक - जिन्होंने 1945 में ही 'सुलह के लिए प्रार्थना' लिख दी थी - उन्होंने इस प्रार्थना में स्पष्ट लिखा था कि 'सिर्फ भलाई ही मायने रखेगी!'

और अगर आप मुझे बताते हैं कि भलाई बहुत कम थी, तो इसके जवाब में मैं एक और महान यहूदी विचारक और दार्शनिक बेनेडिक्टस डी स्पिनोज़ा के शब्दों को दोहरा सकता हूँ, जिनकी सबसे प्रमुख किताब एथिक्स इन शब्दों के साथ समाप्त होती है कि 'जो चीज़ जितनी महान होती है, वह उतनी ही दुर्लभ होती है और उसे करना उतना ही मुश्किल होता है।' बल्कि मैं खुद भी ये मानता हूँ कि संसार में भले लोग कम ही हैं, पहले भी कम ही थे और आगे भी कम ही रहेंगे। पर ये कोई नई बात नहीं है। एक प्राचीन यहूदी कथा के अनुसार तो संसार का अस्तित्व हमेशा उसमें रहनेवाले कुल 36 भले लोगों – 36 से एक भी ज़्यादा नहीं! – पर निर्भर करता है। अब मैं आपको ये तो नहीं बता सकता कि संसार में रहनेवाले भले लोगों की ठीक-ठीक संख्या कितनी है, लेकिन मुझे इस बात पर ज़रूर पूरा विश्वास है कि तुर्कहेम में बहुत से भले लोग थे और आज भी हैं। और आज जब हम तुर्कहेम यातना शिविर के मृतकों को याद कर रहे हैं, तो मैं उनकी ओर से तुर्कहेम शहर के भले लोगों को भी धन्यवाद देता हूँ।

26

हिटलर के आक्रमण की

पचासवीं वर्षगाँठ पर स्मृति–भाषण

10 मार्च 1988 राथौस्प्लात्ज़, विएना

देवियों और सज्जनों,

आज मैं अपने परिवार को याद करने में आप सबका साथ चाहूँगा - मेरे पिता, जो थेरेसिएन्स्टेड यातना शिविर में मारे गए; मेरा भाई, जिसने ऑश्विज यातना शिविर में अपनी जान गँवाई; और मेरी माँ, जिन्हें ऑश्विज शिविर के गैस चैंबर में भेजकर मार दिया गया; मेरी पहली पत्नी, जिसने बर्गेन–बेल्सन यातना शिविर में अपनी जान गँवाई। इसके बावजूद मैं आप सबसे यही कहूँगा कि आप मुझसे नफरत भरे शब्दों की उम्मीद बिलकुल न करें। भला मुझे किससे नफरत करनी चाहिए? मैं तो सिर्फ पीड़ितों को जानता हूँ, न कि अपराधियों को, कम से कम मैं उन्हें व्यक्तिगत तौर पर तो नहीं जानता। और मैं लोगों को सामूहिक रूप से अपराधी करार देने से इंकार करता हूँ। सामूहिक अपराध–बोध जैसी कोई चीज़ नहीं होती। और ये बात मैं सिर्फ आज ही नहीं कह रहा हूँ बल्कि तब से कह रहा हूँ, जब मैं यातना शिविर से आज़ाद हुआ था - और उस समय सामूहिक अपराध–बोध के विचार का सार्वजनिक रूप से विरोध करना अपना नुकसान करने के बराबर था।

अपराध–बोध सिर्फ व्यक्तिगत ही हो सकता है - किसी ऐसी चीज़ के लिए अपराध–बोध जो मैंने खुद की हो - या कुछ ऐसा जिसे करने में मैं असफल रहा हूँ! पर मुझे किसी ऐसी चीज़ के लिए अपराधी नहीं ठहराया जा सकता, जो दूसरों ने की हो, भले ही वे दूसरे लोग कोई और नहीं बल्कि मेरे माता–पिता या मेरे दादा–दादी रहे हों। और मेरा मानना है कि आज ऑस्ट्रिया के एक नन्हे बच्चे से लेकर पचास साल के अधेड़ तक को 'पूर्ववर्ती सामूहिक अपराध–बोध' महसूस कराने की कोशिश किसी अपराध और पागलपन से कम नहीं है। एक मनोचिकित्सक के तौर पर कहूँ, तो अगर ये एक पागलपन नहीं होता, तो इसे अपराध की श्रेणी में रखा जाना चाहिए था। मेरा मानना है कि सामूहिक उत्पीड़न

के शिकार लोगों को मेरी बात से सबसे पहले सहमत होना चाहिए। वरना ये कुछ ऐसा होगा, मानो वे युवाओं को पुराने या नए नाजियों की दिशा में भेजकर कोई बड़ा महत्वपूर्ण कार्य कर रहे हैं!

अब मुझे एक बार फिर यातना शिविर से अपनी आज़ादी की बात पर लौट आना चाहिए: तो यातना शिविर से आज़ाद होने के बाद मुझे जो पहली लिफ्ट मिल सकती थी, वह मैंने ले ली (अगर ऐसा करना गैर-कानूनी होता, तब भी मैं ऐसा ही करता।) मैं एक ट्रक पर बैठकर वापस अपने शहर विएना आ गया। पिछले कुछ वर्षों में मैं 63 बार अमेरिका गया; लेकिन हर बार ऑस्ट्रिया वापस लौट आया। इसलिए नहीं कि ऑस्ट्रिया के लोग मुझे खासतौर पर प्यार करते हैं बल्कि इसलिए क्योंकि मुझे ऑस्ट्रिया से बहुत प्यार है और हम जानते हैं कि प्यार हमेशा दो-तरफा नहीं होता। जब भी मैं अमेरिका में होता हूँ, तो अमेरिकी लोग मुझसे ये ज़रूर पूछते हैं कि 'मिस्टर फ्रैंकल, आप युद्ध के पहले हमारे पास अमेरिका क्यों नहीं आ गए? आप बहुत सारे कष्ट उठाने से बच जाते।' और फिर मुझे उन्हें ये समझाना पड़ता है कि मुझे अमेरिका के वीसा के लिए सालों इंतजार करना पड़ा और आखिरकार जब मुझे वीसा मिला, तब तक बहुत देर हो चुकी थी क्योंकि फिर मैं युद्ध के बीच में अपने बूढ़े माता-पिता को उनके हाल पर छोड़कर नहीं आ सकता था।' इसके बाद अमेरिकी लोग मुझसे पूछते हैं, 'तो फिर आप युद्ध के बाद अमेरिका क्यों नहीं आए? विएना के लोगों ने आपके और आपके परिवार के साथ जो किया, क्या वो काफी नहीं था?'

इस पर मैं उनसे यही कहता हूँ कि 'देखिए, विएना में एक कैथोलिक सामंत की पत्नी ने अपनी जान खतरे में डालकर मेरे एक चचेरे भाई को अपने घर में छिपने की जगह दी और उसकी जान बचाई। विएना के ही एक समाजवादी वकील ने खुद को खतरे में डालकर जब हो सका तब मुझे चुपचाप खाना उपलब्ध कराया।' क्या आपको पता है कि वह कौन था? ऑस्ट्रिया का वाइस चांसलर ब्रूनो पिटरमैन। इसके बाद मैं अमेरिकी लोगों से पूछता कि जिस शहर में ऐसे लोग रहते हों, वहाँ भला मैं क्यों नहीं लौटूँगा?

देवियों और सज्जनों, मैंने आपको यह कहते सुना है कि ये सब तो ठीक है, लेकिन ऐसे लोग केवल अपवाद थे यानी वास्तविकता का दूसरा पहलू। जबकि वास्तविकता ये थी कि लोग बेहद अवसरवादी थे - उन्हें प्रतिरोध करना चाहिए था। देवियों और सज्जनों, आप सही कह रहे हैं, लेकिन जरा सोचिए: प्रतिरोध के

लिए वीरता चाहिए और मेरा मानना है कि हमें सिर्फ एक ही व्यक्ति से वीरता दिखाने की उम्मीद करनी चाहिए और वह व्यक्ति हम खुद हैं! और इस पर अगर कोई ये कहता है कि कम से कम किसी को तो नाजियों की हाँ में हाँ मिलाने के बजाय यातना शिविर में जाने का चुनाव करना चाहिए, तो उसकी ये बात सिर्फ तभी जायज मानी जा सकती है, जब उस व्यक्ति ने खुद ये साबित किया हो कि अगर उसे मौका मिला होता तो वह अत्याचारियों की हाँ में हाँ मिलाने और समझौता करने के बजाय यातना शिविर में जाना पसंद करता। दरअसल सच तो ये है कि जो लोग यातना शिविरों में रह चुके हैं, वे आमतौर पर अवसरवादियों की आलोचना उन लोगों के मुकाबले कम ही करते हैं, जो उस पूरी अवधि के दौरान विदेश में आराम से रहे।

और रही बात युवा पीढ़ी की - तो उन्हें कैसे पता कि उस समय लोग कितने घबराए हुए थे और उन्होंने खुद को आज़ाद रखने के लिए, खुद जिंदा रहने के लिए और अपने परिवार को बचाने के लिए नाजियों के सामने घुटने टेक दिए? आप केवल उन लोगों की प्रशंसा मात्र कर सकते हैं, जिन्होंने प्रतिरोध आंदोलन में शामिल होने का साहस दिखाया। यहाँ मुझे अपना दोस्त ह्यूबर्ट गसर याद आ रहा है, जिसे नाजी सेना को कम आँकने के अपराध के लिए मौत की सजा सुनाई गई और फिर गिलटीन (एक धारदार मशीन) से उसका सिर काट दिया गया।

नेशनल सोशलिज़्म (राष्ट्रीय समाजवाद, जो जर्मनी की नाजी पार्टी की विचारधारा नाजीवाद का दूसरा नाम है) ने नस्लवाद को बढ़ावा दिया। सच तो ये है कि दुनिया में सिर्फ दो नस्ल के इंसान पाए जाते हैं - पहली नस्ल है सभ्य लोगों की और दूसरी नस्ल है असभ्य लोगों की। और पृथकतावाद या अलगाववाद का भाव दुनिया के हर देश की हर राजनीति पार्टी में होता है। सच तो ये है कि यातना शिविर के एसएस गार्ड्स के बीच भी कुछ ऐसे लोग मिल जाते थे, जो आंशिक रूप से सभ्य लोग होते थे - ठीक वैसे ही जैसे शिविर के कैदियों में से इक्का-दुक्का लोग असभ्य और बदमाश किस्म के होते थे। और शिविर के केपोज (ओहदेदार कैदी) की तो बात ही क्या की जाए।

दरअसल दुनिया में सभ्य और भले लोग कम ही हैं, पहले भी कम ही थे और आगे भी कम ही रहेंगे। यह ऐसी चीज़ है, जिसे हम जितनी जल्दी स्वीकार कर लें, उतना अच्छा रहेगा। खतरा सिर्फ तभी होता है, जब एक राजनीतिक व्यवस्था असभ्य लोगों को या यूँ कहें कि देश के अराजक तत्त्वों को ऊँचे पदों

पर बिठा देती है। और दुनिया का कोई भी देश इससे अछूता नहीं है। इस लिहाज से देखें, तो होलोकॉस्ट किसी भी देश में हो सकता है! सामाजिक मनोविज्ञान के क्षेत्र में हुए कुछ विशेष वैज्ञानिक प्रयोगों ने इस विचार की प्रामाणिकता पहले ही सिद्ध कर दी है। इसके लिए हमें अमेरिकी लोगों को धन्यवाद देना चाहिए; इन प्रयोगों को मिलग्राम प्रयोग के नाम से जाना जाता है।

अगर हम ये समझना चाहें कि इन सबका राजनीतिक परिणाम क्या होगा तो हमें ये मान लेना चाहिए कि दुनिया में राजनीति की सिर्फ दो शैलियाँ होती हैं। या अगर और बेहतर ढंग से कहें, तो राजनेता सिर्फ दो किस्म के होते हैं: पहले वे, जो मानते हैं कि परिणाम ही सब कुछ है, भले ही उसे हासिल करने के लिए कोई भी तरीका अपनाना पड़े... जबकि दूसरे किस्म के राजनेता वे हैं, जो इस बात से अच्छी तरह परिचित हैं कि कुछ तरीके ऐसे होते हैं, जो पवित्र से पवित्र परिणाम को भी अपवित्र कर सकते हैं। और मैं सिर्फ दूसरे किस्म के राजनेताओं पर ही भरोसा करता हूँ। 1988 के इस पूरे साल की उथल-पुथल, मौजूदा दौर की ज़रूरतों और इस वर्षगाँठ के बावजूद मुझे भरोसा है कि हमें तार्किक स्वर सुनने को मिलेंगे और मन में सद्भावना रखनेवाले लोग, अतीत में हुई अनगिनत मौतों और तमाम वर्तमान मतभेदों के बावजूद एक-दूसरे की ओर अपना हाथ बढ़ाएँगे।

आप सबका बहुत-बहुत धन्यवाद।

शब्दावली

ऑश्विज : सबसे घातक यातना शिविरों में से एक, जो आधुनिक पोलैंड में स्थित है। इसे ऑश्विज-बिरकेनो के नाम से भी जाना जाता है।

एंटी-सेमिटिज़्म : यहूदी-विरोध या यहूदी लोगों के खिलाफ पूर्वाग्रह।

बर्गेन-बेल्सन : उत्तरी जर्मनी में स्थित एक यातना शिविर, जो भोजन के अभाव और बहुत ही खराब सफाई व्यवस्था के लिए कुख्यात था। बर्गेन-बेल्सन में ही 1944 में फ्रैंकल की पहली पत्नी टिली की मौत हुई थी।

केपो : यातना शिविर के वे कैदी, जिन्हें अन्य कैदियों से जबरन कराए जा रहे श्रमकार्य की निगरानी के लिए नियुक्त किया जाता था।

यातना शिविर : ऐसा स्थान, जहाँ नाजियों द्वारा यहूदियों और अन्य अल्पसंख्यकों को कैद करके रखा जाता था या मार दिया जाता था।

डचाऊ : दक्षिणी जर्मनी में स्थित एक यातना शिविर।

गैस चैंबर्स : वे कमरे जहाँ होलोकॉस्ट के शिकार लोगों को जहरीली गैस का इस्तेमाल कर मौत के घाट उतार दिया जाता था।

गेस्टापो : नाजी जर्मनी की सीक्रेट स्टेट पुलिस फोर्स जो नाजियों के कथित विरोधियों को अपना निशाना बनाती थी।

होलोकॉस्ट : नाजियों द्वारा करीब साठ लाख यहूदियों और लाखों अन्य पीड़ितों के नरसंहार का वर्णन करने के लिए प्रयोग होनेवाला शब्द।

कॉफरिंग : जर्मनी में स्थित डचाऊ का सहायक यातना शिविर। 1944 में फ्रैंकल इसी शिविर में कैद थे।

नाजी जर्मनी : इसे थर्ड रैह के रूप में भी जाना जाता है। इसका अर्थ हिटलर द्वारा नियंत्रित जर्मनी से है, जहाँ नस्लवाद, यहूदी-विरोध और उत्पीड़न आम था। आधिकारिक तौर पर नाजी पार्टी को नेशनल सोशलिस्ट पार्टी के नाम से जाना जाता था।

एसएस : नाजी सैन्य संगठन, जो एडॉल्फ हिटलर के आदेशानुसार निगरानी, गिरफ्तारी और हत्याओं को अंजाम देता था।

थेरेसिएन्स्टेड : आधुनिक चेकोस्लोवाकिया में स्थित एक यातना शिविर। ऑश्विज, कॉफरिंग और तुर्कहेम भेजे जाने से पहले फ्रैंकल को थेरेसिएन्स्टेड शिविर में ही कैद करके रखा गया था।

तुर्कहेम : जर्मनी में स्थित डचाऊ का सहायक यातना शिविर। 1945 में अमेरिकी सैनिकों द्वारा आज़ाद कराए जाने से पहले फ्रैंकल यहीं कैद थे।

होलोकॉस्ट और विक्टर फ्रैंकल के जीवन का घटनाक्रम

1905 : 26 मार्च को ऑस्ट्रिया के विएना में विक्टर ई. फ्रैंकल का जन्म हुआ।

1928-29 : फ्रैंकल ने विएना समेत छह अन्य शहरों में किशारों के लिए नि:शुल्क परामर्श कार्यक्रम का आयोजन किया। उन्होंने साइकीऐट्रिक यूनिवर्सिटी क्लीनिक में काम करना शुरू किया।

1930 : फ्रैंकल को चिकित्सा में डॉक्टरेट की उपाधि से सम्मानित किया गया।

1933 : फ्रैंकल को साइकीऐट्रिक क्लीनिक में आत्महत्या का प्रयास करनेवाली महिलाओं के वॉर्ड का प्रमुख बना दिया गया। इसी साल 30 जनवरी को एडॉल्फ हिटलर जर्मनी का चांसलर बना; 1 अप्रैल को नाजियों ने यहूदी-स्वामित्ववाले व्यवसायों का देशव्यापी बहिष्कार किया; 10 मई को नाजी समर्थकों ने पूरे जर्मनी में सार्वजनिक रैलियों के दौरान अपने राजनीतिक विरोधियों और यहूदियों द्वारा लिखी गई किताबें जलाईं।

1935 : नाजी सरकार ने रैह नागरिकता कानून का फरमान सुनाया, जिसने यहूदियों से उनकी जर्मन नागरिकता छीन ली। साथ ही जर्मन वंश और सम्मान सुरक्षा कानून भी लागू हुआ, जिसने 'जर्मनी से खून का संबंध रखनेवालों व उनके संबंधियों' और यहूदियों के बीच अंतर्विवाह पर रोक लगा दी।

1937 : फ्रैंकल ने न्यूरोलॉजी (तंत्रिका विज्ञान) और साइकोलॉजी (मनोविज्ञान) की अपनी निजी प्रैक्टिस शुरू कर दी।

1938 : जर्मन सैनिक ऑस्ट्रिया की सीमा में घुस आए; ऑस्ट्रिया को जर्मनी में मिला लिया गया। नाजी पार्टी द्वारा यहूदियों के खिलाफ आयोजित राष्ट्रव्यापी दंगों (जिन्हें नाइट ऑफ ब्रोकेन ग्लास भी कहते हैं) में नाजियों और उनके सहयोगियों ने पूजाघरों में आग लगा दी और यहूदियों के घरों और दुकानों में लूटपाट की। इन दंगों में कम से कम

91 लोग मारे गए और करीब 30 हजार यहूदी पुरुषों को गिरफ्तार करके डचाऊ, साक्सेनहॉसेन, बुचेनवाल्ड, माउथौसेन यातना शिविरों में कैद कर लिया गया।

1939 : फ्रैंकल को यूएस का वीसा मिल गया, लेकिन उन्हें अपने बूढ़े माता-पिता की चिंता थी इसलिए वे ऑस्ट्रिया में ही रहे और वीसा लेने का इरादा छोड़ दिया। 15 मार्च को जर्मन सैनिकों ने चेक-गणराज्य को हथिया लिया; 1 सितंबर को जर्मन सेना ने पोलैंड पर आक्रमण किया और इस तरह अनपेक्षित रूप से द्वितीय विश्वयुद्ध की शुरुआत हुई।

1940 : फ्रैंकल को रॉथ्सचाइल्ड अस्पताल के न्यूरोलॉजी विभाग का प्रमुख बना दिया गया। नाज़ी शासन के दौरान अगले दो साल तक विएना में यहूदियों के लिए ये एकमात्र अस्पताल था।

1941 : फ्रैंकल ने टिली ग्रॉसर से शादी कर ली, जो उनकी पहली पत्नी थीं। 22 जून को जर्मनी और एक्सिस फोर्सेस (द्वितीय विश्व युद्ध में जर्मनी और जापान का साथ देनेवाले देशों का गुट) ने सोवियत संघ पर आक्रमण कर दिया। इंसत्ज़ग्रुपपेन नामक जर्मन मारक-दस्तों को सीमारेखाओं के बीच यहूदियों की पहचान कर उनका नरसंहार करने का काम सौंपा गया। शुट्ज़स्टाफेल या एसएस समूहों ने ऑश्विज में जहरीली गैस से हत्याएँ करने का पहला प्रयोग किया।

1942 : फ्रैंकल को उनकी पत्नी, माता-पिता और भाई के साथ गिरफ्तार कर जर्मन कब्जेवाले चेकोस्लोवाकिया के थेरेसिएस्टेड यातना शिविर भेज दिया गया। उनके पिता की भुखमरी से मौत हो गई। 20 जनवरी को वरिष्ठ नाजी अधिकारियों ने 'अंतिम समाधान' पर चर्चा करने के लिए मुलाकात की। उनकी योजना थी, पूरे यूरोप में नाजियों का नरसंहार करना।

1944 : फ्रैंकल को उनकी पत्नी टिली के साथ ऑश्विज ले जाया गया। एक सप्ताह बाद उनकी माँ को भी वहाँ भेज दिया गया और फिर तत्काल गैस चैंबर में भेजकर उनकी हत्या कर दी गई; टिली को जर्मनी के बर्गेन-बेल्सन यातना शिविर भेज दिया गया, जहाँ 24 की उम्र में

उनकी मौत हो गई। बाद में फ्रैंकल को विएना के रास्ते कॉफरिंग और तुर्कहेम यातना शिविरों में भेज दिया गया।

1945 : अमेरिकी सेना ने फ्रैंकल के यातना शिविर को नाजी कब्जे से आज़ाद करा लिया। वे विएना लौट आए, जहाँ उन्हें अपने प्रियजनों की मौत का पता चला। 30 अप्रैल को हिटलर ने बर्लिन में आत्महत्या कर ली; 2 सितंबर को आधिकारिक तौर पर द्वितीय विश्व युद्ध का अंत हुआ। 'नुरेम्बर्ग ट्रायल्स' की शुरुआत हुई और होलोकॉस्ट के अपराधों के लिए कई नाजी नेताओं पर मुकदमा चलाया गया।

1946 : फ्रैंकल को विएना न्यूरोलॉजिकल पॉलीक्लीनिक का निर्देशक बना दिया गया। वे पच्चीस साल तक इस पद पर रहे। उन्होंने अपनी किताब फ्रॉम डेथ-कैम्प टू एग्ज़िस्टेशलिज़्म का जर्मन संस्करण प्रकाशित किया। बाद में इसी किताब को मैन्स सर्च फॉर मीनिंग का शीर्षक दिया गया।

1947 : फ्रैंकल ने एलेनॉर एली श्विंड्ट से शादी कर ली। उनकी एक बेटी भी है, जिसका नाम गेब्रिएला है।

1948 : फ्रैंकल ने दर्शनशास्त्र में पीएचडी की उपाधि प्राप्त की। उन्हें विएना यूनिवर्सिटी में न्यूरोलॉजी (तंत्रिका विज्ञान) और साइकियाट्री (मनोचिकित्सा) का एसोसिएट प्रोफेसर बना दिया गया।

1954 : फ्रैंकल को लंदन, हॉलैंड और अर्जेन्टीना की यूनिवर्सिटीज़ में लेक्चर देने के लिए आमंत्रित किया गया। यूएसए के प्रतिष्ठित मनोवैज्ञानिकों ने फ्रैंकल और उनके काम को प्रोत्साहित किया।

1959 : फ्रॉम डेथ-कैम्प टू एग्ज़िस्टेशलिज़्म के अंग्रेजी संस्करण का प्रकाशन हुआ।

1960 : फ्रैंकल हॉर्वर्ड यूनिवर्सिटी के गेस्ट प्रोफेसर बने।

1963 : फ्रॉम डेथ-कैम्प टू एग्ज़िस्टेशलिज़्म का प्रकाशन नए शीर्षक मैन्स सर्च फॉर मीनिंग के साथ हुआ।

1966-72 : फ्रैंकल ने यूएस की कई यूनिर्विटीज़ द्वारा दिए गए गेस्ट प्रोफेसर के प्रस्तावों को स्वीकार कर लिया और उनके छात्रों को पढ़ाया।

1988 : हिटलर के आक्रमण की पचासवीं वर्षगाँठ पर आयोजित स्मृति–दिवस कार्यक्रम में फ्रैंकल ने विएना में प्रभावशाली भाषण दिया।

1997 : 92 वर्ष की उम्र में हार्ट अटैक से फ्रैंकल की मृत्यु हो गई।

विक्टर ई. फ्रैंकल

लेखक के विषय में

विक्टर ई. फ्रैंकल विएना मेडिकल स्कूल विश्वविद्यालय में न्यूरोलॉजी व साईकाइट्री के प्रोफेसर थे। वे स्कूल ऑफ लोगोथैरेपी के संस्थापक थे, जिसे फ्रायड के मनोविश्लेषण तथा एडलर के व्यक्तिगत मनोविज्ञान के बाद, मनोचिकित्सा की तीसरी विएना शाखा के तौर पर जाना गया। उनके लेखन को, ब्रिटिश साइकोलॉजिकल सोसाइटी के भूतपूर्व प्रेसीडेंट सर सिरिल बर्ट ने, फ्रायड, एडलर व जुंग के बाद मनोचिकित्सा के क्षेत्र में सबसे महत्वपूर्ण योगदान कहा है।

1905 में जन्मे, डॉक्टर ई. फ्रैंकल ने विएना विश्वविद्यालय से दर्शन व चिकित्सा में डॉक्टर की उपाधि ग्रहण की। दूसरे विश्व युद्ध के दौरान उन्होंने ऑश्विज़, डखौ व अन्य यातना कैंपों में तीन साल बिताए।

उनका पहला प्रकाशन 1924 में, इंटरनेशनल जर्नल ऑफ साइकोएनालिसिस में प्रकाशित हुआ। कुल मिलाकर उनकी तीस पुस्तकें प्रकाशित हुईं, जिनका तेईस भाषाओं में अनुवाद किया गया है। इनमें चीनी तथा जापानी भाषा भी शामिल हैं। वे हार्वर्ड के साथ-साथ पिट्सबर्ग, सैनडिआगो तथा डलास विश्वविद्यालय में विज़िटिंग प्रोफेसर भी रहे। उन्हें उन्तीस विश्वविद्यालयों ने मानद उपाधियों से विभूषित किया और वे पूरे विश्व के अनेक विश्वविद्यालयों में अतिथि व्याख्याता के रूप में आमंत्रित किए गए। सन 1997 में उनका देहान्त हो गया।

आज लोगोथेरेपी की संस्थाएँ पाँचों महाद्वीपों में हैं। विक्टर ई. फ्रैंकल तथा लोगोथेरेपी के विषय में अधिक जानकारी तथा विस्तृत पुस्तक सूची के लिए कृपया विएना में विक्टर ई. फ्रैंकल संस्था की वेबसाइट पर संपर्क करें: www.viktorfrankl.org

परिशिष्ट

महाआसमानी परम ज्ञान

शिविर परिचय और लाभ (निवासी)

Self Delelopment to Self Realization

Towords Self Stabilizaion

तेजज्ञान फाउण्डेशन आत्मविकास से आत्मसाक्षात्कार प्राप्त करने का एक रास्ता है। इसके लिए सरश्री द्वारा एक अनूठी बोध पद्धति (System for Wisdom) का सृजन हुआ है। इस पद्धति को अन्तर्राष्ट्रीय मानक ISO 9001:2015 के आवश्यकताओं एवं निर्देशों के अनुरूप ढालकर सरल, व्यावहारिक एवं प्रभावी बनाया गया है। इस संस्था की बोध पद्धति के विभिन्न पहलुओं (शिक्षण, निरीक्षण व गुणवत्ता) को स्वतंत्र गुणवत्ता परीक्षकों (Quality Auditors) द्वारा क्रमबद्ध तरीके से जाँचा गया। जिसके बाद इन पहलुओं को ISO 9001:2015 के अनुरूप पाकर, इस बोध पद्धति को प्रमाणित किया गया है।

फाउण्डेशन का लक्ष्य आपको नकारात्मक विचार से सकारात्मक विचार की ओर बढ़ाना है। सकारात्मक विचार से शुभ विचार यानी हॅपी थॉट्स (विधायक आनंदपूर्ण विचार) और शुभ विचार से निर्विचार की ओर बढ़ा जा सकता है। निर्विचार से ही आत्मसाक्षात्कार संभव है। शुभ विचार (Happy Thoughts) यानी यह विचार कि 'मैं हर विचार से मुक्त हो जाऊँ।' शुभ इच्छा यानी यह इच्छा कि 'मैं हर इच्छा से मुक्त हो जाऊँ।'

सभी समस्याओं का समाधान है तेजज्ञान। भय से मुक्ति, चिंतारहित व क्रोध से आज़ाद जीवन है तेजज्ञान। शारीरिक, मानसिक, सामाजिक, आर्थिक और आध्यात्मिक उन्नति के लिए है तेजज्ञान। तेजज्ञान आपके अंदर है, आएँ और इसे पाएँ। यदि आप ऐसा ज्ञान चाहते हैं, जो सामान्य ज्ञान के परे हो, जो हर समस्या का समाधान हो, जो सभी मान्यताओं से आपको मुक्त करे, जो आपको ईश्वर का साक्षात्कार कराए, जो आपको सत्य पर स्थापित करे तो समय आ गया है तेजज्ञान को जानने का। समय आ गया है शब्दोंवाले सामान्य ज्ञान से उठकर तेजज्ञान का अनुभव करने का।

अब तक अध्यात्म के अनेक मार्ग बताए गए हैं। जैसे जप, तप, मंत्र, तंत्र, कर्म, भाग्य, ध्यान, ज्ञान, योग और भक्ति आदि। इन मार्गों के अंत में जो समझ, जो बोध प्राप्त होता है, वह एक ही है। सत्य के हर खोजी को अंत में एक ही समझ मिलती है और इस समझ को सुनकर भी प्राप्त किया जा सकता है। उसी समझ को सुनना यानी तेजज्ञान प्राप्त करना है। तेजज्ञान के श्रवण से सत्य का साक्षात्कार होता है, ईश्वर का अनुभव होता है। यही तेजज्ञान सरश्री महाआसमानी शिविर में प्रदान करते हैं।

सरश्री की आध्यात्मिक खोज का सफर उनके बचपन से प्रारंभ हो गया था। इस खोज के दौरान उन्होंने अनेक प्रकार की पुस्तकों का अध्ययन किया। इसके साथ ही अपने आध्यात्मिक अनुसंधान के दौरान अनेक ध्यान पद्धतियों का अभ्यास किया। उनकी इसी खोज ने उन्हें कई वैचारिक और शैक्षणिक संस्थानों की ओर बढ़ाया। इसके बावजूद भी वे अंतिम सत्य से दूर रहे। उन्होंने अपने तत्कालीन अध्यापन कार्य को भी विराम लगाया ताकि वे अपना अधिक से अधिक समय सत्य की खोज में लगा सकें। जीवन का रहस्य समझने के लिए उन्होंने एक लंबी अवधि तक मनन करते हुए अपनी खोज जारी रखी। जिसके अंत में उन्हें आत्मबोध प्राप्त हुआ। आत्मसाक्षात्कार के बाद उन्होंने जाना कि अध्यात्म का हर मार्ग जिस कड़ी से जुड़ा है वह है- समझ (अंडरस्टैण्डिंग)।

सरश्री कहते हैं कि 'सत्य के सभी मार्गों की शुरुआत अलग-अलग प्रकार से होती है लेकिन सभी के अंत में एक ही समझ प्राप्त होती है। 'समझ' ही सब कुछ है और यह 'समझ' अपने आपमें पूर्ण है। आध्यात्मिक ज्ञान प्राप्ति के लिए इस 'समझ' का श्रवण ही पर्याप्त है।' सरश्री ने तीन हज़ार से अधिक प्रवचन दिए हैं और डेढ़ सौ से अधिक पुस्तकों की रचना की हैं। ये पुस्तकें दस से अधिक

भाषाओं में अनुवादित की जा चुकी हैं और प्रमुख प्रकाशकों द्वारा प्रकाशित की गई हैं, जैसे पेंगुइन बुक्स, हे हाऊस पब्लिशर्स, जैको बुक्स, हिंद पॉकेट बुक्स, मंजुल पब्लिशिंग हाऊस, प्रभात प्रकाशन, राजपाल अॅण्ड सन्स इत्यादि। सरश्री की शिक्षाओं से लाखों लोगों के जीवन में रूपांतरण हुआ है। इसके साथ संपूर्ण विश्व की चेतना बढ़ाने के लिए कई सामाजिक कार्यों की शुरुआत भी की गई है।

सरश्री आज के युग के आध्यात्मिक गुरु और 'तेजज्ञान फाउण्डेशन' के संस्थापक हैं, जो अत्यंत सरलता से आज की लोकभाषा में आध्यात्मिक समझ प्रदान करते हैं। हर साल तेजज्ञान फाउण्डेशन द्वारा 'महाआसमानी शिविर' आयोजित किया जाता है। यह शिविर पूर्णतः सरश्री की शिक्षाओं पर आधारित है।

क्या आपको उच्चतम आनंद पाने की इच्छा है? ऐसा आनंद, जो किसी कारण पर निर्भर नहीं है, जिसमें समय के साथ केवल बढ़ोतरी ही होती है। क्या आप इसी जीवन में प्रेम, विश्वास, शांति, समृद्धि और परमसंतुष्टि पाना चाहते हैं? क्या आप शारीरिक, मानसिक, सामाजिक, आर्थिक और आध्यात्मिक इन सभी स्तरों पर सफलता हासिल करना चाहते हैं? क्या आप 'मैं कौन हूँ' इस सवाल का जवाब अनुभव से जानना चाहते हैं?

यदि आपके अंदर इन सवालों के जवाब जानने की और 'अंतिम सत्य' प्राप्त करने की प्यास जगी है तो तेजज्ञान फाउण्डेशन द्वारा आयोजित 'महाआसमानी परम ज्ञान शिविर' में आपका स्वागत है। यह शिविर पूर्णतः सरश्री की शिक्षाओं पर आधारित है। सरश्री आज के युग के आध्यात्मिक गुरु और 'तेजज्ञान फाउण्डेशन' के संस्थापक हैं, जो अत्यंत सरलता से आज की लोकभाषा में आध्यात्मिक समझ प्रदान करते हैं।

महाआसमानी परम ज्ञान शिविर का उद्‌देश्य :

इस शिविर का उद्‌देश्य है, 'विश्व का हर इंसान 'मैं कौन हूँ' इस सवाल का जवाब जानकर सर्वोच्च आनंद में स्थापित हो जाए।' उसे ऐसा ज्ञान मिले, जिससे वह हर पल वर्तमान में जीने की कला प्राप्त करे। भूतकाल का बोझ और भविष्य की चिंता इन दोनों से मुक्त हो जाए। हर इंसान के जीवन में स्थायी खुशी, सही समझ और समस्याओं को विलीन करने की कला आ जाए। मनुष्य जीवन का उद्‌देश्य पूर्ण हो। 'मैं कौन हूँ? मैं यहाँ क्यों हूँ? मोक्ष का अर्थ क्या है? क्या इसी जन्म में मोक्ष प्राप्ति संभव है?' यदि ये सवाल आपके अंदर हैं तो महाआसमानी

परम ज्ञान शिविर इसका जवाब है।

महाआसमानी परम ज्ञान शिविर आप ऑनलाइन भी कर सकते हैं।

यह शिविर तीन भागों में लिया जाएगा :

* बुनियादी सत्य शिविर * ब्राइट रिस्पॉन्सिबिलीटी शिविर

* महाआसमानी शिविर।

स्थान - अपना घर

भाषा - हिंदी

अधिक जानकारी के लिए संपर्क करें

+ 91 9921008060, + 91 9921008075

Visit also www.tejgyan.org

Registration link : https://www.tejgyanglobal.org/mareg

पुस्तकें प्राप्त करने के लिए नीचे दिए गए पते पर मनीऑर्डर द्वारा पुस्तक का मूल्य भेज सकते हैं। पुस्तकें रजिस्टर्ड, कुरियर अथवा वी.पी.पी. द्वारा भेजी जाती हैं। पुस्तकों के लिए नीचे दिए गए पते पर संपर्क करें।

WOW Publishings Pvt. Ltd.

* रजिस्टर्ड ऑफिस - S. No. 1A, ईरानी मार्केट,
बिल्डिंग नं. डी-38 येरवडा, पुणे - 411006

* पोस्ट बॉक्स नं. 36, पिंपरी कॉलोनी पोस्ट ऑफिस, पिंपरी,
पुणे - 411017 फोन नं.: 09011013210 / 9146285129

आप ऑन-लाइन शॉपिंग द्वारा भी पुस्तकों का ऑर्डर दे सकते हैं।
लॉग इन करें - www.gethappythoughts.org
500 रुपयों से अधिक पुस्तकें मँगवाने पर 10% की छूट और फ्री शिपिंग।

यह पुस्तक पढ़ने के बाद आप अपना अभिप्राय (विचार सेवा) इस Mail ID पर भेज सकते हैं ... books.feedback@tejgyan.org

सरश्री द्वारा रचित पुस्तकें

विचार नियम

आपकी कामयाबी का रहस्य

द पॉवर ऑफ हॅपी थॉट्स

Pages - 200

क्या हम सभी आंतरिक शांति को तलाश रहे हैं?

क्या हम अपने जीवन में आंतरिक शांति और स्थायी पूर्णता की चाहत रखते हैं? साथ ही हमें बेशर्त प्रेम और आनंद की तलाश रहती है। परंतु यह संभव नहीं लगता क्योंकि रोज़मर्रा के जीवन में चुनौतियों में हम उलझकर रह जाते हैं।

क्या हम सभी सांसारिक सफलता पाने की चाहत रखते हैं?

हम सभी संपन्न जीवन का आनंद लेना चाहते हैं। एक ऐसा जीवन जहाँ रिश्तों में भरपूर ताल-मेल और अपनापन हो, आर्थिक स्वतंत्रता हो और उत्तम स्वास्थ्य हो।

हम सभी अपने काम में रचनात्मक और उत्पादक बनकर सर्वोत्तम परिणाम हासिल करने की चाह रखते हैं। लेकिन ये सब हासिल करने की कीमत हमें अपनी आंतरिक शांति खोकर चुकानी पड़ती है...

खुशखबर यह है कि अब हमें दोनों प्राप्त हो सकते हैं! 'विचार नियम' पुस्तक के ज़रिए -

- अपने आंतरिक और बाहरी जीवन में ताल-मेल बिठाएँ।
- अपनी इच्छानुसार शांत और स्थिर महसूस करें।
- विचारों के पार जाकर अपने 'असली अस्तित्व' को पहचानें, जो आपकी मूल अवस्था है।
- विचार नियमों को अपने जीवन में उतारें ताकि आप अपनी उच्चतम संभावना की ओर सहजता से आगे बढ़ पाएँ।
- मौनायाम की अवस्था में रहकर प्रेम, आनंद, करुणा, भरपूरता व रचनात्मकता जैसे गुणों को अपने अंदर से प्रकट होने का मौका दें।

आइए, बीस लाख से भी अधिक पाठकों के समूह में शामिल हो जाएँ, जिन्होंने विचारों के 7 शक्तिशाली नियमों तथा मत्रों द्वारा आंतरिक शांति और सफलता हासिल की है।

विश्वास नियम

सर्वोच्च शक्ति के सात नियम

Pages - 168

आपका मोबाइल तो अप टू डेट है परंतु क्या आपका विश्वास अप टू डेट है? क्या आपका आज का विश्वास आपको अंतिम सफलता की राह पर बढ़ा रहा है? यदि उपरोक्त सवालों के जवाब 'नहीं' हैं तो आपको विश्वास नियम की आवश्यकता है। विश्वास नियम आपके विश्वास को बढ़ाकर उसे अप टू डेट करता है।

'विश्वास' ईश्वर द्वारा दी हुई वह देन है- जो हमारे स्वास्थ्य, रिश्ते, मनशांति, आर्थिक समृद्धि एवं आध्यात्मिक उन्नति में चार चाँद लगाता है। आइए, इस शक्ति का चमत्कार अपने जीवन ये देखें और 'सब संभव है' इस पंक्ति का प्रत्यक्ष अनुभव लें।

इस पुस्तक में दिए गए सात विश्वास नियम ऊर्जा का असीम भंडार हैं। ये आपके जीवन की नकारात्मकता हटाकर, आपको सकारात्मक ऊर्जा से लबालब भर देंगे। जीवन के हर स्तर पर आपकी मदद करेंगे। इसलिए यह पुस्तक इस विश्वास के साथ पढ़ें कि 'अब सब संभव है' और जानें...

* विश्वास की शक्ति से जो चाहें वह कैसे पाएँ
* विश्वास को वाणी में लाकर जीवन को कैसे बदलें
* विश्वासघात पर मात पाकर विश्व के लिए नया उदाहरण कैसे बनें
* अपने भीतर छिपे हर अविश्वास को विश्वास में रूपांतरित करके विकास की ओर कैसे बढ़ें
* हर समस्या का समाधान कैसे खोजें
* विश्वास द्वारा संपूर्ण सफलता कैसे पाएँ

असंभव कैसे करें संभव

हातिम से सीखें साहस और निःस्वार्थ जीवन का राज़

Pages - 174

हातिम के किस्से विश्व प्रसिद्ध हैं जो आपको रहस्य, रोमांच और साहस की तिलस्मी दुनिया में ले जाते हैं। लेकिन इस बार यह साहस आपको दिखाना है और सात नहीं बल्कि चौदह सवालों के जवाब खोजने हैं पर एक अलग ढंग से। यह खोज जंगलों में, पर्वतों पर, रेगिस्तानों में नहीं बल्कि स्वयं के भीतर ही डुबकी लगाकर करनी है।

इस खोज में यह पुस्तक आपकी मार्गदर्शक बनेगी। जो पहले आपको सवाल देगी, फिर आपसे उनके जवाबों की खोज करवाएगी। ये जवाब आपको सिखाएँगे-

1. असंभव कैसे बने संभव? वहम, तथ्य, सत्य और परमसत्य का रहस्य क्या है?
2. कुदरत से कैसा ताल-मेल बनाएँ ताकि लक्ष्य सहजता से प्राप्त हो?
3. दुःख से बाहर आने की कला क्या है, आनंदित अवस्था कैसे पाएँ?
4. निःस्वार्थ जीवन की शक्ति क्या है, इसे अपनाना क्यों ज़रूरी है?
5. कर्म विज्ञान क्या है, कर्म बंधनों से मुक्ति कैसे पाएँ?
6. प्रेम, आनंद, शांति, संपन्नता, स्वास्थ्य, मधुर रिश्तोंभरा जीवन कैसे पाएँ?
7. मृत्यु और जीवन का रहस्य क्या है? मुक्ति क्या है, इसे कैसे प्राप्त करें?

तो चलिए हातिम बनकर सात-सात वचनों के साथ आंतरिक खोज का शुभारंभ करें और वह सब कुछ प्राप्त करें, जिसे पाने के लिए आप पृथ्वी पर आए हैं।

स्वयं का सामना

हरक्युलिस की आंतरिक खोज

Pages - 200

Also available in Marathi, English, Gujarati, Kannad, Telugu, Tamil, Oriya, Malayalam & Punjabi

न्याय, स्वास्थ्य, खुशी और रिश्तों पर अनोखी समझ देनेवाली अद्भुत खोज प्रस्तुत करती पुस्तक 'स्वयं का सामना' व्यक्तित्व विकास के लिए एक महत्त्वपूर्ण रचना है। इस पुस्तक में एक अनोखे ढंग से आत्मपरीक्षण तथा आत्मदर्शन करवाया गया है। हँसते-खेलते छोटे-छोटे कथानकों के माध्यम से इस सत्य को प्रकाश में लाया गया है कि किस तरह से दूसरों के प्रति की गई शिकायत की जड़ हमारे अंदर ही छिपी होती है। पुस्तक में भिन्न-भिन्न किरदारों द्वारा जीवन में होनेवाली उन सामान्य घटनाओं पर खोज करवाई गई है, जो आए दिन उन्हें दुःख देती रहती हैं।

इस पुस्तक की कहानी 'हरक्युलिस' नामक किरदार के आगे-पीछे घूमती नजर आती है। इसमें चित्रित किया गया है कि किस तरह एक साधारण समझ व सोच रखनेवाला इंसान, जीवन में घटनेवाली घटनाओं के माध्यम से अपनी खोज करके चेतना के उच्च स्तर पर पहुँचकर संपूर्ण समाज को बदल सकता है।

जैसे कि लेखक ने अपनी प्रस्तावना में उल्लेख किया है कि हर इंसान को भीतर से एक दिव्य आवाज के रूप में मार्गदर्शन मिलता रहता है। जिससे इंसान अंजान है, हरक्यूलिस उस दिव्य मार्गदर्शन का अनुसरण करके जीवन में आई परिस्थितियों के सही संदर्भ समझकर अपनी सभी वृत्तियों, संस्कारों से मुक्ति पाकर औरो के जीवन में परिवर्तन लाता है।

यदि आप भी अपने भीतर की दिव्य आवाज को सुन नहीं पा रहे हैं और जीवन की इन समस्यों में अभी भी घिरे हुए हैं तो स्वयं का सामना इसमें आपकी मदद कर सकती है।

दुःख में खुश क्यों और कैसे रहें?

अपना लक्ष्य कैसे प्राप्त करें

Pages - 264

Also available in Marathi & English

यह पुस्तक कहानी स्वरूप में है। इसमें एक ऐसे इंसान की कहानी बताई गई है जो दुःख से पीड़ित है और किस तरह वह अपने दुःखों से मुक्ति पाता है। यह घर-घर की कहानी है। सामान्य इंसान के जीवन में जो दुःख होते हैं, यह कहानी उन दुःखों से मुक्ति का रहस्य हमारे सामने खोलती है। खुशी ही इंसान का मूल स्वभाव है, इंसान इस रहस्य से अछूता है इसलिए वह खुशी की तलाश में भटक रहा है। यह पुस्तक खुशी से खुशी की खोज करने की कला सिखाती है।

आज के परिपेक्ष्य में साँप को भी सीढ़ी बनाकर उसके सामने साधना कैसे की जा सकती है? सामनेवाले के नकारात्मक रवैए के बावजूद भी हम किस तरह उससे मदद ले सकते हैं? किसी के द्वेष-दुर्भाव को किस तरह बल बनाया जा सकता है? पृथ्वी पर आने का असली लक्ष्य क्या है? खुशी से खुशी की खोज कैसे की जाती है? दुःख में खुश क्यों और कैसे रहें? इन सारे सवालों का जवाब है - 'दुःख में खुश क्यों और कैसे रहें?'

यह पुस्तक नहीं बल्कि दुःख में भी खुश रहने के लिए तीस दिनों का शिविर है। जिसका लाभ उठाकर यकीनन आप सदा खुश रहने का दृढ़ संकल्प कर पाएँगे।

तेजज्ञान फाउण्डेशन – मुख्य शाखाएँ

पुणे (रजिस्टर्ड ऑफिस) – विक्रांत कॉम्प्लेक्स, तपोवन मंदिर के नज़दीक, पिंपरी, पुणे-४११ ०१७. फोन : 020-27411240, 27412576

मनन आश्रम – सर्वे नं. ४३, सनस नगर, नांदोशी गाँव, किरकटवाडी फाटा, तहसील- हवेली, जिला- पुणे-४११ ०२४. फोन : 09921008060

---

e-books English		•The Source •Celebrating Relationships •Everything is a Game of Beliefs •The Miracle Mind •Who am I now •Beyond Life •The Power of Present •Freedom from Fear Worry Anger •Light of grace •The Source of Health and many more.
Hindi	-	•Vichar Niyam •Vishwas Niyam •Vikas Niyam •Dhyan Niyam •Rishton me Nayee Roshani •Kshama ka Jadoo •Mrityu Uparant Jeevan •Swayam ka Samna •Samay Niyojan ke Niyam •Prarthana Beej • Mann ka Vigyan •Neev 90 •Sampurn Prashikshan and many more. Other E books available at www. gethappythoughts.org
Free apps	-	U R Meditation & Tejgyan Internet Radio on all platforms like Android, iPhone, iPad and Amazon
e-magazines	-	'Yogya Aarogya' & 'Drushtilakshya' emagazines available on www.magzter.com
e-mail	-	mail@tejgyan.com

Website

www.tejgyan.org, www.gethappythoughts.org

*** नम्र निवेदन ***

विश्व शांति के लिए लाखों लोग प्रतिदिन सुबह और रात ९ बजकर ९ मिनटपर प्रार्थना करते हैं। कृपया आप भी इसमें शामिल हो जाएँ।

www.ingramcontent.com/pod-product-compliance
Lightning Source LLC
LaVergne TN
LVHW060628051026
849519LV00002B/812
* 9 7 8 9 3 9 0 6 0 7 5 5 6 *